江苏数字政府与基层治理研究基地
Jiangsu Digital Government and Local Governance Research Base

大数据时代政府治理转型研究

数字政府建设的江苏实践

赵 明 范炜烽等 著

中国社会科学出版社

图书在版编目（CIP）数据

大数据时代政府治理转型研究：数字政府建设的江苏实践／赵明等著．—北京：中国社会科学出版社，2024.3
ISBN 978-7-5227-3036-3

Ⅰ.①大… Ⅱ.①赵… Ⅲ.①地方政府—行政管理—研究—江苏 Ⅳ.①D625.53

中国国家版本馆CIP数据核字（2024）第037556号

出 版 人	赵剑英
责任编辑	许　琳
责任校对	李　硕
责任印制	郝美娜

出　　版	中国社会科学出版社
社　　址	北京鼓楼西大街甲158号
邮　　编	100720
网　　址	http://www.csspw.cn
发 行 部	010-84083685
门 市 部	010-84029450
经　　销	新华书店及其他书店

印刷装订	北京君升印刷有限公司
版　　次	2024年3月第1版
印　　次	2024年3月第1次印刷

开　　本	710×1000　1/16
印　　张	19.75
字　　数	304千字
定　　价	118.00元

凡购买中国社会科学出版社图书，如有质量问题请与本社营销中心联系调换
电话：010-84083683
版权所有　侵权必究

本书编辑委员会

主　编　赵　明　范炜烽
副主编　郭红飞　孙　霁　吕丽芹
　　　　　刘　水

编　委　刘为民　房正国　吴　江
　　　　　李永明　陈　哲　李剑兰

本书编写组成员

范炜烽（南京理工大学）
郭红飞（江苏省大数据管理中心）
孙　霁（江苏省大数据管理中心）
吕丽芹（南京大学）
郭小丽（江苏省大数据管理中心）

刘　水（南京理工大学）	黄亚榕（南京理工大学）
白云腾（南京理工大学）	代锐婷（南京理工大学）
吕　琪（南京理工大学）	王春燕（南京理工大学）
罗　鹏（南京理工大学）	胡锦文（南京理工大学）
金　晶（上海社会科学院）	张宇舰（南京理工大学）

目 录

前言 ··· (1)

第一编
大数据时代政府治理现代化：转型与发展

第一章 数字化与政府治理现代化 ································· (3)
 第一节 大数据时代的机遇与治理挑战 ······················· (3)
 第二节 面向现代化的政府治理进程 ··························· (18)
 第三节 数字赋能政府治理创新 ································· (26)

第二章 大数据时代政府治理数字化转型 ······················ (30)
 第一节 政府治理数字化转型内涵与特征 ··················· (30)
 第二节 政府数字化转型发展历程 ···························· (35)
 第三节 政府数字化转型下的数字政府建设 ··············· (48)

第三章 数字政府治理体系和治理能力现代化 ················ (58)
 第一节 数字政府治理现代化内涵特征 ····················· (58)
 第二节 数字政府治理现代化整体架构 ····················· (65)
 第三节 数字政府治理现代化实现路径 ····················· (74)

第二编
江苏政府治理现代化与数字政府建设：内生与创新

第四章 江苏省域治理现代化 ·································· (87)
 第一节 省域治理现代化核心要义 ···························· (87)

第二节　江苏省域治理现代化的发展现状 …………………… (97)

第五章　数字政府建设的江苏实践 ………………………………… (112)
　　第一节　数字政府建设萌芽阶段 ……………………………… (112)
　　第二节　数字政府建设探索阶段 ……………………………… (122)
　　第三节　数字政府建设发展阶段 ……………………………… (131)

第六章　江苏数字政府建设创新体系 …………………………… (142)
　　第一节　江苏数字政府的建设现状 …………………………… (142)
　　第二节　江苏数字政府的运作模式 …………………………… (155)
　　第三节　江苏数字政府的创新举措 …………………………… (162)

第三编
江苏数字政府治理效能评估研究

第七章　数字政府治理效能评估的文献综述 …………………… (171)
　　第一节　国家治理效能评估研究 ……………………………… (171)
　　第二节　政府治理效能评估研究 ……………………………… (177)
　　第三节　数字政府建设评估研究 ……………………………… (182)

第八章　江苏数字政府治理效能评价体系构建与分析 ………… (192)
　　第一节　评估指标构建基础 …………………………………… (193)
　　第二节　评估指标设置的内涵与阐释 ………………………… (200)
　　第三节　研究过程与方法应用 ………………………………… (211)
　　第四节　江苏数字政府治理效能评价体系分析 ……………… (234)

第四编
推进大数据时代政府治理转型的路径选择

第九章　各省市数字政府建设的主要做法 ……………………… (243)
　　第一节　浙江省："最多跑一次"推动政府数字化
　　　　　　转型 …………………………………………………… (243)

第二节　上海市："一网通办"改革的探索与实践……………（247）
　第三节　广东省："管运分离"创新数字政府运作模式………（250）
　第四节　贵州省："云网一体化"构建数字
　　　　　政府创新体系……………………………………（253）
　第五节　福建省："数字福建"培育发展
　　　　　"新动能"…………………………………………（256）
　第六节　各省市数字政府建设经验的借鉴与
　　　　　启示………………………………………………（259）

第十章　优化数字政府建设的对策研究………………………（269）
　第一节　高位推动系统顶层设计，理清数字
　　　　　政府运行框架……………………………………（269）
　第二节　深化管理体制机制改革，提升干部
　　　　　队伍数字素养……………………………………（272）
　第三节　坚持以人民需求为导向，搭建智能
　　　　　集约运行平台……………………………………（274）
　第四节　推动平台系统互联互通，加强政务
　　　　　数据共建共享……………………………………（276）

第五编
结语：讨论与展望

第十一章　主要研究结论与创新点……………………………（283）
　第一节　研究结论……………………………………………（283）
　第二节　主要创新点…………………………………………（286）
　第三节　理论贡献……………………………………………（287）

第十二章　数字政府建设的历史实践与未来展望……………（289）
　第一节　数字政府建设的历史实践…………………………（289）
　第二节　数字政府建设的未来展望…………………………（290）

第十三章 本书研究的局限性与展望 ……………………（292）
　第一节　本书研究的局限性 ……………………………（292）
　第二节　对未来研究的展望 ……………………………（293）

参考文献 …………………………………………………（296）

后　　记 …………………………………………………（301）

前　言

习近平总书记强调，"谁能把握大数据、人工智能等新经济发展机遇，谁就把准了时代脉搏"。党的十八大以来，面对信息爆炸、数据驱动和智能化变革的大数据时代，以习近平同志为核心的党中央着眼时代发展大势和国内国际发展大局，高度重视、系统谋划、力争主动、统筹推进国家大数据战略数字中国建设，超前部署擘画数字中国建设蓝图，为用好大数据、赢得新时代发展的战略主动指明了方向。因此，如何利用大数据技术和数据资源，推进政府治理的数字化转型，以提高政府治理的效率、质量和水平，已成为当前及未来政府工作和学术研究都应共同关注的重要课题。建设数字政府是应对大数据时代的必然要求，也是提升国家治理能力和水平的重要途径。

本书共分五大篇章，重点关注以下三方面研究内容。

第一部分，从理论和实践两个维度，本研究深入探讨了大数据时代政府治理现代化的转型与发展。在理论维度上，研究数字化转型与政府治理现代化的相互关系以及理论内涵，从数字赋能政府决策、数字赋能组织变革、数字赋能社会治理和数字赋能公共服务四个方面对数字赋能政府治理创新进行全面总结。同时，对政府治理数字化转型的内涵与特征，数字政府治理体系和治理能力现代化的整体架构和实践路径进行深入剖析，明确了数字政府治理现代化的整体目标、体系构成和能力要素，并提出了实现路径。在实践维度上，以江苏为例，对省域治理现代化的核心要义和发展现状进行了深入分析，回顾了江苏数字政府建设的历史阶段和创新实践，以及在数字政府建设方面取得的显著成就，构建了数字政府的运作模式和创新体系。

第二部分，在对国内外数字政府治理效能评估文献进行系统梳理的基础上，立足于数字化转型大背景，整合了OPEC理论框架和TOE分析框架，提出"能力、绩效、结构和技术（CPST, Capacity-Performance-Structure-Technology）"的理论框架，从治理能力、治理绩效、治理结构和治理技术四个维度出发，提出4个一级指标、15个二级指标和44个三级指标，并结合德尔菲法和层次分析法确定了指标权重，构建了江苏数字政府治理效能评价体系，结果显示治理能力和治理绩效在数字政府治理绩效的评估中起到关键性作用，其次是治理结构和治理技术。研究发现，数字政府通过理念转变和技术变革，极大地提升了政府治理能力，同时，基于数字技术和数据资源实现数据的充分利用和高效配置；此外，借助于数字基础设施的赋能、协同与重构，推动了政务服务、综合监管、领导决策支持等领域的水平不断提升。通过技术、组织和能力三个层面的交互作用，推进政府决策科学化、社会治理精准化、公共服务高效化，用信息化手段更好感知社会态势、畅通沟通渠道、辅助决策施政。

第三部分，提出推进大数据时代政府治理转型的政策建议。在全国各地积极探索数字政府建设的背景下，浙江、上海、广东、贵州、福建等省市的数字政府建设探索具有启发意义。具体来说，浙江以"最多跑一次"工程带动政府数字化转型，上海以"一网通办"开展数字政府的探索与实践，广东通过"管运分离"创新数字政府运作模式，贵州推行"云网一体化"构建数字政府创新体系，福建把"数字福建"建设作为新世纪的一项重大战略工程持续推进。在此基础上，从数字政府建设过程中的顶层设计布局、基础设施完善、应用场景丰富、制度机制健全等方面凝练出各省市数字政府建设经验的借鉴与启示。在政策环境、政策目标、政策内容、政策实施等方面，本研究提出大数据时代推动政府治理转型的政策建议，包括加强顶层设计、明确政策导向、完善法律法规、保障数据安全、加大投入支持、提升人才能力、加强组织协调、推进协同创新、加强监督评估、促进持续改进等，为推动政府治理转型提供政策参考。

本书以江苏省为例，系统地研究了大数据时代政府治理转型的理论与实践，探讨了大数据时代政府治理转型的内涵、特征、路径、模式、效能和创新，旨在为数字政府建设的理论创新和实践探索提供参考和借鉴，为推动政府治理现代化作出贡献。

第一编

大数据时代政府治理现代化：转型与发展

第一章

数字化与政府治理现代化

党的十八大以来,党中央、国务院高度重视数字政府和政务服务工作,围绕实施网络强国战略、国家大数据战略等做出一系列重大部署。在推进国家治理体系和治理能力现代化的背景下,数字化转型受到各级政府的广泛重视,催生了电子政务、"互联网+政务服务"、数字政府等一系列卓越治理实践,成为驱动政府治理变革、推动政府治理现代化的新生力量。

第一节 大数据时代的机遇与治理挑战

大数据时代背景下,生产生活的方方面面被飞速发展的新兴数字技术所影响并塑造。与此同时,大数据技术的应用也存在一些风险与挑战,例如数据安全、数据隐私等。本部分从政府治理的角度入手,梳理了大数据产生、发展、应用的背景,并对大数据时代的机遇与治理挑战进行剖析。

一 大数据时代的历史潮流

为深入了解大数据,本研究将从大数据的产生、发展与应用以及大数据在我国的发展历程、大数据对政府治理的影响等多个方面,对大数据时代的历史潮流进行梳理与总结。

(一)大数据的产生、发展与应用

1. 大数据的产生与发展

大数据概念最早于1998年美国高性能计算公司SGI的首席科学家约翰·马西在一篇报告中提出:"随着数据量的快速增长,必将出现数据难理解、难获取、难处理和难组织等四个难题，并用'Big Data'（大数据）来描述这一挑战。"同年，《科学》（Science）杂志刊登名为《大数据的处理程序》（A Handler for Big Data）的文章，意味着逐渐开始有学者关注大数据并将其应用作为研究议题。20世纪末至21世纪初是大数据发展的萌芽阶段，一方面是由于大数据概念刚刚被提出并进入人们的视野，另一方面是由于20世纪末正处于微型计算机取代大型计算机的阶段，微型计算机与网络技术的快速发展为更大规模的数据流通提供了技术可能性。但是这一时期数据的收集、处理、储存技术尚不成熟，大数据也始终处于研究者的设想之中。

进入21世纪，大数据技术得到快速发展。一方面，互联网技术与微型计算机技术迅速发展，世界范围内的互联网用户快速上升，为超大规模数据的产生提供了基础。另一方面，数据分析技术也逐渐成熟，彻底开辟了大数据技术的蓝海。2011年，麦肯锡发布的报告《大数据：创新、竞争和生产力的下一个前沿领域》被视为产业界的先声。世界各国也纷纷将大数据发展提升到国家发展战略的高度。2012年，美国白宫政策科技办公室发布了《大数据研究与发展计划》。2013年，英国商务、创新和技能部发布《英国数据能力发展战略规划》，建立世界首个"开放数据研究所"，旨在创造英国数字大数据技术发展的领先优势。2015年，党的十八届五中全会首次提出实施国家大数据战略，国务院发布的《促进大数据发展行动纲要》将大数据发展正式提到了国家发展战略的高度。

在数据爆炸式增长的今天，数据作为生产力，正成为一种资产，地位日益凸显，已上升为国家基础性战略资源。大数据的产生与发展是技术进步的结果，更重要的是贴合了社会发展的需求。大数据对全球生产、流通、分配、消费活动以及经济运行机制、社会生活方式和国家治理能力产生越来越重要的影响。

在数据爆炸式增长的今天，数据作为生产力，正成为一种资产，地位日益凸显，已上升为国家基础性战略资源。大数据的产生与发展是技术进步的结果，更重要的是贴合了社会发展的需求。大数据对全球生产、流通、分配、消费活动以及经济运行机制、社会生活方式和国家治理能力产生越来越重要的影响。

2. 大数据的内涵与应用

大数据是以容量大、类型多、存取速度快、应用价值高为主要特征的数据集合，正快速发展为对数量巨大、来源分散、格式多样的数据进行采集、存储和关联分析，从中发现新知识、创造新价值、提升新能力的新一代信息技术和服务业态。可从如下几个方面理解大数据。

第一，大数据意味着超大规模数据的储存、汇集与使用。依托于互联网技术的信息技术，使大规模数据的产生成为可能，信息技术的进步催化了数据的交换、存储，丰富了数据的应用场景。纵观通信技术的发展历程，2G技术以数字语音传输技术为核心内容，不能传输电子邮件与软件等信息。3G技术将无线通信和国际互联网等通信技术全面结合，能够同时传输声音，满足了人们的沟通需求。进入4G、5G、6G时代，通信技术的网络容量、传输速度再次提升，数据已经呈现出爆炸式增长的状态。人们不再仅仅满足于简单的在线沟通与交流，人工智能、数字孪生、物联网、虚拟现实、自动驾驶等新技术不断涌现，万物互联会是未来的发展趋势。

第二，大数据的存在意味着有章可循。数据记录了人们在社会生活中的行动轨迹。通过对现有数据的深入分析，大数据技术可以总结规律，对未来发展作出预测。在市场领域，例如淘宝、京东、拼多多等平台企业，利用用户画像技术，将用户行为习惯、偏好等信息抽象为用户模型，实现个性化推荐与精准化营销。在政府领域，政府治理的过程有迹可循，追责也有证可查，政府治理行为公开化、透明化，让权力在阳光下运行。如在政府综合监管方面，2015年，《国务院办公厅关于运用大数据加强对市场主体服务和监管的若干意见》发布，明确提出"提高大数据运用能力，增强政府服务和监管的有效性"[1]的目标要求。2021年政府工作报告中也指出，要"健全跨部门综合监管制度，大力推行'互联网+监管'，提升监管能力"[2]。

---

[1]《国务院办公厅关于运用大数据加强对市场主体服务和监管的若干意见》，中国政府网［EB/OL］.［2023-12-26］. https：//www.gov.cn/zhengce/content/2015-07/01/content_9994.htm.

[2] 2021年李克强总理作政府工作报告_中国政府网［EB/OL］.［2023-12-26］. https：//www.gov.cn/zhuanti/2021lhzfgzbg/index.htm.

第三，大数据意味着数据的开放与共享。大数据以超大规模的信息量为特征，但数据多并不等于大数据，大数据的核心价值在于数据的快速流动与交换。第52次《中国互联网络发展状况统计报告》的数据显示，截至2023年6月，我国网民规模达10.79亿[①]。庞大的网民基数为大数据的形成奠定坚实的基础，但是数据缺乏交换与共享成为制约大数据发展的重要因素。2015年，国务院发布《促进大数据发展行动纲要》，首次将发展大数据上升到国家战略的高度，肯定了我国大数据发展和应用的市场优势与发展潜力，同时也指出了"政府数据开放共享不足"的现实困境，明确了"以共享为原则，不共享为例外"的原则。在此之后，《国务院关于印发政务信息资源共享管理暂行办法的通知》《国务院办公厅关于印发政务信息系统整合共享实施方案的通知》等文件相继出台，均强调了数据共享与交换的重要性。

（二）大数据在我国的发展历程

我国政府对大数据所蕴含的巨大价值有着深刻的认识，在理论上加以阐释，在政策上加以引导，在经济上加以支持。目前，我国政府部门通过各种形式，围绕"大数据"进行了解读，形成了较为清晰的发展脉络。

2012年12月，在全国统计工作会议上，时任国家统计局局长马建堂对"大数据时代"进行了深入解读，明确了大数据发展对于政府统计部门的重要意义，并就如何应对大数据带来的机遇与挑战提出了明确的要求。

2013年6月，科技部在北京组织召开了大数据技术及产业发展趋势专题研讨会。会议邀请了国内知名学者以及头部互联网企业的代表，对大数据现象的产生、大数据技术带来的机遇、大数据技术带来的挑战展开讨论。

2014年3月，"大数据"一词首次被写入《政府工作报告》。报告指出"通过设立新兴产业创业创新平台，实现大数据等领域的赶超"。

2015年8月，国务院印发了《促进大数据发展行动纲要》，将大

[①] 第52次《中国互联网络发展状况统计报告》——互联网发展研究[EB/OL].[2023-12-26]. https://www.cnnic.net.cn/n4/2023/0828/c88-10829.html.

数据定义为"国家基础性战略资源",提出了"加快政府数据开放共享、推动产业创新发展、强化安全保障"的主要任务。这一行动纲要标志着国家正式从战略高度对大数据发展作出了部署。

2016年5月,国务院总理李克强在中国大数据产业峰会暨中国电子商务创新发展峰会对话会等重要会议上多次强调了大数据等新兴技术的重要价值,强调其对于发展新经济、改造传统产业的重要意义。

2017年5月,国家大数据专家咨询委成立,其主要任务是对国家大数据战略相关问题作出研究,为国家出台大数据相关政策提供智力支持。

2018年5月26日,中国国际大数据产业博览会在贵阳开幕,习近平总书记致贺信并强调:"全面实施国家大数据战略,助力中国经济从高速增长转向高质量发展"[1]。会议深入讨论了大数据行业的发展现状与未来,首次发布了《数字经济与数字治理白皮书2018》《数字中国》《中国数字经济指数2018年度白皮书》等前沿研究著作。

2019年3月26日,亚洲博鳌论坛"数据:有待开发的巨大资源"分论坛举行。论坛以"数据"为中心展开讨论,涉及大数据使用现状、大数据应用边界以及数据隐私与安全等。

2020年5月,《工业和信息化部关于工业大数据发展的指导意见》发布,对促进国家工业数字化转型,加快大数据产业发展具有重要的指导意义。

2021年11月,工业和信息化部印发了《"十四五"大数据产业发展规划》,为推动我国大数据产业高质量发展做出部署安排。

2022年9月,国务院办公厅印发了《全国一体化政务大数据体系建设指南》,为深入推进政务数据共享开放和平台建设提供了方向指引。同年12月发布《中共中央、国务院关于构建数据基础制度更好发挥数据要素作用的意见》("数据二十条"),对激活数据要素潜能,做大做优做强数字经济,增强经济发展新动能具有重要意义。

2023年5月,2023中国国际大数据产业博览会在贵阳举办,围绕东数西算、人工智能大模型等前沿热点议题举办论坛,对促进我国

---

[1] 习近平向2018中国国际大数据产业博览会致贺信[EB/OL].[2023-12-26]. http://jhsjk.people.cn/article/30015847.

大数据产业国际化、专业化、市场化具有推动作用。

综上所述，我国政府较早地从国家层面关注大数据发展与应用。长期以来，大数据已经深入到政府、金融、教育、交通、医疗、传媒等各个领域，呈现出加速度、宽层次、多领域的发展特点。同时，大数据技术的应用在辅助决策、风险防控、监测预警等方面也发挥了重要的作用。

（三）大数据与政府治理研究

2017年12月8日，习近平总书记在中共中央政治局第二次集体学习时强调："要运用大数据提升国家治理现代化水平"[1]。大数据已经被提升到国家发展战略的高度，成为推进国家治理现代化的重要抓手，对提升政府治理效能、优化政府治理结构、提高公共服务质量具有重要意义。在学界，围绕"大数据与政府治理"的研究已经不胜枚举，主要从以下角度对"大数据与政府治理"作研究。

1. 大数据赋能政府治理

大数据作为一种治理工具以其独特的技术价值为政府治理效能提升作出了贡献。首先，大数据治理是对传统治理模式的改变。传统的政府治理模式具有典型的科层制特征，政府体制内部的"职责同构"塑造了"条块分割"的组织结构，整个政府体系对于社会是相对封闭的。大数据等信息技术的发展为政府内部信息沟通、政府与社会沟通搭建了良好的平台。一方面，大数据技术为多元主体合作治理提供了技术基础。如政务平台、门户网站的建设让政府更加透明，企业、公民等主体拥有更多的机会参与国家治理。另一方面，政府内部的数据应用场景在一定程度上打通了数据壁垒，为跨区域、跨部门、跨层级的政府协同治理提供了实践条件。[2]

其次，大数据优化了政府治理手段。利用大数据工具，我国政府治理越来越向科学化、精细化的方向演变。"数字管理"是政府管理的重要技术手段，但传统政府并不具备精细化的统计方法或工具，难

---

[1] 习近平：实施国家大数据战略加快建设数字中国［EB/OL］．［2023-12-26］． http://jhsjk.people.cn/article/29696290.

[2] 江文路、张小劲：《以数字政府突围科层制政府——比较视野下的数字政府建设与演化图景》，《经济社会体制比较》2021年第6期。

以对社会的各项具体情况进行完整、及时的统计，而大数据技术为政府治理提供了科学有效的工具，可有效降低政府治理偏差概率。政府可以实时对科教、卫生、交通、就业等重要信息进行捕获，并依据这些时效性强、精准性高的数据进行决策和调控。

再次，大数据技术的应用为防范化解重大社会风险作出重要贡献。当今社会系统的演化越来越复杂，社会情况的瞬息万变，需要政府的有为担当，而大数据技术为政府"能动性"作出了重要支撑。依靠海量数据信息与动态监测能力开展政府治理活动，成为精准防控危机、化解社会风险的可行路径。

最后，大数据不仅仅带来治理手段与治理模式的变革，更是在思维上对政府治理进行了重塑。第一，大数据强化了"为民服务"的理念。大数据增加了公共服务的可及性，通过简化政府办事的流程，可有效提供优质服务，丰富应用场景，满足人民群众需求。第二，大数据塑造了"回应开放"的理念。在大数据技术基础上建设的政务平台可以通过互联网链接到众多智能终端，群众可以通过网络的方式提出服务诉求、参与政策议程。第三，大数据塑造了"高效智能"的理念。大数据技术是政府治理走向"智慧化"的关键。2020年习近平总书记在杭州城市大脑运营指挥中心指出："运用大数据、云计算、区块链、人工智能等前沿技术推动城市管理手段、管理模式、管理理念创新"[①]。"智慧大脑"将城市的数据汇聚到大脑中枢，使城市治理更加"智慧"。[②]

2. 大数据背景下政府治理面临的挑战及破解路径

大数据在赋能政府治理的同时也面临着诸多挑战。首先，从大数据技术的应用能力来看，先进的大数据技术必须与相应的制度基础、知识水平、操作能力、思维理念相适应才能够最大限度发挥效力。但现实情况是，基层治理中数字化人才缺乏、大数据应用水平不高、大数据战略思维尚未形成、大数据安全管理的法律制度有待完善等问题

---

① 习近平在浙江考察时强调：统筹推进疫情防控和经济社会发展工作 奋力实现今年经济社会发展目标任务［EB/OL］．［2023-12-26］．http://jhsjk.people.cn/article/31658252.

② 沈费伟：《数字化时代的政府智慧政务平台：实践逻辑与优化路径》，《天津行政学院学报》2022年第3期。

仍然制约着大数据治理效能的发挥。①

其次，大数据技术存在着"一体两面"。过度的数据化隐藏着数字依赖与数字迷信风险。对此，应当谨防数据过度搜集与挖掘、数据过度解读与主观偏差、数据过度信仰与依赖、数据过度弥散与渗透等现象。②

再次，从比较分析的视野讨论了大数据时代社会治理转型所面临的挑战，分析传统社会治理现状与大数据时代社会治理诉求的张力。提倡社会治理理念要从传统向现代转型、社会治理主体要从单一向多元转型、社会治理方式要从经验向科学转型、社会治理制度要从碎片化向整体性转型。③

最后，大数据技术应用较为敏感的话题当属数据安全与数据隐私问题。大数据运行过程中的"公共数据开放"与"个人信息保护"似乎成了一个难以化解的悖论。公共数据在云端的高频传输让隐私保护难度剧增，数据安全保护成为政府治理需要高度重视的问题。一方面，数据安全与隐私保护是一个技术性问题，有待于实施更加强力的技术手段强化大数据安全能力；另一方面，数据安全与隐私保护同样依赖于对互联网商业主体的规范和对"信息巨头"的监管，以防范数据垄断现象的出现。④

关于大数据背景下政府治理的破解路径，学术界主要从以下几个层面展开。一是完善相关制度建设，为政府数据治理构建完备的制度供给。⑤ 二是对于人才的培养与建设，强调培养大数据人才，并强化大数据意识。⑥ 三是完善大数据基础设施建设，注重网络科技创新，发挥数据的基础资源作用和创新引擎作用，实现大数据赋能政府治理

---

① 邹雄智、肖中华：《大数据技术嵌入基层社会治理问题研究》，《企业经济》2021年第9期。

② 金华：《国家治理中的过度数据化：风险与因应之道》，《中共天津市委党校学报》2021年第1期。

③ 罗志强、李才平：《大数据时代的社会治理创新：挑战与变革》，《理论月刊》2017年第3期。

④ 祝阳、李欣恬：《大数据时代个人数据隐私安全保护的一个分析框架》，《情报杂志》2021年第1期。

⑤ 李丽华、丁姿、肖延辉：《社会安全问题研究新视角：大数据视域下的特征、挑战及对策》，《中国人民公安大学学报（社会科学版）》2020年第1期。

⑥ 王欣亮、任弢、刘飞：《基于精准治理的大数据安全治理体系创新》，《中国行政管理》2019年第12期。

现代化。① 四是完善大数据法律法规建设，为大数据的规范运作与安全保障提供法律支撑。②

综上，学术界围绕"大数据与政府治理"主题已经有了大量且系统的研究，不仅仅看到了大数据对于政府治理的赋能性作用，也认识到了大数据嵌入政府治理过程中可能产生的诸多问题。如今大数据技术已经深度嵌入到政府治理与社会生活的方方面面，我们应当通过不断的技术创新革除大数据技术的内在缺陷，通过不断的制度创新、机制创新、法制创新为大数据发展提供适宜的外部条件，最终实现"以大数据推动国家治理现代化"的战略目标。

二 大数据催生的时代变革

2023年，中共中央、国务院印发了《数字中国建设整体布局规划》，提出数字中国建设的整体规划。数字中国建设已经成为推动中国式现代化的现实路径。在数字时代，大数据技术对我们的思维方式进行了重塑，改变我们理解这个世界的方式，从而引发社会系统、政府系统、市场系统的深层次、系统性的变革。

（一）大数据与思维方式

大数据以海量的数据呈现与高速的信息处理效率正改变着人们的思维方式。首先，从样本思维转向总体思维，大数据的出现为人们掌握"全体数据"提供了可能性，从而更加全面、立体、系统地认识总体状况。其次，从因果思维转向相关思维。相比于抽象的逻辑思辨，基于全样本数据的分析更能让人信服，人们更加关注相关关系，只需知道"是什么"，而不用知道"为什么"。第三，从精确思维转向容错思维。当拥有海量即时数据时，绝对的精准不再是追求的主要目标，适当忽略微观层面上的精确度，容许一定程度的错误与混杂，反而可以在宏观层面拥有更好的知识和洞察力。第四，从自然思维转向智能思维。大数据系统能够自动地搜索所有相关的数据信息，推动机器类似"人脑"一样分析数据、做出判断、提供洞见，"智能、智

---

① 王康、王晓慧：《国内数据安全研究热点与前沿分析》，《新世纪图书馆》2018年第9期。

② 陈兴蜀、杨露、罗永刚：《大数据安全保护技术》，《工程科学与技术》2017年第5期。

慧"是大数据时代的显著特征。

（二）大数据与社会生活

当今时代，互联网通过各个终端将万物互联，彻底改变了我们的世界和生活方式。首先，大数据让社会更加有序，对防范化解社会风险作出了重大的贡献。在交通运输方面，导航系统通过对城市车辆、道路信息的汇总，可以对道路拥堵与道路安全信息实时反馈，减少交通拥堵问题，化解道路安全隐患。在建筑工程方面，部分城市通过大数据技术建设"智慧工地"，实现工程质量管控、施工环境监测、人员安全监管的能力提升。其次，大数据让知识水平更加扁平。在海量数据的冲击下，知识的藩篱被冲破，各种宣传教育、普法信息也借助网络的形式飞入了千家万户。最后，大数据让日常生活更加便利。当人们在线上购物时，大数据会基于用户的购买信息、搜索信息进行"用户画像"，推断出用户的购买偏好。当人们线下出行的时候，可以通过打车软件迅速约到网约车，可通过导航软件选择畅通、安全、近距离的线路，可利用移动互联网远程查看酒店具体状况。

（三）大数据与经济发展

正如农业社会中劳动力和土地作为重要的生产要素驱动社会发展，工业社会中资本和技术作为重要的生产要素驱动社会发展。在数字化时代，大数据作为重要的生产要素、国家竞争的战略性资源正在塑造着这个时代特有的经济：数字经济。大数据开启了信息化的新阶段，催生了数字经济。大数据是促进经济转型增长的新引擎，大数据与实体经济深度融合，将大幅度推动传统产业提质增效，促进经济转型、催生新业态，同时，对大数据的采集、管理、交易、分析等业务也正在成长为巨大的新兴市场。党的十八大以来，习近平总书记就发展我国数字经济发表一系列重要论述、作出一系列重大部署，指引我国数字经济发展取得显著成就，为经济社会发展提供了强大动力。2017年，习近平总书记在十九届中央政治局第二次集体学习时强调："要加快建设数字中国，构建以数据为关键要素的数字经济，推动实体经济和数字经济融合发展"①。目前，发展数字经济已经成为我国

---

① 不断做强做优做大我国数字经济 [EB/OL]. [2023-12-26]. http://jhsjk.people.cn/article/32346871.

"十四五"时期的重大战略目标，关乎我国是否能在新一轮的科技革命与产业变革中占据优势地位。

（四）大数据与政府治理

2022年4月19日，习近平总书记主持召开中央全面深化改革委员会第二十五次会议，强调"要全面贯彻网络强国战略，把数字技术广泛应用于政府管理服务，推动政府数字化、智能化运行，为推进国家治理体系和治理能力现代化提供有力支撑"[①]。近年来，我国政府不断利用以大数据为主的数字技术，创新政府治理方式，助力实现政府治理体系与治理能力现代化。首先，在社会治理方面，政府通过将社会中的各类事件、活动等相关要素进行数字化，对数据集成、筛选、分析与应用，实现大数据手段充分运用到打防管控、执法司法、服务管理、舆情监控、情报分析等多种功能，实现了社会情境的全面理解与精准把控。其次，在政务服务方面，大数据技术赋能让政务服务更加精准化、高效化、便利化。众多地区打造线上政务服务平台，开展"一网通办""一件事一次办""跨省通办"业务，大大节省事项办理时间、成本，提高办理效率。此外，12345热线与好差评系统的应用，"有呼有应"，增加政府对于群众诉求的回应，有利于群众更好地监督政府，打造服务型政府。最后，在政府管理方面，大数据也为政府综合监管作出了重要的贡献。一是大数据技术深化了数字法治建设，提升了智能辅助办案能力。二是大数据提升了政府数字化管理水平，优化了政务人员的管理水平。三是对政府管理的决策作出辅助。如建设城市一体化管理平台，实现市域数据的互联互通，利用城市大数据对社会运行现状进行解读、分析、预测，实现社会风险的精准识别、精准施策、及时处置。

三 大数据时代的挑战与应对

（一）大数据时代的治理挑战

习近平总书记指出："数据基础制度建设事关国家发展和安全大

[①] 习近平主持召开中央全面深化改革委员会第二十五次会议强调 加强数字政府建设 推进省以下财政体制改革［EB/OL］．［2023-12-26］．http：//jhsjk.people.cn/article/32403184.

局，要维护国家数据安全"[①]。我们在享受大数据为我们带来的各种便利高效的同时，同样必须直面大数据时代带来的挑战。

1. 大数据治理理念转型带来的挑战

首先，大数据提高了数据协作共享理念，倡导高度集成、整合的数据系统，要求政府部门整合数据资源，提高政务服务水平，只有各部门数据联动起来，大数据的功能才会得到最好地发挥。[②] 数据共享要求与传统政府治理模式中的"权责同构"有张力，传统的政府治理模式下各部门分工明确，较少有各部门间数据、信息共享的交换的诉求，因此政府治理呈现"碎片化"的状态。而随着社会复杂性和高度不确定性增加，公共事务的处理与公共产品的提供不能由单一部门完成，社会呼唤用信息技术整合条块资源，提供整体性服务的整体性治理。其次，大数据带来了开放理念，要求政府从以往较为封闭式的运作走向开放式的运作，通过公共数据的开放增加政府的透明度。政府数据开放是在合法合规的基础上，将政府在开展各项工作与履职过程中的，涉及人们生活的各种相关大数据向公众开放。数据的开放有利于营造一个风清气正的人民政府，也有利于增加政府的公信力。

最后，大数据带来了回应理念。大数据时代下要求政府增强回应能力，精准掌握社会动态，对社会风险进行研判，进一步精准施策，防范化解社会风险。大数据时代同样也优化了服务型政府的建设，通过利用大数据技术搭建政务服务平台，政府可以更有效地捕捉群众诉求，进一步回应群众诉求。如江苏政务服务平台，集成不见面审批、"一件事"服务专区、特色服务等功能，聚焦群众"急难愁盼"问题，推出务实举措提升企业群众办事的便利度、获得感。

2. 大数据基础设施建设不完善带来的挑战

大数据技术的发展与应用离不开基础设施的建设应用。当前，区域间、城乡间数字基础设施布局不均衡现象仍然存在。尤其是偏远地区、农村地区仍然面临着信息化基础设施缺乏、传统基础设施与信

[①] 习近平主持召开中央全面深化改革委员会第二十六次会议强调 加快构建数据基础制度 加强和改进行政区划工作 [EB/OL]. [2023-12-26]. http://jhsjk.people.cn/article/32454044.

[②] 田先红:《大数据时代地方政府治理：挑战与应对》,《人民论坛》2020年第1期。

化融合不够等问题。① 因此有必要进一步加强基层的网络基础设施建设和公职人员数字素养提升。其次，数据的获取、分析、共享、应用能力仍然不足。主要体现在数据获取手段仍然较为单一，应用平台的覆盖度与利用率仍有待提高；利用数据分析预测能力有待提高；在政府科层体制影响下"数据孤岛""数据烟囱"等现象明显；应用软件、大数据平台的应用场景有待丰富。最后，大数据基础设施的协同与应用能力仍需强化。部分地区大数据基础设施建设仍然存在着"重亮点、轻协同""重建设、轻理念""重打造、轻运营""重宣传、轻监管"的情况，基础设施建设应当强化协同能力，开放数据接口，同时培养大数据运用与发展理念，平衡大数据应用与大数据监管。②

3. 大数据安全风险带来的挑战

大数据技术是一把"双刃剑"，在带来技术红利的同时，也潜藏着一定的风险。习近平总书记高度重视网络安全，指出"没有网络安全就没有国家安全"。目前，数据资源已经成为国家基础性的战略资源，成为各国必争之地。如果数据传输过程中出现泄露、破坏或拦截，会带来隐私泄露、谣言传播等问题，轻则对个人的名誉、钱财、日常生活造成损坏，重则流向海外对国家安全造成威胁。2017年6月1日，《中华人民共和国网络安全法》正式施行，这是我国网络安全领域的首部基础性、框架性、综合性法律。此后，我国相继颁布《中华人民共和国数据安全法》《关键信息基础设施安全保护条例》《中华人民共和国个人信息保护法》等法律法规，出台《网络安全审查办法》《云计算服务安全评估办法》《数据出境安全评估办法》等政策文件，建立一批网络安全、数据安全管理相关重要制度，基本构建起网络安全政策法规体系的"四梁八柱"。其次，大数据技术的应用可能会塑造"数据利维坦"与"数据寡头"。在大数据技术应用过程中，政府提高了行政服务效率，企业获取利润，公民获取了更多的参与和监督的能力，但技术对政府、企业、公民的赋权却是非均衡

---

① 孙九林、李灯华、许世卫、吴文斌、杨雅萍：《农业大数据与信息化基础设施发展战略研究》，《中国工程科学》2021年第4期。
② 陈沫：《呼包鄂大数据基础设施建设协同发展与应用》，《中国高新区》2018年第13期。

的，政府具备天然整体优势，企业具有技术优势，唯独公民却缺乏对技术的控制能力。尤其是一些科技巨头，凭借在互联网领域的固有优势，掌握了大量数据，客观上可能会产生数据寡头的现象，带来数据垄断。最后，大数据技术在应用过程中会产生异化。技术与被执行的技术是具有区别的，被执行的技术意味着纯粹的技术进入到基层治理场域中后受到既有治理结构、组织体系、文化思想、社会状态等一系列环境因素的影响，导致技术的扭曲与异化。

（二）大数据时代的挑战应对

1. 促进理念转型

大数据对治理者的治理理念提出新要求，要求以更加协作、开放、共享、回应的态度来组织公共事务治理。其一，要提高全面数字素养，加强大数据知识的学习教育。不仅仅要学习大数据技术，同时，对大数据的特性、优势、局限都要有较为清晰的认知。其二，要加大技术人才的引进并注重培养。技术人才的输入为组织注入新的活力，传播新知识、新思想和新技能，促进治理理念的转变。其三，要加强交流协作。企业为赢得市场竞争优势对新技术、新思维具有更强的吸收与接纳能力，更有许多新技术工具企业主体的原创性成果。因此有必要在大数据技术上建立政企合作关系，一方面采纳企业提供的大数据技术，另一方面汲取在大数据使用过程中的相关经验智慧。其四，通过不断的技术建设，使基于大数据技术的政务平台、APP 等成为真正好用、能够解决实际问题、提高工作效率的工具。只有使用者打心底对其产生认同感，才能真正实现理念上的转变。

2. 完善制度建设

大数据时代政府治理不仅仅靠大数据技术改进一维驱动，而需要技术与制度的相互补充，相得益彰。目前，借助数字化建设推动国家治理体系与治理能力现代化建设已经成为政府治理转型的成熟路径。基于此，各类政府门户网站、政务 APP 以及线上办公软件如雨后春笋般生长出来。但是，有时数字技术并没有如同我们想象的那般带来工作与生活上的便利。① 大数据技术凭借其强大的功能属性成为推动

---

① 丁波：《数字赋能还是数字负担：数字乡村治理的实践逻辑及治理反思》，《电子政务》2022 年第 8 期。

政府治理转型的重要动力，但是应该认识到，技术变革尽管在特定时期具有显著成效，但却不能完全取代制度变革。过度依赖技术可能会消解改革的压力，反而强化了既有的权力体系。① 此外，大数据技术的异化也可能给政府治理带来负面的影响。综上，要想真正发挥大数据技术治理的效能，有必要通过制度建设为大数据技术功能性的发挥提供良好的环境，同时技术革新与制度革新要同步发力，探索制度与技术的最佳契合点，使二者共同服务于政府治理效能的提升。

3. 强化数字创新应用

数字技术的创新应用是推动数字政府建设提质增效的重要推动力。目前，我国在数字化转型的过程中仍然面临着"数字鸿沟""数字孤岛"和应用场景不够丰富等挑战。破解这些问题需通过数字创新应用来实现。首先，统一数据标准实现数据互联互通。受历史因素及各部门数据管理情况影响，政府各个部门的数据存储的格式、内容、完整性等都存在较大差异，需要制定统一格式，以实现数据"自动化"对接。其次，丰富应用场景以满足群众需求。政府需要开发出人民群众喜闻乐见的数字化产品，提升数据应用能力，丰富数字应用场景，以满足人民群众对美好生活的向往。最后，在数字化产品的设计和开发过程中，需要顺应与时俱进，不断进行数字化产品更新和优化。随着时间、地点、空间的变化，数字化产品的适用性和好用性也会相应改变。因此，在加强数字基础设施建设的过程中，需要因地制宜，充分考虑到不同地方需求，并结合当地的特色，进行本地化的创新。

4. 防范数字安全风险

在大数据时代背景下，防范化解大数据所带来的社会风险尤为重要。首先，要防范化解数字安全隐患。为此，需要不断提升数字化基础设施的安全保障功能，不断升级软件设备，强化防火墙的功能，以构筑坚实的数字安全防线。同时，运用技术手段来保护公共信息和个人隐私。其次，要防止数据造成的不公平现象。在数字技术的应用中，"赋权"与"赋能"效用同时存在，但这种效应并不是绝对全面和均衡的。正是在这种背景下，"数字鸿沟"现象的出现以及"数字

---

① 韩志明：《技术治理的四重幻象——城市治理中的信息技术及其反思》，《探索与争鸣》2019 年第 6 期。

寡头""数字利维坦"等理论推测随之而来。因此,需要制定合理的法律法规,以保障弱势群体的基本数字权利。最后,要防止数字工具的误用。数字技术既会"赋能"也会"负能"。关键在于如何正确地使用数字技术,使其真正为人民办好事、办实事。因此,在使用数字工具时,要树立"成本—收益"分析理念,利用恰当的指标体系衡量数字化成效,评估数字工具使用后的效能产出,以实现数字赋能的应有价值。

第二节 面向现代化的政府治理进程

2013年11月,党的十八届三中全会首次提出了"国家治理体系与治理能力现代化"的战略目标。随后在中央、地方的政府文件与重要讲话中被多次提及。2022年10月,党的二十大报告中提出"中国式现代化",明确实现国家富强、民族复兴、人民幸福需要在国家治理现代化的体系框架下推进政府治理的现代化。

一 国家治理体系与治理能力现代化

"国家治理体系和治理能力现代化"这一命题,涵盖了新中国成立以来对社会主义制度的探索历程。在国家治理现代化的理论体系中,治理体系现代化与治理能力现代化相互交织,共同构成了国家治理现代化的重要组成部分,旨在为阐释国家治理现代化的概念与内涵提供理论依据。目前,学术界对于国家治理现代化已经进行了广泛的研究和探讨。

(一)国家治理体系现代化

1. 国家治理体系的概念和内涵

习近平总书记指出:"国家治理体系是在党领导下管理国家的制度体系,包括经济、政治、文化、社会、生态文明和党的建设等各领域体制机制、法律法规安排"。[①] 作为一个宏大的概念,学者们从不同角度对国家治理体系进行了审视,并产生了多元化的观点。王浦劬

[①] 习近平:《切实把思想统一到党的十八届三中全会精神上来》,《人民日报》2014年1月1日第2版。

在研究中指出，国家治理体系在治理主体、机制、组织、法律、体制、文化、价值等不同层面皆具有深刻的内涵。具体而言，国家治理体系的内容主要包括了国家制度体系、价值体系以及行动体系，其中国家制度体系占据主导地位，行动与价值体系与之相匹配，并对制度体系具有促进与支撑作用。① 许耀桐、刘祺则基于当代国家治理体系展开了系统论述，将国家治理体系解构为系统、结构、层次三个维度，其中系统维度由政治权力、市场经济、宪法法律、思想文化等系统构成有机整体，结构维度由治理理念、治理制度、治理组织、治理方式等构成，层次维度则主要表现为系统与结构不同组成部分的秩序。② 薛澜、张帆、武沐瑶认为国家治理体系是实现国家治理的基础，是国家治理活动相关的主体、资源、制度关系的集合。③

2. 国家治理体系现代化的特征

为了探究现代管理体系与传统管理体系的差异，进而深入思考中国国家治理体系现代化的路径选择，众多学者对国家治理体系的特征展开了讨论，并形成了一系列观点鲜明的学术成果。其中，唐皇凤认为，国家治理体系现代化兼具有效性与合法性，有效性主要体现在公共权力、社会秩序以及其他国家治理活动能够得到广大人民群众的普遍认可与赞同；而合法性则是政治系统能够有效应对外部环境变化，实现其自身功能与价值的程度。④ 洪向华、张杨则认为国家治理体系现代化是在时代发展和实践探索基础上，得出的关于未来国家治理的目标与方向，治理理念现代化、治理方式现代化、治理手段现代化是国家治理体系现代化的显著特征。⑤ 文丰安、段光鹏进一步指出，国家治理体系现代化将治理作为维系社会秩序的重要方式，强调治理问题的核心在于国家问题，明确国家治理的目标在于实现善治。同时，

---

① 王浦劬：《全面准确深入把握全面深化改革的总目标》，《中国高校社会科学》2014年第1期。
② 许耀桐、刘祺：《当代中国国家治理体系分析》，《理论探索》2014年第1期。
③ 薛澜、张帆、武沐瑶：《国家治理体系与治理能力研究：回顾与前瞻》，《公共管理学报》2015年第3期。
④ 唐皇凤：《中国国家治理体系现代化的路径选择》，《福建论坛（人文社会科学版）》2014年第2期。
⑤ 洪向华、张杨：《论国家治理体系和治理能力现代化的五重维度》，《大连理工大学学报（社会科学版）》2020年第3期。

他们提出了实现国家治理现代化的逻辑路径,即优化国家治理体系、凝聚制度共识、构建成熟制度体系以及全面深化改革。①

(二) 国家治理能力现代化

1. 国家治理能力的概念和内涵

国家治理能力现代化是坚持中国特色社会主义道路的必然要求,其根本目标在于实现有效治理。对于何为有效的治理,学术界已开展了广泛的讨论。陈霞、王彩波认为国家能力主要体现在三个方面:强制能力、提取与规制能力、渗透与分配能力。② 李建从与国家治理体系的比较中阐释了国家治理能力的独特内涵,他认为,国家治理能力不同于作为一整套国家制度体系的国家治理体系,它反映了国家动态发展过程中所具备的治理本领,是抽象的国家治理软实力的集中体现。国家治理能力的目标在于实现"善治",同时其实现需要依赖于国家治理体系的支撑,国家治理能力现代化需要与之相适应的国家治理体系作为基础。③ 戴长征认为,国家治理能力的内容涉及了国家的社会、政治、经济、文化的方方面面,具体的作用体现在社会利益分配、社会生活的调节与控制等方面,其目标是实现国家战略目标。④ 综上所述,有效的治理应该是一种能满足国家战略目标,能实现社会利益分配,能调节与控制社会生活的治理方式。国家治理能力现代化是实现有效治理的关键,需要建立与之相适应的国家治理体系。

2. 国家治理能力如何构建

在国家治理现代化的实现过程中,国家治理能力的构建是一个重要的议题。众多学者从不同的视角提出了构建国家治理能力的建议。李洪雷认为法治能力是国家治理能力的重要方面,法治化是实现国家现代化的必由之路。⑤ 他的研究强调了法治在国家治理中的重要地位

---

① 文丰安、段光鹏:《国家治理体系现代化的理论基础、历史变迁与发展进路》,《浙江工商大学学报》2021年第3期。

② 陈霞、王彩波:《有效治理与协同共治:国家治理能力现代化的目标及路径》,《探索》2015年第5期。

③ 李建:《国家治理现代化内涵阐释与现实考量》,《重庆社会科学》2017年第1期。

④ 戴长征:《中国国家治理体系与治理能力建设初探》,《中国行政管理》2014年第1期。

⑤ 李洪雷:《论在法治轨道上推进国家治理体系和治理能力现代化》,《广东社会科学》2022年第4期。

和作用。王雪源、唐洲雁认为，人的现代化是实现国家治理及其能力现代化目标的基础和前提，只有推动人的自由而全面地发展，才能实现国家治理现代化的目标。[①] 王鸿铭认为，在新时代的背景下，加强党的政治建设是提升国家治理能力的有效途径。[②] 他的研究强调了党的领导在国家治理中的关键作用。王国成从数字经济的探讨了国家治理能力的提升，他认为，从科技与人文融合的视角出发，深入理解数字化技术的本质和推动数字经济发展的意义，是有效提升国家治理现代化水平的重要手段。[③] 杨光斌则讨论了衡量国家治理能力的基本指标，提出了政治认知力、体制吸纳力、制度整合力和政策执行力这四项衡量国家治理能力的指标。[④] 他的研究为理解和评估国家治理能力提供了重要的参考。

二 政府治理体系与治理能力现代化

政府治理体系与治理能力现代化是国家治理体系与治理能力现代化的重要组成部分。因此，明确认知政府治理体系与治理能力至关重要，有助于探寻推进政府治理现代化的逻辑路径。

（一）政府治理体系现代化

1. 政府治理体系的概念和内涵

优化政府治理体系是推进国家治理现代化的重要任务。为此，我国政府采取一系列全面且具有深度的改革措施，以健全政府治理体系，提高政府治理能力，塑造全新的政府治理格局。同时，学术界对"政府治理体系的概念与内涵""政府治理体系的构成"等问题也展开了深入的研究。唐天伟、曹清华、郑争文将政府按照层级划分为"中央政府"与"地方政府"，并通过设计指标体系，将地方政府治

[①] 王雪源、唐洲雁：《国家治理能力现代化的关键内核与建构路径》，《福建论坛（人文社会科学版）》2022年第6期。

[②] 王鸿铭：《论党的政治建设与国家治理能力的提升》，《社会主义研究》2021年第6期。

[③] 王国成：《数字经济视域下的国家治理能力提升》，《天津社会科学》2021年第6期。

[④] 杨光斌：《衡量国家治理能力的基本指标》，《前线》2019年第12期。

理体系现代化分解为行政体制的现代化与行政人员能力的现代化。①杨解君认为，政府治理体系现代化主要指政府机构设置合理，以及政府体制机制、法律制度等方面的完善；政府治理能力的发挥则依赖于政府构建科学完善的治理体系。② 贾凌民、胡象明、解亚红认为政府治理体系是作为国家治理体系的核心而存在的，而政府职能又是政府治理体系的最为本质的东西，因此政府治理体系现代化的关键在于要推进政府职能现代化。③ 张贤明、张力伟则将我国政府治理结构视为一个纵横结合的结构，而政府治理体系的优化需要实现在横向上主体之间的权责分配科学与资源整合以及纵向上的合理赋权与科学定责。④

2. 政府治理体系现代化的实现路径

在明确提出政府治理体系现代化目标后，如何实现该目标便成为理论界与实务界共同关注的课题。对此，专家学者们从不同的角度阐释了政府治理体系现代化的实践路径。李军鹏认为，在全面建成社会主义现代化强国的新阶段，完善政府治理体系需要全面推进国家行政组织体系现代化、全面推进国家行政职能体系现代化、全面推进国家行政权力体系现代化、全面推进国家行政法治体系现代化。⑤ 谭桔华认为，在国家治理现代化的过程中，需要构建职责明确、依法行政的政府治理体系，因此建议应当整合政府职能、理顺央地关系、完善行政体制、深化改革、推进国家组织结构法定化。⑥ 张紧跟则关注地方政府治理体系的现代化建设，提出通过创新地方政府治理制度、健全地方政府与市场和社会的协同治理机制、发展有限民主与践行法治来推进地方政府治理现代化。⑦

---

① 唐天伟、曹清华、郑争文：《地方政府治理现代化的内涵、特征及其测度指标体系》，《中国行政管理》2014年第10期。
② 杨解君：《政府治理体系的构建：特色、过程与角色》，《现代法学》2020年第1期。
③ 中国行政管理学会课题组、贾凌民、胡象明、解亚红：《政府职能现代化视角下当前政策创新的重点及建议》，《中国行政管理》2014年第3期。
④ 张贤明、张力伟：《政府治理体系优化的逻辑与路径：基于复杂性管理的分析》，《理论探讨》2020年第2期。
⑤ 李军鹏：《论全面建成社会主义现代化强国新阶段的政府治理体系现代化》，《中共天津市委党校学报》2021年第5期。
⑥ 谭桔华：《国家治理现代化视域下的政府治理体系构建》，《湖湘论坛》2020年第3期。
⑦ 张紧跟：《治理体系现代化：地方政府创新的趋向》，《天津行政学院学报》2016年第3期。

(二) 政府治理能力现代化

1. 政府治理能力的概念和内涵

政府治理能力是一个宏大的命题，泛指政府为实现公共利益与公共目的而综合运用各种治理工具而对治理对象进行治理的一系列行为。对于政府治理能力的研究，学术界已经有了较为丰富的成果。李靖、李春生、董伟玮等人通过研究地方政府的治理能力，并结合国家治理"五位一体"的总体框架，将政府治理能力分为政治治理能力、经济治理能力、文化治理能力、社会治理能力、生态治理能力等五个方面。[①] 李文彬、陈晓运将政府治理能力解构为价值塑造能力、资源集聚能力、网络构建能力、流程创新能力和问题回应能力等五个方面，并认为政府治理能力的现代化理解应该符合现代政府治理能力的要求。[②] 郭蕊、麻宝斌认为全球化背景下的治理能力体现为一种合作治理能力，并将其分解为系统思考、制度创新、公共服务、电子治理、沟通协调和危机应对等多种能力的综合能力体系。[③] 龙献忠、谢彦欣将多元合作能力、制度创新能力、责任承担能力、电子治理能力和危机防控能力视为政府治理能力现代化的关键要素。[④]

2. 政府治理能力如何构建

政府治理能力的构建问题一直是政府管理者与学术界共同关注的焦点。基于此，学术界就此展开了一系列的研究与探索。高建、张洪峰提出，国家治理体系与治理能力现代化是一项系统性工程，其总体框架是"五位一体"，因此我国政府治理能力的建设也应当遵循这一框架，系统地整合多元资源，推动多元主体的参与。丁明春、郑维东从行政法治建设的角度探讨了地方政府治理现代化的路径，主张通过

[①] 李靖、李春生、董伟玮：《我国地方政府治理能力评估及其优化——基于吉林省的实证研究》，《吉林大学社会科学学报》2020年第4期。

[②] 李文彬、陈晓运：《政府治理能力现代化的评估框架》，《中国行政管理》2015年第5期。

[③] 郭蕊、麻宝斌：《全球化时代地方政府治理能力分析》，《长白学刊》2009年第4期。

[④] 龙献忠、谢彦欣：《地方政府治理能力现代化：概念比较、要素定位与路径选择》，《河南社会科学》2015年第6期。

不断提高地方政府依法治理的能力来推动地方政府治理现代化。① 杨庆育则指出，政府治理的现代化要求政府的自我治理能力随着政治、经济、社会、文化、生态的发展而不断发展，现阶段应重点关注保持央地平衡、明晰政府职能边界、重塑政府与市场的关系、重塑政府与社会的关系。②

三 以数字化推动国家与政府治理现代化

随着数字化时代的到来，数字技术与数字工具的使用已经渗透到国家治理、政府治理的全过程与各个领域。数字治理已经逐渐成为国家治理与政府治理的重要治理方式，并将在未来一段时间内持续成为重要的发展趋势。伴随着"推进国家治理体系与治理能力现代化"目标的提出，数字化时代背景与这一目标相结合，催生出一系列以数字化工具或手段推进国家治理现代化的实践，形成了一系列新兴研究议题。目前，已经在数字化工具与国家治理体系现代化、政府治理现代化相关领域取得了丰富的研究成果，"以数字化推动国家与政府治理现代化"正在成为现代化道路探索的重要方向。

（一）以数字技术推动国家治理现代化方面

黄璜等人认为，数字政府的建设对国家治理现代化具有积极的推动作用，其"平台驱动"模式有助于提高决策水平、提高服务能力、强化监督水平、提升办公效率。③ 李茂春、罗家为、李志强则从大数据的角度，强调了其对政府治理理念转型、组织变革、社会发展活力提升、政府治理推进的重要性。④ 李志强、叶好以大数据赋能政府治理为切入点，探讨了大数据对国家治理现代化的推动作用，包括提升治理主体的多元参与、提高治理手段的科学精准性以及增强治理的预

---

① 丁明春、郑维东：《论行政法治建设与地方政府治理的现代化》，《河南大学学报（社会科学版）》2019年第4期。

② 杨庆育：《地方政府治理能力现代化的理性阐释》，《重庆社会科学》2016年第2期。

③ 北京大学课题组、黄璜：《平台驱动的数字政府：能力、转型与现代化》，《电子政务》2020年第7期。

④ 李茂春、罗家为、李志强：《大数据促进国家治理现代化的运作逻辑——基于技术治理的解释》，《江西社会科学》2022年第10期。

测调控能力等方面的重要作用。①崔运武、袁晓瑭在重大疫情的背景下，强调了健全和完善决策支撑系统的重要性，并主张通过大数据技术的支撑来提升决策的科学性，进而服务于国家治理现代化的建设。②尹振涛、徐秀军认为，在大数据时代，政府应当充分借助数字技术推动国家治理现代化进程，不仅要恰当使用数字技术，而且要对数字技术进行妥善治理，以防范化解数字技术可能带来的风险与隐患。③罗双指出信息化已经成为推进国家治理现代化的重要力量，需要通过价值引导、技术创新、管理创新的有机结合来实现国家的善治。④

（二）以数字技术推动政府治理现代化方面

陈静和李永欢从地方治理能力现代化的视角分析了政务微博的应用，他们认为政府可以通过政务微博实现社会网络动员，创新政府治理方式，通过微博回应塑造政府形象，借助微博的传播力提升政府自身传播力。⑤王俊飞则认为大数据之所以能够推进政府治理能力现代化的意义在于其在公共决策科学化、提升政府社会管理能力、创新社会治理形式等方面的作用。⑥陈之常构建了大数据推进政府治理能力现代化的应用框架，指出了大数据在通过数据关联整合提高精细化社会管理能力、通过数据动态汇总分析识别居民服务热点需求这两方面的重要作用。⑦李致群和刘叶婷主张利用互联网思维实现政府治理思维的突破，提升政府自身服务力、公信力、决策力、执行力、影响

---

① 李志强、叶好：《国家治理现代化视域下大数据赋能政府治理研究》，《西南民族大学学报（人文社会科学版）》2022年第4期。

② 崔运武、袁晓瑭：《论应对重大疫情决策支持系统的完善——基于国家治理现代化和整体性治理的分析》，《学术探索》2022年第1期。

③ 尹振涛、徐秀军：《数字时代的国家治理现代化：理论逻辑、现实向度与中国方案》，《政治学研究》2021年第4期。

④ 罗双：《以信息化驱动国家治理现代化：逻辑、融合过程与发展框架》，《甘肃行政学院学报》2021年第2期。

⑤ 陈静、李永欢：《地方政府治理能力现代化视角下的微博应用》，《青年记者》2020年第18期。

⑥ 王俊飞：《大数据时代政府治理能力现代化探赜》，《中学政治教学参考》2016年第24期。

⑦ 陈之常：《应用大数据推进政府治理能力现代化——以北京市东城区为例》，《中国行政管理》2015年第2期。

力、协同力、整合力。①刘家明和李洁莹则认为数字政府建设能够有效促进政府治理现代化，同时有利于整体性、智慧性、平台性数字政府形态塑造。②杨冬梅认为大数据时代对政府治理的理念、方式、制度等方面提出了新的挑战，政府需要通过顶层设计，制定发展战略，推广新兴技术的使用，实现政府治理的现代化。③

综上，关于运用数字技术推动国家治理现代化与政府治理现代化的研究正如雨后春笋般蓬勃发展。在这一过程中，学者们的研究不仅反映了国家治理过程中的现实需求与政策导向，具有重要的参考价值。而且，他们的研究不仅仅局限于对现实需求、实际问题的阐述，而是具有前瞻性的眼光，深入探讨了数字技术推动国家治理现代化与政府治理现代化的可能性以及未来发展方向，展示了理论界学术研究的探索性、前瞻性和创新性。在数字化时代，以数字技术为代表的治理工具与国家治理现代化的战略目标相交融，形成了以数字化推进国家、政府治理现代化的独特路径，这是顺应时代发展潮流、回应治理需求的现实路径。但是，也应当认识到，数字技术作为一种治理工具本身也是一把"双刃剑"，我们需要做的是在全面认识数字技术的基础上正确运用数字工具服务于国家治理、政府治理现代化，同时防止数字利维坦、数字形式主义等现象发生。

第三节　数字赋能政府治理创新

借助数字技术推动政府治理创新的驱动力主要包括两个方面：一方面，为了适应社会变革的需要，政府运用新兴治理工具进行社会治理，这是社会"倒逼"政府改革的路径；另一方面，政府具有自我革新、与时俱进的动力，新兴数字治理也是政府主动寻求变革、积极应对社会发展问题、顺应社会发展潮流的必然选择。在数字时代背景

---

① 李致群、刘叶婷：《基于互联网思维实现政府治理能力现代化的思考》，《领导科学》2014年第33期。

② 刘家明、李洁莹：《治理能力现代化视野下数字政府升级的向度、逻辑与路径》，《中共天津市委党校学报》2022年第5期。

③ 杨冬梅：《大数据时代政府智慧治理面临的挑战及对策研究》，《理论探讨》2015年第2期。

下，各种数字工具的涌现并有效地赋能于政府治理实践，推动了政府治理创新。时至今日，数字赋能政府治理创新主要体现在数字赋能政府决策、数字赋能组织变革、数字赋能社会治理和数字赋能公共服务这四个方面。

一　数字赋能政府决策

政府决策在政府行政管理过程中具有决定性作用，处于核心地位。政府决策不仅主导着行政的全过程，而且其所形成的决策文本将贯穿政府执行的过程，甚至可能影响整个社会。因此，政府在行政决策过程中往往慎之又慎，经过严格而缜密地讨论与论证之后才能形成最终政策。在决策的过程中，信息的完整性至关重要，如若在政府决策的过程中缺乏关键性信息，可能导致误读和误判现实情况，最终的决策可能无法符合现实情况和需要。在数字化时代，一切皆可数字化、可统计、可测量，数字对于政府决策的赋能使政府能够基于"全样本信息"做出决策，从而显著提高决策的精准性和及时性。首先，政府可以通过政务大数据实时获取数据，提取和分析有效信息，以精准了解社会现实情况，有针对性地作出处置。尤其是在应对突发性公共危机事件时，可以有效提高预警能力与应急处置能力。其次，通过设立门户网站与政务平台，可以搭建与民众互动的平台，及时了解公众诉求，同时提供合适的公共产品或服务，这不仅仅实现了公共产品供需的精准匹配，而且通过精准决策避免了公共资源的浪费。最后，通过政府间数据共享与应用也可以促进政府跨部门合作，降低沟通和协作成本，形成整体型政府的治理形态。例如，杭州建设城市大脑，通过数字化界面进行城市管理、配置公共资源、辅助政府决策、助力城市监管，包括了警务、交通、文旅、健康等应用场景，推动了城市的智慧化。其中，杭州城市大脑运营指挥中心作为城市大脑的中枢，对城市治理决策具有重要的辅助作用。

二　数字赋能组织变革

政府组织形态是政府的基础与载体，对政府治理能力发挥具有重要制约与影响。政府机构的改革一直以来也是提升政府治理效能的重要措施。改革开放以来，我国已进行了八次国务院政府机构改革，旨在降低行政成本、提高行政效率。各级政府也纷纷在法律规定范围内探索组织变革之道，以求提高行政效能。例如，各级政府进行的行政审批制度改革，从机构改革的角度出发设立行政审批局（政务服务管理办公室），尝试通过职能重组、审批流程重塑、强化审批部门联动等手段提升政府治理能力。在数字政府建设日益加速的背景下，众多地方政府为推进数字化建设设立了大数据管理机构，统一负责信息化建设，推动政务数据资源共享和公共数据资源开放，以推进数字经济发展与数字社会建设。2023 年，国家数据局组建成立，负责协调推进数据基础制度建设，统筹数据资源整合共享和开发利用，进一步完善了数据基础制度，为数字中国建设提供了有力的顶层设计支撑。因此，政府改革与组织调整一直以来是驱动政府治理优化的重要路径。值得注意的是，组织变革逐渐与政府行政改革并行，政府行政改革越来越依赖于数字工具的使用。例如，国家数据局、各级行政审批局（政务服务管理办公室）和大数据管理部门的设立，其共同点在于广泛应用数字技术，体现了通过数字赋能突破科层壁垒的实践导向。

三　数字赋能社会治理

随着数字技术的不断迭代更新、普及及深入渗透社会生活的各个领域，深刻地改变了我们的生产、生活方式。数字技术的应用，构建了新的社会生活场景，为社会治理的智能化转型提供了现实支撑，塑造了新技术时代的社会治理模式。如何有效推动数字化技术赋能社会治理创新成了一个重要的研究课题。以江苏省为例，在建设数字政府的背景下，各地政府灵活运用数字技术赋能基层治理，以提高基层治理效能，涌现出一系列的成功案例。首先，建设"一网通办""一网统管"，江苏省政务办牵头，省市场监管局、省司法厅、省发改委等部门共同建设了省"互联网+监管"系统，并将其与国家系统、各设区市系统互联互通。其次，江苏各设区市先后建设市域社会治理体系，包括设立机构、建立平台和制定制度，以探索全市域的高效精准治理。例如，南京市江北新区主导开发了"链通万家"系统，运用区块链技术，有效地解决了长期存在的物业事项投票和表决的难题，同时也促进了企业、社会组织等多元主体参与基层社会治理。"郡县治而天下安",基层社会治理是国家治理的基础,其好坏直接关系到百姓的幸福感、获得感,涉及家家户户的日常生活问题。因此,数字技术赋能,夯实基层治理的基础,更好地满足群众的需求,并切实推进基层治理现代化。

四 数字赋能公共服务

公共服务是现代政府的重要职责之一,强化公共服务不仅有利于社会稳定,也有助于提升政府治理现代化能力。数字化时代的公共服务与以往的公共服务供给方式有所不同,云计算、大数据等各类新兴技术不断汇集质变,塑造了现代政府的平台式治理模式,多种政府服务功能汇集于一个数字平台,让公共服务更加高效、便捷、可及。当前,数字赋能公共服务已经成为政府进一步探索优化公共服务供给的现实路径之一。其中最具有代表性的就是"互联网+政务服务"的兴起。早在2016年,国务院就印发了《国务院关于加快推进"互联网+政务服务"工作的指导意见》,2018年国务院办公厅又印发了《进一步深化"互联网+政务服务"推进政务服务"一网、一门、一次"改革实施方案》。国务院多次就"互联网+政务服务"发布重要文件,可见我国政府对"互联网+政务服务"发展的高度重视。在政策的大力支持下,如今"互联网+政务服务"已经深入推进,全国一体化政务服务平台基本建成。"一网通办""异地可办""跨省通办"渐成趋势。全国各地在"互联网+政务服务"方面的广泛探索与创新,对内优化了政府工作流程,提高了办事的效率、便捷性和透明度;对外则通过让数据"跑腿"代替群众"跑路",提高了人民群众的幸福感和满意度,并间接提升了人民群众的生活水平。

第二章

大数据时代政府治理数字化转型

在大数据时代背景下，政府治理面临着新的挑战，政府治理的数字化转型成为必然趋势。政府治理数字化转型的深化体现在新兴数字技术的运用以及技术运用与政府管理过程之间的动态互动上。数字治理数字化转型要更好适应社会经济发展的需要，发挥其对经济社会发展的赋能和引导作用，促进政府治理体系和治理能力的现代化。

第一节 政府治理数字化转型内涵与特征

政府治理数字化转型是在现代信息化环境下的一种集约、高效、透明的政府运作方式，能够推动政府职能、组织结构和业务流程的重新调整。数字化转型被广泛运用，以推动治理方式和政务服务方式的革新，已成为当前政府治理的必然趋势。

一 政府治理数字化转型相关研究

（一）关于政府治理数字化转型关键要素的研究

一是从数字化技术构架角度进行研究，侧重于深入剖析数字化在政府工作中的应用场景。这种研究认为，数字化能够提升政府的运行效率，改进政府的责任职能，优化政府的治理能力，并能够重塑国家与社会之间的关系[1]。政府数字化转型的关键在于将数据和数字空间作为目标，运用数字技术进行治理，并形成"用数据说话、用数据决

---

[1] 赵娟等：《数字政府的纵向治理逻辑：分层体系与协同治理》，《学海》2021年第2期。

策、用数据管理、用数据创新"的治理体系,发挥数据在政府数字化转型中的核心关键作用[1]。

二是从转型的内容视角进行研究,基于制度主义的观点识别数字化转型的解释因素。数字技术的迁移并不意味着数字化体制改革的成功,数字赋能效果受到多种制约因素的影响。数字体制改革之所以能够成功,是因为具有政府具备有利条件,如政府财力、硬件设施、信息安全、公务员信息技术能力等多个方面,政府数字化转型不仅涉及技术变革,还包括制度、业务与流程等方面的变革与重组[2]。此外,还有关于数字化转型的必要条件的研究总结,其中常见的方面包括组织制度、管理机制、组织文化和人才、数字化领导能力、政府职能、组织机构改革、权力划分、信息技术应用等。

(二) 关于政府治理数字化转型演进历程的研究

在政府数字化转型的阶段和方式上,学术界普遍认为其本质是由信息技术驱动的政府全面转型,主要包括技术视角和实践改革的视角。首先,基于技术的视角,信息技术与政府业务流程深度融合,推动了政府数字化转型[3],可以将这一过程划分为电子化政府、开放政府、数据中心的政府、转型实现的政府与聪慧的政府等五个阶段[4]。以"平台"为切入点,提出了"平台驱动的数字政府"的新思路[5]。其次,以结构性因素为切入点,从基本要素的角度来看,可以将政府数字化转型分为数字化、转型、参与和情景四个阶段。从组织变革的角度来看,在数字政府背景下,协作型政府可划分为"烟囱式""整合化""组织间一体化""全国性人口"和"需求驱动式"的协同型

---

[1] 孟天广:《政府数字化转型的要素、机制与路径——兼论"技术赋能"与"技术赋权"的双向驱动》,《治理研究》2021年第1期。
[2] 刘淑春:《数字政府战略意蕴、技术构架与路径设计——基于浙江改革的实践与探索》,《中国行政管理》2018年第9期。
[3] 刘密霞:《数字化转型推进国家治理现代化研究——以数字中国建设为例》,《行政管理改革》2022年第9期。
[4] 张成福等:《数字化时代的政府转型与数字政府》,《行政论坛》2020年第6期。
[5] 黄璜:《中国"数字政府"的政策演变——兼论"数字政府"与"电子政务"的关系》,《行政论坛》2020年第3期。

政府[1]。最后，通过对"技术—组织—职能"的分析框架的使用，提出了综合发展型、技术赋能型和变革引导型三条政府数字转型路径[2]。

（三）关于政府治理数字化转型路径的研究

针对目前我国地方政府数字转型的实际情况，提出了"一体化政务""智能数据治理""智能运营"三大闭环，并通过顶层设计、资源投入、运行机制三个层次构建完善的保障制度[3]。在创新环境、创新主体自主性、创新主体多元化和治理创新内涵等方面实现了政府数字化转型。将"公民即用户"这一概念总结出来，并对地方政府数字化转型的具体路径进行分析，在战略、制度、治理、技术四个层次上深入讨论了用户为核心的价值导向，提出了政府数字化转型的优化路径，包括加强顶层设计、提高区块链技术应用能力、构建数据治理体系和多主体共同创造良好的服务生态等方面[4]。

二 政府治理数字化转型概念界定

（一）政府治理数字化转型的内涵

自美国前副总统戈尔于1998年首次提出"数字地球"概念以来，出现了许多涉及全人类生活的数字概念，例如"数字城市""数字社区"等等。所谓的"转型"是指社会经济结构、文化形式以及价值观念发生改变，或是生产形式和结构发生了变化。在网络社会的发展和政府数字化转型的探讨中，英国在2015年提出了"政府即平台"的概念，作为其数字化转型战略与平台建设的指导思想和核心理念。国内外的研究成果也在不断丰富，从政府数字化转型的核心动力、过程和目标出发，为定义政府治理数字化转型提供了参考。

政府治理数字化转型，是指利用人工智能、云计算、大数据等新

---

[1] 赵娟等：《数字政府的纵向治理逻辑：分层体系与协同治理》，《学海》2021年第2期。

[2] 廖福崇：《政府治理数字化转型的类型学分析》，《中共天津市委党校学报》2021年第4期。

[3] 郑跃平等：《地方政府部门数字化转型的现状与问题——基于城市层面政务热线的实证研究》，《电子政务》2021年第2期。

[4] 曹海军：《区块链技术如何赋能政府数字化转型：一个新的理论分析框架》，《理论探讨》2021年第6期。

一代信息技术，对组织架构、业务流程和政务数据等进行数字化升级，实现政府治理方式转变。数字技术支持下的数据驱动政府信息化架构实现升级重构。政府治理数字化转型是一个持续的迭代升级过程。在数字化转型时，政府各部门将会面对技术整合、创新、组织架构和文化重构等多重挑战，必须从顶层做好相应的设计和规划，结合自身业务阶段探索适应的战略方向。政府治理数字化转型是以服务为导向的业务转型。数字化转型实现信息化发展，模式和价值网络重构，提高"数字民生"水平，建设"无处不在""智慧便捷""公平普惠"的数字公共服务系统，优化教育、医疗和就业服务的数字化、便捷化和均等化水平，培育数字消费新业态，提高国民数字素养和技能。

从上述分析可以看出，政府治理数字转型的内涵是多维的、分散的，它不是简单地将信息技术应用于政府，它是政府主动引进新一代的信息技术，推进政府治理并释放数据价值的过程，政府要进行组织结构、制度机制、业务流程、职能定位等方面的全面重组，实现系统、整体、持久的和动态的政府治理创新过程。

（二）政府治理数字化转型的特征

政府治理数字化转型的核心是利用先进的数字技术来提升政府的效率，实现更高政策目标，为公众和社会带来更多的福祉。具体来说，政府治理的数字化转型的核心特征包括以下几点。一是从流程数字化向设计数字化转变。在追求可持续发展的战略目标下，将现行工作过程数字化，向更高级的设计数字化过渡，检讨、改进及简化政府运作模式，提高公共部门效率，实现可持续的公众参与利用数字化技术和数据推动此过程。二是从数据汇集向数据驱动转变。数据是一种重要的战略资产，可以帮助公共部门更好地统筹协调工作。因此，政府正在努力实现利用数据来预测公众和社会的需求并提供更好的服务，通过持续改进政府的运作方式，以适应不断变化的需求。三是从内向政府向开放政府转变。随着时代的进步，政府也必须朝着走向新的方面发展。公民可以获取政府各种信息并有机会参与决策，为维护社会秩序作出贡献，以确保政府政策更符合民意。四是从政府中心向公民中心转变。政府应专注于满足公众需求，积极倾听公众意见，并采取数字化手段实现多部门协作、自助、个性化和高增值服务，以满足高标准要求。五是从政府供给向各方合作转变。政府可以构建具备多方参与的、可持续发展的生态环境，更好地满足持续变化的需求，设计有效的公共政策，提供优质的公共服务，进而更好地利用各方资源，实现更高的绩效，面对各种复杂环境变化。六是从被动政府向主动政府转变。政府应该从一个被动的角色转变为一个具有积极前瞻性的角色。政府应积极地开放数据、公开信息，采取积极的行动来解决问题，并取得实际的成效。

总之，数字技术的发展使得数字政府已经成长为更加可靠、灵活、充满活力的政府，积极参与到各项事业中，并以更为有效的方式向民众提供优质服务。因此，数字化转型的重大意义在于让政治体系更加灵活和有效。

（三）政府治理数字化转型核心维度

1. 政府治理理念革新

在实现政府的数字化转型过程中，需要摒弃旧有的思维方式，重视数字技术的发展。传统政府更强调经验与危机驱动的机制。数字化转型就意味着政府必须基于数字技术，包括数据治理和数字技术的创新应用，突破业务条线垂直运作的、单部门内循环的传统业务模式。因此，需要改进传统的管理方法，重视数据的分析、挖掘、利用和优化，更好地满足客户的需求。通过强化业务合作和信息共享，完善"纵向到底、横向到边"的管控机制。

2. 政府治理结构重塑

政府治理能力现代化，需要不断更新、提升和再造政府的组织形态和范式转换为治理能力。政府数字化转型实践是对政府内部组织权力结构和行政资源进行规范化与结构化的调整，涉及组织形态变革、职能机构整合等。在数字化改革的总体方向下，需结合行政体系的职权划分，通过优化和重组来构建一个更加完善的政府。组织结构调整和整合需要重新设计组织架构，打破部门界限，从功能分割和各自为政的管理模式转变为以业务为中心的运营模式，直接面对服务对象，建立灵活的业务流程，实现跨部门协同合作，从而提升组织效率。

3. 政府治理机制优化

数字化转型的深入推进需要以政府治理机制入手,全面释放治理效能。数字化转型治理机制包括组织保障机制和政策规范保障机制。组织保障机制包括成立建设工作领导小组,明确职责和成员,建立专家制度、联络沟通制度、分级负责制度、督查督办制度和信息报送制度。政策规范保障机制涵盖明确的指导思想、工作原则、工作目标、重点任务、主要内容、总体架构、实施方案等,为推动政府治理数字化转型提供规范性保障机制。数字化转型平台机制通过平台内部数据能力、业务能力、交互能力和协同能力,实现能力与数据资源的相互转化,促进地方政府"互联网+政务服务"和信息共享,降低成本,简化流程,构建人民满意的服务型政府。

4. 政府治理工具优化

数字技术工具是推动政府数字化转型的关键基础,包括数据应用体系、数据资源体系和数据设施体系。这些工具可为政府治理提供技术赋能,通过数据和技术驱动模式使政府更加智慧化。因此,必须改进治理方式、手段和机制,并通过技术支撑构建数据共享模型和流程再造模型。同时,必须通过全方位、全天候、全过程地感知和收集社会运行过程中各种数据和信息,简化政府的运行程序,提高行政效率。这种方式呈现出多主体参与、扁平化和去中心化,在实践中不断探索并呈现更多样化的治理样本。

第二节 政府数字化转型发展历程

政府数字化转型是提高政府治理水平的关键举措,实质上是数字技术支撑下政府治理模式、思想和制度的创新。随着政府对数字技术的依赖度不断提高,加速政府的数字化转型已经成为共识,数字化是推动创新、引领变革的先锋力量,也是衡量国家综合国力与国际竞争能力的重要指标。

一 政府数字化转型相关政策梳理

近年来,随着"数字政府"相关政策文件的不断出台,标志着政府在特定历史阶段的发展目标和战略思路,也蕴藏着丰富的价值观念和理论释义。作为公共政策的重要组成部分,这些政策文本的出台不仅提供了充足的案例信息与数据依托,而且为政府数字化转型的深入推进提供了坚实的理论支撑。

(一)国家层面政策推动数字政府建设发展

表 2-1　　　　数字政府建设相关国家政策文件梳理

发布时间	政策文件	发布部门	相关内容
2015 年 1 月	《国务院关于促进云计算创新发展培育信息产业新业态的意见》	国务院	加快发展云计算,打造信息产业新业态,推动传统产业升级和新兴产业成长,培育形成新的增长点,促进国民经济提质增效升级
2016 年 7 月	《国家信息化发展战略纲要》	中共中央办公厅、国务院办公厅	适应和引领经济发展新常态,增强发展新动力,将信息化贯穿我国现代化进程始终,加快释放信息化发展的巨大潜能。以信息化驱动现代化,建设网络强国
2016 年 9 月	《国务院关于加快推进"互联网+政务服务"工作的指导意见》	国务院	按照建设法治政府、创新政府、廉洁政府和服务型政府的要求,坚持统筹规划、问题导向、协同发展、开放创新的原则,优化服务流程,创新服务方式,推进数据共享,推行公开透明服务,最大程度利企便民,让企业和群众少跑腿、好办事、不添堵,共享"互联网+政务服务"发展成果
2016 年 12 月	《国务院办公厅关于印发"互联网+政务服务"技术体系建设指南的通知》	国务院办公厅	按照"坚持问题导向、加强顶层设计、推动资源整合、注重开放协同"的原则,以服务驱动和技术支撑为主线,围绕"互联网+政务服务"业务支撑体系、基础平台体系、关键保障技术、评价考核体系等方面,优化政务服务供给的信息化解决路径和操作方法,为构建统一、规范、多级联动的"互联网+政务服务"技术和服务体系提供保障

续表

发布时间	政策文件	发布部门	相关内容
2017年5月	《国务院办公厅关于印发政务信息系统整合共享实施方案的通知》	国务院办公厅	实现国务院各部门整合后的政务信息系统接入国家数据共享交换平台，各地区结合实际统筹推进本地区政务信息系统整合共享工作，初步实现国务院部门和地方政府信息系统互联互通
2017年12月	《关于开展国家电子政务综合试点的通知》	中央网信办、国家发展改革委	在建立统筹推进机制、提高基础设施集约化水平、促进政务信息资源共享、推动"互联网+政务服务"、推进电子文件在重点领域规范应用等方面进行重点探索
2018年6月	《国务院办公厅关于印发进一步深化"互联网+政务服务"推进政务服务"一网、一门、一次"改革实施方案的通知》	国务院办公厅	以整合促便捷，推进线上"一网通办"；以集成提效能，推进线下"只进一扇门"；以创新促精简，让企业和群众"最多跑一次"；以共享筑根基，让"数据多跑路"
2018年7月	《国务院关于加快推进全国一体化在线政务服务平台建设的指导意见》	国务院	全国范围内政务服务事项基本做到标准统一、整体联动、业务协同，除法律法规另有规定或涉及国家秘密等外，政务服务事项全部纳入平台办理，全面实现"一网通办"
2021年3月	《中华人民共和国国民经济和社会发展第十四个五年规划和2035年远景目标纲要》	全国人大	完善国家电子政务网络，集约建设政务云平台和数据中心体系，政务信息系统云迁移
2021年9月	《国务院办公厅关于印发全国一体化政务服务平台移动端建设指南的通知》	国务院办公厅	基础支撑层主要为政务服务平台移动端提供国家电子政务外网、政务云平台等基础设施，数据资源服务、大数据分析等数据支撑，统一身份认证、统一证照共享、统一电子印章等公共支撑以及事项管理、"好差评"管理、用户体验监测等业务支撑

续表

发布时间	政策文件	发布部门	相关内容
2022年6月	《国务院关于加强数字政府建设的指导意见》	国务院	与政府治理能力现代化相适应的数字政府顶层设计更加完善、统筹协调机制更加健全，政府数字化履职能力、安全保障、制度规则、数据资源、平台支撑等数字政府体系框架基本形成。到2035年，与国家治理体系和治理能力现代化相适应的数字政府体系框架更加成熟完备，整体协同、敏捷高效、智能精准、开放透明、公平普惠的数字政府基本建成，为基本实现社会主义现代化提供有力支撑
2023年2月	《数字中国建设整体布局规划》	中共中央、国务院	到2025年，基本形成横向打通、纵向贯通、协调有力的一体化推进格局，数字中国建设取得重要进展。到2035年，数字化发展水平进入世界前列，数字中国建设取得重大成就。数字中国建设体系化布局更加科学完备，经济、政治、文化、社会、生态文明建设各领域数字化发展更加协调充分，有力支撑全面建设社会主义现代化国家

（二）各省政府出台鼓励数字政府发展政策

表2-2　　　　数字政府建设相关省级政策文件梳理

发布时间	政策文件	地区	相关内容
2018年9月	《广西推进数字政府建设三年行动计划（2018—2020年）》	广西壮族自治区	全面推动政府数字化转型，加快政务数据资源整合，规范行政权力运行，优化政务服务供给，利用大数据强化政府决策支撑，实现行政效率、服务水平、治理能力的全面提升

续表

发布时间	政策文件	地区	相关内容
2019年3月	《山东省数字政府建设实施方案（2019—2022年）》	山东省	进一步整合互联网出口，统筹各级互联网出口管理，提升承载能力和服务质量，2019年年底前完成各部门互联网出口整合，2020年年底前完成市、县级互联网出口整合，实现省、市、县互联网出版统一管控
2020年6月	《湖北省数字政府建设总体规划（2020—2022年）》	湖北省	坚持以人民为中心的发展理念，以便民惠民利民为根本目标，大力推进"互联网+政务服务"，强化事中事后监管，增强人民群众在数字政府建设中的获得感、幸福感、安全感
2020年9月	《山西省数字政府建设规划（2020—2022年）》	山西省	牢牢把握数字政府整体布局，推动各类政务数据深度融合，促进数字政府多体系协调发展，有力提升政府宏观决策、经济调节、市场监管、社会治理、公共服务、行政执行能力
2020年10月	《安徽省"数字政府"建设规划（2020—2025年）》	安徽省	各级各部门结合业务需求大力开展政务信息化建设，推出一批独具特色的电子政务应用系统和服务事项，全省电子政务建设和应用成效显著
2020年12月	《河南省数字政府建设总体规划（2020—2022年）》	河南省	积极承担数字政府建设职责，建立集中攻坚工作机制，强力推动数字政府建设各项工作
2021年1月	《内蒙古自治区党委关于制定国民经济和社会发展第十四个五年规划和二〇三五年远景目标的建议》	内蒙古自治区	加强数字社会、数字政府建设，建设新型智慧城市和数字乡村，推进公共数据开放共享、政府信息共建共用，提升社会治理数字化智能化水平

续表

发布时间	政策文件	地区	相关内容
2021年3月	《北京市"十四五"时期智慧城市发展行动纲要》	北京市	有力促进数字政府、数字社会和数字经济发展,全面支撑首都治理体系和治理能力现代化建设,为京津冀协同发展、"一带一路"国际合作提供高质量发展支撑
2021年3月	《宁夏回族自治区数字政府建设行动计划(2021年—2023年)》	宁夏回族自治区	紧紧围绕治理体系和治理能力现代化,创新政府管理和社会治理模式,以"12345"总体架构为抓手,建设全面网络化、高度信息化、服务治理一体化的数字政府
2021年6月	《浙江省数字政府建设"十四五"规划》	浙江省	持续深化机关内部"最多跑一次"系统应用,71家省级单位895个部门间办事事项实现"一网通办","最多跑一次"实现率100%,政务协同能力显著优化提升
2021年10月	《辽宁省"十四五"数字政府发展规划》	辽宁省	利用新一代信息技术,用数字化思维倒逼改革,推进政务流程再造、业务协同。完善数字基础支撑体系,加速数据的融合、共享和利用,推进政务服务"一网通办"、社会治理"一网统管"、政府运行"一网协同",体系化构建"上联国家、纵向到底、横向到边、整体智治"的数字政府运行体系
2022年2月	《广东省数字政府改革建设2022年工作要点》	广东省	以全省数字政府均衡协同发展为抓手,以数据要素市场化配置改革为引领,聚焦省域治理与政务服务两个着力点,全面深化"数字政府2.0"建设,促进全省均衡协同创新发展,实现数据要素市场化配置改革新突破

续表

发布时间	政策文件	地区	相关内容
2022年3月	《湖南省"十四五"数字政府建设实施方案》	湖南省	到2022年底，全面摸清省直部门政务信息系统和数据资源底数，完成系统清理整合，建成省政务数据共享平台2.0，基本实现系统横向联通、纵向贯通，政务数据"跨层级、跨地域、跨部门、跨业务、跨系统"的按需共享、有序开放、安全应用。围绕政务服务、政府治理、决策运行，打造一批技术先进、部门协同、群众满意的创新优秀应用
2022年4月	《省政府关于加快统筹推进数字政府高质量建设的实施意见》	江苏省	到2025年，服务便捷、治理精准、运行高效、开放透明、公平普惠、安全可控的数字政府基本建成，政务服务"一网通办"和城市运行"一网统管"整体水平显著提升，打造成为现代数字政府新样板
2022年4月	《"十四五"数字云南规划》	云南省	到2025年，数字基础设施趋于完善，数字经济成为经济发展重要增长点，数字社会服务模式快速创新，数字政府运行与治理效能显著提升，为人民群众提供安全、舒适、便利的现代化和智慧化生活环境
2022年5月	《江西省数字政府建设三年行动计划（2022—2024年）》	江西省	以数字化转型为抓手，通过全方位、协同性、智能化变革推进数字政府建设。2022年底，建立高位推动、权责明确、统一协调的数字政府工作机制，数字基座能力得到有力夯实，一批数字政府重点应用项目上线运行；到2023年底，建成一体化数字基座，大平台共享、大数据慧治、大系统共治的顶层架构基本形成，经济调节、综合监管、协同治理、公共服务、政务运转、政务公开等领域数字化应用初见成效

续表

发布时间	政策文件	地区	相关内容
2022年11月	《黑龙江省人民政府关于加强数字政府建设的实施意见》	黑龙江省	到2024年，数字政府建设协调机制基本健全，基础平台不断夯实，业务应用集成便利，数据壁垒基本打破，数据价值有效释放，步入全国先进行列。到2025年，政府决策科学化、社会治理精准化、公共服务高效化取得重要进展，具有黑龙江特色、全国一流的数字政府基本建成，成为推动龙江高质量发展的强大引擎。到2035年，政府数字化转型成效凸显，建成以数据要素驱动的现代化数字政府，治理体系和治理能力现代化水平显著提升，成为全国营商环境最优、企业和群众获得感最强的省份之一
2023年4月	《河南省加强数字政府建设实施方案（2023—2025年）》	河南省	到2025年，全省数字政府建设统筹协调和整体协同机制更加健全，安全高效的基础架构和公共平台支撑体系基本形成，数据资源有效赋能政府治理和经济社会高质量发展，行政审批制度实现数字化、系统性重塑，政府履职能力和政务服务环境整体提升，一体化政务服务能力主要指标和营商环境相关指标进入全国前列，高水平数字政府建设迈出坚实步伐，引领数字化转型战略取得实质性成效
2023年4月	《河北省人民政府关于加强数字政府建设的实施意见》	河北省	将数字技术广泛应用于政府科学决策和管理服务，构建数字化、智能化的政府运行新形态，以数字政府建设引领数字河北高质量发展，为加快建设经济强省、美丽河北提供有力支撑。实施意见明确提出5项重点任务

续表

发布时间	政策文件	地区	相关内容
2023年6月	《广东省人民政府关于进一步深化数字政府改革建设的实施意见》	广东省	到2023年,"数字政府2.0"建设取得积极成效,数字政府体制机制日益健全,基础设施和网络安全水平持续提升,数据资源要素的驱动作用充分显现,"粤系列"品牌更加深入人心,省域治理"一网统管"、政务服务"一网通办"、政府运行"一网协同"实现融合发展,政府决策科学化、社会治理精准化、公共服务高效化水平显著提升,打造全国数字政府建设标杆
2023年7月	《青海省人民政府关于加快数字政府建设的实施意见》	青海省	到2025年,与政府治理能力现代化相适应的数字政府顶层设计和统筹协调机制更加完善,更加健全,数字政府体系框架基本建成。 到2035年,符合国家要求的数字政府体系框架更加成熟完备,建成具有青海特色的数据驱动、整体协同、敏捷高效、智能精准、开放透明的现代化政府

二 政府治理数字化转型发展阶段

(一)政府信息化阶段(20世纪80年代-1998年)

第一个时期是政府信息化时期,即政府部门进行信息化改造的时期,其主要特点是各个垂直政府部门都实现了办公自动化,并进行政府信息化建设。

1. 发展过程

20世纪70年代,计算机技术迅速发展,"信息高速公路"应运而生。政府开始运用计算机技术处理各部门的工作,拉开了政府信息化的序幕。政府信息化初期的重心围绕着政府经济管理工作中的产业发展转移,将其作为企业研究开发和技术引进的重要目标。从20世纪80年代开始,党和国家采取措施加强顶层规划,推动政策宣传并成立专门领导小组,促进政府信息化系统建设,我国政府信息化建设得到直接推动。1984年,国务院批准了10多个关系到国家经济命脉的信息化系统的建设，包括经济、金融、电力、铁道等，为重大项目的发展提供了帮助。为了进一步推动政府的信息化工作，我国于1993年出台了"金关""金卡""金税"项目。1996年，国家信息化工作领导小组成立，第二年召开了第一次全国信息化工作会议，明确了"统筹规划，国家主导；统一标准，共同建设；互联互通，资源共享"的中央与地方共同推进信息化发展基本思路。

政府信息化阶段的核心理念是以政府为中心，旨在提升行政效率，通过"条"的方式，自上而下地推动办公自动化和电子业务系统的建设，实现政府内部组织的有效运转。在这一阶段，政府服务以职能和业务的发展为动力，技术只被视为改进政府内部组织效率的工具。因此，政府信息化是一种以政府为核心的业务信息化，资源配置仍以科层制为基础，信息技术的作用有限，无法彻底改变当时的政府治理模式。

2. 阶段特征

（1）被动变革

政府信息化是一种必要的工具性改革，以满足信息社会的需要。在工业化社会中，国家治理以传统的官僚主义为中心，民间力量难以参与。政府信息化时期尽管引入了信息化手段，但仍存在着官僚体制的痕迹，即"以政府为本"的核心理念，信息化只是计算机化地实施政府工作，是一种单向的信息传递，缺乏政府的管理理念和运作机制的变化。

（2）社会参与度低

在政府信息化阶段，政府信息系统只关注信息技术的应用，社会参与的程度较低，数据属于"保密状态"，并不会向外界公布。随着信息技术的持续发展，开始从工业社会过渡到信息社会。从政府管理信息系统来看，已经开始关注和重视信息的管理和使用，并构建管理信息系统，整体化管理政务信息。

（3）政府主导

政府在政府信息化阶段利用信息技术来管理和运作办公室和信息工作，在这个过程中，政府起到主导作用，而信息技术只是提高政府组织效率的一种手段。因此，在各级政府的领导下，以行政管理为主体的业务信息化的过程中，资源分配主要是通过官僚体制的方式进行，行政改革中信息技术的作用有限。政务信息系统主要集中在政府内部的行政管理工作上，在部门层面上有应用。该阶段的信息体系有清晰的体系框架和目标，数据通常以数据库形式存储。

(二) 电子政务阶段 (1999—2011年)

第二个阶段是电子政务时期，随着电子政务的发展，政务工作逐渐电子化，逐步向统一提供公共服务转型，特点是将政府数据集中共享，并推动政务服务的线上化。

1. 发展过程

1999年，随着"政府上网"项目的实施，我国的政府工作开始向信息化、网络化方向发展，各主要部门都已实现了"办公自动化"，这标志着我国进入电子政务时代。2002年发布的《国家信息化领导小组关于我国电子政务建设指导意见》提出了"加速政府转变职能，提升政府管理水平，提升政府管理效能"的新要求。此外，政府还利用信息化手段提高自身效率，建立"块"式政务，开通官方网站和官方微博等，不断提高政府的服务水平。随着《中华人民共和国政府信息公开条例》的颁布，数字化转型成为一种必要的手段，数据作为一种工具开始向公众公开，以保障公众的知情权。在国家层面上，互联网技术在政府中的应用主要经历了两个阶段。

第一阶段是电子政府。这一阶段以"政府上网"和构建网络政府为主体，共经历了存在期、互动期、交易期和转化期四个时期。"存在期"指的是政府通过网站的设计与建设将信息传达给公众，这是政府上网的单向性阶段；"互动期"是指政府通过互联网和其他信息技术实现政府与人民群众的双向交流；"交易期"就是以信息化为基础，建立政府服务平台为公众提供政府公共服务；"转化期"指的是政府通过信息化手段，在互联网上构建"虚拟政府"，通过"实体"与"虚拟"的有机结合，实现对社会公众的全方位的服务。

第二阶段是移动政府。随着移动互联网技术的迅速发展以及智能手机的广泛使用，政府的运作模式已经由"静态"转为"动态"。在移动互联网技术兴起的背景下，政府通过利用移动终端的便捷性，采用"推送"等方式将政府与民众的互动场所转移到了手机上，然而，民众作为政府信息的接收方,其互动方式仍呈现出单向的特点。此外,随着网络技术的发展,移动终端成为支撑、完善和拓展政务服务理念与方式的重要途径,为将政务服务延伸到社会服务领域打下基础。

2. 阶段特征

(1) 公民通过网络广泛参与

政府各层级都建立了政府门户,并开通了官方微博,公民在网络上广泛地参与政治讨论,和意见表达,有利于进一步凝聚民心民智,反映民情民意,方便、快速、全面地收集公众的意见和建议,以便对公众的网络参与作出迅速反应,这也对政府的工作提出了更高的要求。

(2) 以人民为中心

在电子政务阶段,政府的行政理念逐渐从"以政府为中心"向"以人民为中心"转变。在这一转变过程中,政府不仅依靠信息技术的发展来提升内部工作效率,而且越来越注重与社会公众的互动,并逐渐开始公开公共信息,以保障公众的知情权。为了解决公众在日常工作中遇到的问题,政府积极推动数字改革,将信息技术和政府各项工作有机地结合在一起。公众能够获得更高的获得感,同时也能够及时回应政府行为,互联网将传统的政府单向宣传变成双向交流的过程。

(3) 数字化升级

在电子政务建设阶段中,互联网技术被视为提升政府办公效率和与社会互动的重要工具,信息技术对政府的影响被称为"数字化升级",即政府利用信息技术和政务数据来升级服务,打破孤立状态,实现工作流程化,改变政府部门的运行方式,加强与社会公众的交流和互动,从而改善公共服务。

(三) 数字政府阶段 (2012 年至今)

第三个阶段为数字政府时期,随着"大数据"时代的到来,政府治理不再局限在传统的行政事务受理业务上,开始从政务服务拓展至解决公民、企业和社会问题。

1. 发展过程

随着新一代信息技术的快速发展,人类正在逐步进入智能社会。

为了适应这一新的发展态势，党中央、国务院在党的十八大以来大力推进"互联网+"与数字政府建设。在此基础上，政府在以人民为中心的思想指导下，以推进国家治理体系和治理能力的现代化为核心，开始紧密结合并相互配合，构建了一套完整的在线服务系统，并在政务、医疗、交通、治安、社区管理、农业和环保等多个方面积极推进数字政府的应用。

随着新一代信息技术与政府应用的深度融合，政府的数字化、智能化和整体化水平不断提高。虽然数字政府是一种新的概念，还处在一个不断探索和发展的过程中，人们对它的认知和了解还不够完全，但新一代信息技术在数字政府中扮演着重要角色已经共识。新一代信息技术给政府治理注入了新的活力，同时也改变了政府组织架构、制度安排和业务流程带来了新的改变。随着大数据时代的到来，数据呈现出爆炸性的发展趋势，而政府作为拥有海量数据的组织，如何有效处理和使用社会公共数据已成为影响政府服务质量的关键因素之一。

2. 阶段特征

（1）政府自身变革

我国数字政府的建设受新一代信息技术驱动的过程中，我们可以看到，数字政府是政府为了适应智能社会而主动进行的数字化转型。在这个时期，政府的治理理念已经开始转向"以人民为中心"，政府改革的重点也转向数字化转型，"条"与"块"之间的关系越来越密切，形成了一个完整的在线政务服务平台。

（2）新型社会关系形成

相对于传统政府信息化和电子政务，新一代信息技术对政府治理方式的变革具有颠覆性的意义。在数字时代背景下，新一代信息技术是作为一种重要的资源，政府通过利用数字技术来推动政府组织结构的重塑、业务流程的重构以及服务方式的转变，以促进政府与社会、政府与市场之间的新型关系的形成。这一过程是政府对社会需求的适应和政府治理创新的结果。随着科技的进步，政府的数字化转型已经从传统的信息化模式和电子政务模式进一步向数字政府方向发展，通过运用最新的数字技术，政府能够把用户的需求与公共服务供给结合起来，及时感知环境变化和公众需求，实现快速响应，以适应不断变化的市场和社会环境，满足公众的需求。

第三节　政府数字化转型下的数字政府建设

随着新一代数字技术如大数据、云计算、人工智能、5G、区块链等在政府治理过程中得到广泛应用，我国数字政府建设不断稳步推进，政务服务和监管效能大幅提升，服务管理新模式如"一网通办""一网统管""一网协同"等进一步深化。我国政府数字化转型经历了政府信息化、电子政务和数字政府三个发展阶段。

一　政府数字化转型下的数字政府需求分析

（一）数字政府的技术需求

随着信息技术的不断发展，6G、物联网、数字化、区块链和人工智能等新兴技术工具正推动着政府的数字化转型，成为推动数字经济发展和数字社会建设的关键力量。其中，技术要求主要包括构建平台基础，实现数据共享与共认，以及推动新技术与业务的融合与应用等。

1. 数据共享的平台支撑需求

在传统政务服务环境下，不同组织之间难以实现无缝对接，存在显著的"鸿沟"，尤其是在政策、机制和组织等方面。通过现代的信息通信系统，政府不仅能提供高效的公共服务，还能够减少组织自身资源限制，更好地满足公众对政务服务的需求。在我国的政策背景下，"政府即平台"的理念和实践都在影响着公共价值的生成，而"平台驱动的政务服务"则是一种以技术为支撑，以多元化、可持续和可扩展的方式，实现民生改善的新思路。在跨地域的政府服务治理情境中，通过技术合作平台实现主体之间的合作，可以有效地消除政府之间的服务提供能力差异。运用先进的信息技术，可以提高组织的效率，跨越层级、地域、系统、部门、业务等多种限制，实现高效的协作与服务。

2. 数据共享互认需求

目前，数据与数字技术应用趋势日益突出，这对政府来说提供了更多的实践机会，以优化现有的系统和功能，提供更便捷高效的服务。推动数据资源的共享与利用，释放数据要素价值是数字化转型的关键特征，也是实现政务服务跨域治理的重要动力。借助全国整合的在线政务服务平台，统一的身份认证、证照服务、数据共享等公共支撑能力，政务数据实现共享互认。因此，数据以及与数据有关的过程要保证它们的可信性、标准性和可追溯性，以避免数据质量低下、时效性不足和安全隐患，对跨域政务服务的实施造成限制，以及服务质量的下降。

3. 新技术与业务融合需求

以区块链、人工智能、大数据、物联网为代表的信息通信技术，在与政务服务进行融合、应用和推广的过程中，有效地解决了跨越时空和信任问题的挑战，促进了数据的共享和业务协同。全国范围内"跨省通办"的实施，形成了跨时间、跨空间的一体化政务服务模式。例如，通过人脸识别技术进行远距离身份验证，利用算法准确地判断市民的个人需求，实现智能引导等。在政府信息化建设的早期阶段，政府工作人员通常将技术放在首位。在数字化转型进程中，科技与业务的深度融合加速了技术元素的释放，推动了从"超时空交互""智能化"治理模式的转变。

（二）数字政府的管理需求

新一代信息技术的驱动下，政府数字化转型的需求已经体现在对管理价值需求的提升上，包括信息资源的共享共用、政府部门精简和协同办公的需求等方面。

1. 信息资源共享共用需求。政务协同涉及资源协同、技术协同、流程协同、制度协同等多方面，是一个整体性建设的过程。其中，资源协同是整个政务协同的基础，而实现资源协同的前提基础是信息资源的共享共用。由于新一代信息技术的广泛应用，公共事务日益复杂化。在过去的电子政务建设中，信息共享是一个共同面临的难题。因此，政府迫切需要共享政务信息资源，为跨部门政府之间的合作提供信息基础，推动政府决策的科学化和民主化。

2. 政府部门精简需求。在推进数字政府建设的过程中，需要加强跨层级的、跨区域的协同合作，以系统性、关联性、协同性的整体政府理念为基础，从企业和群众办"一件事"的视角来推动纵向一体化和横向一体化。纵向一体化指的是实现不同层级之间的相互连接和协作，实现有效的协同。将自上而下的顶层设计与自下而上的应用场景创新有机结合。而横向一体化则是一种跨越不同行业、跨越不同部门的整体性行为，旨在促进各领域之间的联动，实现全面贯通、系统融合和综合集成。

3. 政府部门协同办公需求。随着公众对政治生活的参与度不断提高，他们越来越自信地通过互联网表达意见和诉求。与此同时，网络上的呼声也在不断提高，要求政府提供更高质量的公共服务。为此，各国政府开始关注利用大数据等新兴信息技术，深刻了解互联网用户的服务需求，准确定位公众的政治诉求，为广大"移动人群"提供有针对性的服务，以满足其治理需求。通过在部门之间和部门内部的信息共享，可以减少重复劳动，缩短工作流程。此外，政府在面对突发事件时能够及时作出反应，提高政府整体办事效率。

（三）数字政府的治理需求

在新一代信息技术的推动下，数字政府的建设在宏观治理层次上提出了更多的改革要求，包括治理理念、治理结构、治理模式等。

1. 治理理念更新的需求。"政府治理"作为一种现代政府管理理念，以信息技术和社会多元化需求为基础，呈现出从单一到多元、从静态到动态的转变。新一代信息技术对政府管理理念产生了深远影响，而人们多元化的需求则对政府的治理观念提出了更高的要求，要求政府治理以服务人民、实现人民利益和满足人民群众需求为价值取向。数字化转型是一场内在的组织与管理革命，实现这一目标需要有清晰的转型变革思维，以及在组织内部达成一致的共识，形成对数字化转型的坚定信念，在战略、组织、人才、文化、管理、流程等各个方面上展开系统变革，以推动数字化转型的顺利进行。

2. 治理结构转型的需求。政府治理结构的变革不仅仅是一种组织结构的变革，而是一项系统性的改革，涉及具体的岗位和责任以及横向、纵向和斜向的政府关系。在当前的数字化转型背景下，如何有效整合统筹数据，同时确保各部门的优势和功能不被削弱，是政府面临的关键议题。因此，政府治理的数字化更加关注公共服务的精准供给，从过去侧重于公共服务的数量供给，转向注重公共服务需求的满足。政府应当坚持"目标导向""问题导向"和"效益导向"的原则，积极适应"需求端"人民群众的新变化，深化政府公共服务的供给，实现精准供给的目标。

3. 治理方式升级的需求。数字政府作为一种服务型政府模式，需要面向广大人民群众提供优质服务，需要承载大量政务数据、复杂的政务业务系统以及海量的政务服务需求。因此，政府管理模式对于政府管理的重要性就如同生产工具对于生产力的提升，其改进与创新将极大地提高政府管理的效率。新一代的信息技术的发展为治理模式带来了更多的选择，这就要求政府在治理模式上进行持续的创新和变革，将政府行政主体、市场经济主体以及社会公益组织整合起来，共同承担监管职能，以便有效解决新出现的问题。

二 政府数字化转型下的数字政府内涵特征

（一）数字政府整体形态

数字政府转型已然成为全球性的发展趋势，其影响范围覆盖全球，且发展速度迅猛，涵盖了众多的领域，堪称一场影响深远的社会变革。这一变革背后的重要原因主要包括以下几个方面：一是随着大数据技术的快速发展，在技术的引进和交流方面，政府在政治环境和政治制度上所面临的阻力相对较小。二是数字化技术应用所产生的政策效果显现的周期较短，这不仅能够减轻政府的负担，为政府的决策提供更加科学的证据支持，同时也有助于优化社会秩序，推动社会的全面发展。三是数字政府转型所带来的智力成果具有广泛的覆盖面。数字化管控技术的应用使得大多数民众都能从中受益，无论是社会精英还是普通公众，都能够从数字化治理中获得益处。

1. 数字政府的特点

一是注重用户体验。新时代的数字政府在长期发展过程中一直坚持并践行服务型政府的建设理念，以用户为中心的数字化转型试图使用户参与到服务的设计中，以提高用户体验，通过政府流程再造的手段降低制度性的交易成本，使数据多跑路、群众少跑腿。一方面，在数字政府建设过程中，要把人民的利益放在首位，注重以用户为中心的组织重组和流程再造，以满足人民的需求为中心，提高公众的获得感和满意度。另一方面，数字政府鼓励人民对建设成果进行评价，并以此推动"好差评"体系的建立和完善，从而进一步强化了公民的监督权和评估权，拓展了公民的参与渠道。

二是数据驱动。数据是数字政府的核心要素，数字政府倡导"用数据对话，用数据决策，用数据服务，用数据创新"。数据驱动，意味着以数据为核心，清晰地梳理政府的政务数据资产，并对其进行集成、挖掘、分析，实现降本增效和管理能力的提升。随着数字时代的全面到来，各主体的数字化转型步伐不断加快，数据将成为一切事物的表现与联系的媒介，并呈现出海量性、多元性、动态性的特征。因此，收集和整合这些数据，并加以挖掘和运用，进行分析和研判，将成为政府治理的一个重要方面。

三是整体协同。数字政府所倡导的是一种整体建设的理念，要求在机制的设计中吸纳众多主体的力量，并持续打破各部门之间的壁垒，以达到更高的协同水平。一方面，突破传统的"条块分割"格局，构建上接中央、下联市县，横向到边、纵向到底的全方位的一体化的数字政府，实现政府的内部运作与对外服务的一体化、线上和线下的深度融合。另一方面，"数字政府"注重推动"协同治理"机制的构建。在内部层面，地方政府借助技术融合、业务融合、数据融合等方式，实现跨层级的、跨地域的、跨部门的、跨业务的协同管理与服务，以降低传统科层体制所导致的沟通成本。

四是泛在智能。在大数据、区块链、VR/AR 等前沿技术的飞速发展下，未来的数字政府建设将深深地体现这些技术的重要性，实现泛在化和智能化。这一转变的结果是，政府将成为"无时不在，无处不在"的政府。近年来，我国各地都在努力将政务服务拓展至移动端，实现了"掌上办"和"指尖办"。此外，随着数字化技术的进步，以"线上政府"和"24 小时服务"等为代表的虚拟政府也逐渐取代了传统的有形政府，成为人们生活中不可或缺的一部分。

2. 数字政府基础要素

一是建设目标。数字政府运用尖端信息技术，深度整合政府数字化，推动政府数字化转型，为公众提供更优质、有效的数字化政务服务。数字政府建设是通过整合各种数字化资源，促进数据的共享和跨域合作，将移动应用程序、开放数据、技术和组织网络、物联网、传感器、社交媒体等有机融入政府管理进程。数字技术的进步引发了经济与社会结构的深刻变革，而数字政府的构建正是为了适应这种变革而进行的。在构建一个统一的数据平台的同时，利用业务协同建设和数据共享这两种模式，来构建统一的信息共享模式。

二是平台建构。数字政府的平台架构主要由基础层、平台层、应用层和端口层四个部分组成。基础层提供诸如存储、计算、网络、安全等必要的资源支持。平台层主要包括数据中台和业务中台两部分，这两者是一个相互依存、不可分割的有机整体，在业务中台产生的所有信息数据都会被输入到数据中台，数据中台通过算法对业务流程进行重新定义，从而为整个系统提供一个完善的、高效的、支持多种功能的系统。应用层主要负责管理系统的运行管理，采用大部制的、模块化的方式，打破原有的部门中心主义的管理模式。端口层则包括政府人员使用端和公众（企业）使用端，为公众（企业）提供综合办事服务平台，实现传统的部门中心主义的管理模式的突破，让公众（企业）能够更为便捷地获取所需的信息和服务，例如在线办事、在线投诉、在线咨询等，从而更好地满足公众（企业）的需求。

三是治理机制。数字政府的建设目标是建设一个全面完善的数据分析与应用系统，通过对信息和数据的全方位收集，利用大数据分析和智能处理功能，进行精细化管理，从而实现智慧治理模式。首先是信息收集机制。通过采用传感器、移动应用程序等技术，大规模地采集数据，并将信息以数据的方式量化呈现，为后期的数据分析提供基础数据。其次是清晰算法机制。通过采用先进的算法技术，有效地整合、划分、比较各种复杂的公共事务，使其以更明确、直观的数据形式表现出来，并转化为所需的数字化指标，从而形成可视化的分析结果。再次是精细化管理体制。通过个体追踪、网格划分或者其他先进的信息处理手段，逐步将治理单位从群体组织转向自然个体，从而捕捉到自然人的异质性和偏好进行捕捉，有针对性地满足不同的需求，实现精准治理。此外，通过对事件处理进程的追踪、处理进程的查询和在线评估等方式，优化政府服务流程，实现绩效评估的实时化和精细化。最后是智能处置机制。利用大数据、人工智能等技术，实现问题的发现、分析和处置，提高政府处理问题的速度，更加精细地提供公共服务，从而根据实际情况划分业务边界、明确主责部门、协同业务工作等。

（二）数字政府建设战略实施

1. 加强顶层设计

数字政府建设是一项涉及多领域、多层面的系统工程，为了推动政府数字化转型，必须建立完善数字政府转型机制，并在顶层设计和前瞻布局上加大力度，统筹推进基础设施建设。在实施过程中，需要结合我国国情，加强改革的总体规划，并细化落实数字政府建设战略。一是建立政府信息管理与服务体系制度，并在此基础上，构建适合于数字政府的组织结构，以实现政务数据的整体规划、标准规范、顶层设计等目标。持续推进信息科技领域的产业发展，扩大信息技术在经济、社会各个领域特别是新型公共管理和服务领域的广泛应用。二是促使更多的社会资本参与到数字政府的建设中来，积极探索"政府主导＋社会参与＋市场化运作"的机制。三是从制度设计的角度，强化政策的匹配，提升政府的治理效能。加强信息数据的集中与整合，使得政府在规划、配置、安排过程等方面更为完善，以满足国家治理能力现代化的需要。

2. 构筑统一平台

先进的技术和管理手段，构建集成大量信息和系统的综合性统一平台，为"数据共享模型""流程再造模式"和"信用体系模型"的发展提供坚实的保障。一是要建立一个统一接入、覆盖全域、综合运用的数据共享平台。在现有共享平台、开放平台、供需对接系统、基础库、主题库、算力设施的基础上，进行整合完善，新建数据服务、数据治理、数据分析、政务云监测、数据安全管理等系统组件，以构建形成国家级政务大数据管理和服务平台，实现政务信息资源的高效整合，建立跨部门、跨层级的合作机制。二是要加强对一体化运行平台的建设。按照"一套标准"将可协同联办的行政审批与公共服务事项进行整理与整合，形成"一件事"，以便在前端完善、在后端分类审批、统一管理，实现数据的落地和全流程监控。三是要注重技术上的协同联动,强化治理的系统性。加大对技术的投入,以便更多的人能够更高效地获取更多的数据分析信息,更精确地找到问题和最优解,从而提高政府治理水平,以适应国家治理能力现代化的系统要求。

3. 深化政务改革

政府数字化转型是一场关乎技术与制度的全面变革,然而从当前的实践情况来看,仍然存在诸多问题。例如权力清单的标准化程度较低,企业投资项目、商事登记、不动产登记、证照联办等标准化流程的建设仍有待加强。同时,群众办事流程缺乏统一性、标准不一致等问题也给数字政府的建设进程带来了极大的困扰。一是应积极推动群众办事指南的规范化。根据服务的公共性、便利性、公平性、规范性以及阳光性的要求,加强政务服务的标准化管理、规范化运行以及便利化改革,丰富服务内容、优化服务流程、精简办事环节,积极探索解决"部门多、层级多、事项多、中介多"等企业投资项目审批难题的方法。二是对于企业投资项目审批流程应进行更多的简化。加快建设网络审批和监管平台,持续简化企业办事流程,探索新路径,充分利用政务服务一体化平台的线上办理功能,使得企业在办理过程中少跑腿,办成事、办好事。三是在实施过程中要注重精准优化,推进政府服务的导向。加强政府与民众间的沟通,充分发挥电子政务平台的便捷性、实时性和互动性。一方面,要准确地识别需求,将供需有效地匹配起来,提高在教育、医疗、就业、养老等重要民生领域中的公共服务提供的效率。另一方面是要充分发挥社区居民的积极性,并在此基础上广泛听取民意,构建共建共治共享的社会治理共同体。

三 政府数字化转型下的数字政府推进策略

(一) 以平台建构推动政务服务

在传统系统中,信息传递受到时间和空间的限制,同时也受限于主体身份、职责边界等客观条件。然而,数字化信息共享技术可以突破这些限制,通过数字化和可视化的方式实现及时、高效和全面的信息交流。在政府管理中,长期存在"权-职-责"的关系的"碎片化"和"部门主义"等问题,导致了部门利益固化和职能分散。即便是在同一个层级的政府部门之间实现了信息资源的整合,也无法打破由垂直管理和属地管理所造成的"管理条块分割"。因此,跨层级、跨领域、跨部门的信息共享成为政府治理的一个普遍难题。在数字政府建设过程中,构建数字信息共享平台,将散落在"点、条、块"的数据进行整合,形成统一的"数据库"和"数据池",通过持续地更新和传递信息,实现精准的数据挖掘和综合利用,最大程度地展现出完整的信息,提高决策的科学性,实现资源的最优配置。基于此,利用数字信息共享技术,实现对信息的无限制互联和利用,实现多个平台与多个系统间的信息流动,这将推动政府治理模式从"局部"向"全局"转变,从"部门"向"网络化""扁平化"转变,从"静态"向"动态"转变,为政府服务提供"减时间、减流程、减环节"的具体途径和载体,彰显数字政府转型所带来的便捷高效的服务本质。

(二)以机制变革推动整体转型

在利用数字信息共享平台推动政府治理数字化改革的过程中各类信息得以在不同部门、不同层级以及不同空间范围内顺利传递。然而,受制于机构设置、制度框架和组织文化等多种因素,将数字政府建设与信息共享技术的发展相结合的道路仍然是一条长期且漫长的过程。数字政府建设应当高度重视数字技术对传统线下实体政府的推动和重构,特别是在业务协同、数字信息共享以及资源整合等基础性工作上。通过协助实体政府在虚拟的"行业、部门"中整合数字信息资源,并提供流程化、数字化的在线服务,有助于提升政府的共享治理能力。政府数字化转型是一个将数字信息在线上与线下并推动其发展的过程,通过这种方式可以实现数字信息的无缝连接,进一步提升政府的治理能力。

(三)以技术监管推动效能提高

在推进数字政府建设的实践过程中,地方政府应参照现行的"数字信息管理办法",同时结合国家和地方相关标准的实施,致力于构建统一标准的信息共享、信息监管等管理规范和监管体系,这样能够让数字信息在更大范围内发挥其最大作用,为政府数字信息标准化提供坚实的技术支持。数字化信息共享的监管技术是一个综合性、复杂性的系统工程，需要持续地优化数字信息共享过程，全面地提升数字信息共享与政府治理政策之间的关联性，从而为政策落实提供信息支持。数字信息共享监管旨在解决信息的共享不足、信息共享重叠等问题，严格把控信息共享，最大程度地降低信息共享的成本，提高政府政务信息共享的科学性和规范性。在此基础上，运用数字思维，全面建设数字信息共享机制、安全机制、业务流程规范化等方面，深入探讨数字信息共享监管技术，改革传统的政府组织结构和监管体制，利用完善的数字信息共享监管技术，推动政府数字化转型。

第三章

数字政府治理体系和治理能力现代化

随着信息技术的快速发展和数字化转型的推进,数字政府治理体系和治理能力的现代化已成为当代社会发展的重要议题。数字政府治理体系的建设和治理能力的现代化,旨在通过深度挖掘和有效运用数字技术和数据资源,提升政府的治理效能和服务水平,实现更加高效、透明、智能的政府运行和公共服务。在数字化时代,数字政府治理体系和治理能力现代化已然成为实现社会治理创新和提升国家治理能力的关键路径。

第一节 数字政府治理现代化内涵特征

数字政府治理现代化涉及政府机构和政务系统的数字化转型,包括政府决策、公共服务、社会参与等方面的创新和改进。通过数字化技术的运用,政府能够更加高效、精准地获取和分析数据,实现数据驱动的决策和政策制定,提供更加智能化、个性化的公共服务,增强政府与公民之间的互动和参与。数字政府治理现代化的内涵和特征体现了数字技术在政府治理中的关键作用,为实现现代化、智能化的政府提供了新的发展路径和机遇。

一 数字政府治理现代化的基础理论

(一)治理理论

随着大数据时代和全球化进程的加速发展,信息科学得到了巨大的发展,数字技术也在强力推动之下取得了重大突破。这种变革使得传统政府的科层体系,即以自上而下的命令和控制为核心的管理方式无法适应现代社会的发展需求。

自20世纪90年代以来,随着西方治理理论的兴起,国家愈加重视政府功能的发挥,并强调各社会组织之间的协同治理,旨在激发多元化治理主体的优势,推动主体之间的互动与合作,引导和规范公民的社会活动,并对政府的作用方式进行重新界定。在这一理论框架下,政府与其他主体的合作关系至关重要,而过度依赖命令和强制手段的干预方式则被弱化,更加强调发掘和释放多元治理主体的活力,实现各治理主体的协同作用。为实现有效治理,政府依托国家的独特属性和资源优势,在治理网络中发挥主导作用,弥补其他社会组织在治理能力方面的不足。当前,多元化的治理主体、创新的治理方式和转变政府职能已成为社会发展的必然趋势。治理理论作为数字政府治理现代化的重要理论来源之一,为形成多元主体协同治理格局和充分发挥数字政府治理职能奠定了理论基础。这一转变的目的在于建立一个更灵活、响应更迅速的治理机制,以适应不断变化的社会需求并提高治理效能。

"治理"的权威定义由联合国全球治理委员会在1995年发表的研究报告《我们的全球伙伴关系》中提出。该报告将治理定义为个人和公共或私人机构管理其公共事务的诸多方式的总和。它是使相互冲突的或不同的利益得以调和并且采取联合行动的持续的过程。[1] 治理理论主要关注以下几个方面:首先,多元化的治理主体。这意味着治理不仅仅依赖政府,还包括其他社会组织、企业、非政府组织等多种参与者,他们在治理过程中形成协同合作的态势。其次,治理理论强调政府与社会的合作。政府需要与社会各界建立密切的合作关系,共同参与决策制定、资源分配和问题解决,以实现共同的治理目标。再次,治理理论强调管理对象的参与。在治理过程中,应该充分考虑管理对象的利益、需求和意见,鼓励他们参与决策和监督,以确保治理过程的公正、民主和透明。最后,治理理论认识到治理目标的实现需要借助一定的治理技术和治理工具。这包括数据分析、信息技术、评估方法等,用于支持决策制定、问题解决和绩效评估等方面,以提高

---

[1] 俞可平:《治理和善治引论》,《马克思主义与现实》1999年第5期。

治理效能和结果。正如魏崇辉教授所说:"在一定意义上,公共治理理论的有效适用最终要体现在工具的选择与运用上"①。因此,工具选择研究应成为公共治理研究的重要组成部分。也就是通过在理论上探索适合我国实际的工具以推进公共治理的实践前行。这也为我们在大数据时代利用大数据来推动政府治理体系和治理能力现代化提供了理论上的支持。

(二)政府治理理论

在市场经济的大背景下,政府治理是指政府对公共事务进行管理和决策的过程。西方理论界普遍认为,政府治理体系由治理理念、治理结构和运作方式三者共同构成一个整体的治理框架。总体而言,政府治理模式可分为以下三种:一是由国家作为唯一的管理主体,对公共事务实施封闭性和单向度管理的模式。在此模式下,政府独自承担起公共事务的管理责任,对社会各个层面的决策和执行过程具有高度的集中控制。二是由国家和各种社会自治组织共同参与,构建半封闭和单向度的公共管理模式。在此模式下,政府与社会自治组织合作,在公共事务的管理中形成一定的合作关系,但仍然以政府为主导。三是更为开放的公共管理模式,具有开放性和双向度的特征。在此模式下,社会大众广泛参与治理过程,政府与非政府组织、企业、公民等多个利益相关方进行合作和协商,共同参与公共事务的决策与实施。

政府治理包括了政府内部的组织、决策和执行过程,以及与其他利益相关方的互动和合作。然而,在中西方语境中,这一概念的具体含义略有不同。20世纪七八十年代,西方国家启动了广泛的政府改革。这种改革涵盖了机构精简、公共服务供给优化、政府绩效评估改革等多个方面,旨在提高政府自身的运行效率。同时,政府也进行了与外部关系的改革。受到新公共管理运动和治理理论的影响,政府通过运用企业家精神推动改革进程,旨在提升行政效率,推动政府向网络化和扁平化方向发展。在此过程中,政府也强调政府与市场、社会等其他主体的关系,并重视正确处理这些关系,以实现公共事务的分散管理和权力分配。在西方社会中,政府治理强调狭义的政府内部治

---

① 魏崇辉:《当代中国公共治理理论有效适用:基本方向、工具选择与责任认知》,《湖北社会科学》2015年第10期。

理，并将其视为整体治理环境的重要组成部分。政府与市场、社会等主体之间建立平等的合作关系，共同参与治理过程，以实现公共事务的优化和发展。同时，政府也积极推动透明、问责和参与的治理模式，强化公民的参与和社会的信任。

在我国，政府治理的内涵更加丰富，包括狭义上的政府自身的治理，以及广义上的市场治理和社会管理。政府通过优化组织结构、提升治理能力，以切实履行职能，提高行政管理的科学性和有效性，从而推动国家的长期稳定和可持续发展。[①] 广义的政府治理在我国包括多个方面，不仅限于政府自身的内部管理。首先，政府在市场中的作用是政府治理的重要方面。政府通过转变政府职能、提高行政效率，对经济活动与市场活动进行有效管理，从而推动市场经济的良性循环，为经济社会的可持续发展打下坚实基础。其次，政府治理作为社会管理的主体，在遵循社会发展规律的前提下，积极参与社会公共事务的管理。政府治理与市场发展和社会治理是相互依存、相互促进的关系。我国政府治理具有多层次的内涵，更加注重从政府视角考虑治理问题，并持续采用与时俱进的治理理念来改进政府自身，因此，它符合大数据时代数字政府治理现代化的发展方向，并为其提供理论支撑。

（三）数字治理理论

数字治理的起源可以追溯到 20 世纪 90 年代后期，其兴起主要归因于信息技术的蓬勃发展，经济全球化进程的加速以及网络社会的形成。自数字治理概念产生以来，便与民主、治理和善治紧密联系在一起。经过 20 多年的发展，数字治理理论已经取得了丰富的研究成果，对英国、美国和加拿大等国家的国家治理活动中产生了重要影响。数字治理是指政府、社会、企业等各方在互动协同治理中，通过信息技术和信息手段，简化政府行政行为，优化处理公共事务，提高民主治理的效果[②]。从根本上看，数字治理就是治理理论与数字技术的深度

[①] 王浦劬：《国家治理、政府治理和社会治理的含义及其相互关系》，《国家行政学院学报》2014 年第 3 期。

[②] 徐晓林、刘勇：《数字治理对城市政府善治的影响研究》，《公共管理学报》2006 年第 1 期。

融合，依托互联网信息技术发展而来的理论成果，同时也是新公共管理理论的重要组成部分，强调在公共领域中应运用技术实施数字治理，以推进政府简政放权，将更多的治理权交付给企业、民众、行业组织等，从而推动上下互动治理的全面发展。

在数字治理理论的研究领域中，帕却克·邓利维（Patrick Dunleavy）被广泛认为是集大成者，他的观点认为，政府治理活动中的很多书面存档和系统整理都是属于内部记忆的方式。随着数字技术的成熟和发展，政府流程也将逐渐转向数字化和电子化，这将使得政府处理事务的流程变得更加精简方便[1]。在2008年，竺乾威教授系统地翻译和介绍了帕却克·邓利维关于数字治理的观点，从而推动了国内学者对数字治理理论的关注和研究[2]。在数字化治理中，行政方式数字化、参与主体整体化和服务内容多元化被视为核心内容。然而，许多学者对于数字治理的研究持有不同的观点，如："重新整合""政府流程""数字变革"以及"整体主义"等学术主张和研究路径。

首先，重新整合一派认为，数字治理的实施是对政府治理中存在的碎片问题进行整合分析，政府应发挥桥梁作用，面对复杂的社会问题，可以借助信息技术与手段，实现跨部门的联合，使各个治理主体之间相互联系，相互合作，促进公共治理的良好发展。政府需要与第三方组织建立深入的合作关系，将部分权力转移给他们，以便政府能够更加专注于其擅长的事务，提高治理的精准度[3]。其次，政府流程的数字化变革一派认为，数字治理要求政府进行转型发展，需要借助数字技术作为转型工具，其涵盖内容包括：一站式服务、数据服务库等，这些都能够为治理提供更多的技术支持，解决复杂的问题，虽然政府网站提供了不同的行政内容，但通过技术可以将这些网站整合成为一个大的平台，以技术手段减少群众在办理事务时的等待时间。最后，以需求为基础的整体主义一派认为，"重新整合"的观点相对较为简单，会改变政府与民众的关系，因此，需要根据实际的治理情况

---

[1] 韩兆柱、单婷婷：《网络化治理、整体性治理和数字治理理论的比较研究》，《学习论坛》2015年第7期。
[2] 竺乾威：《从新公共管理到整体性治理》，《中国行政管理》2008年第10期。
[3] 韩兆柱、马文娟：《数字治理理论研究综述》，《甘肃行政学院学报》2016年第1期。

设计一个更加全面、包容的机构，使不同的利益相关者能够融合起来，制定规则，强化管理，降低治理成本，基于需求导向设计治理模式，降低治理成本与风险[①]。

综上分析，数字治理理论强调了技术应用的重要性，同时也体现了尊重人民需求的价值取向，更是展现了以人为本的治理理念。实践数字治理实践可以提高政府公共决策和现代化治理的能力。数字政府的建设成为数字治理理论的具体实践形态。数字治理理论为数字政府治理现代化提供了科学依据。

二　数字政府治理现代化的内涵特征

（一）数字政府治理现代化的内涵

基于数字政府治理现代化的相关理论研究，本书认为，数字政府治理现代化是指政府治理现代化在数字化背景下，以数字技术对政府治理模式和方式进行创新和变革，即政府以互联网为主要载体，利用数据与技术的协作，推进政府治理方式从传统向数字化转变，实现政府治理能力建设与治理模式优化同步进行，促进政府治理和经济社会发展协调并进。数字政府治理现代化是一种综合运用现代信息技术和现代管理手段推进数字化政府治理模式创新的新型治理模式，以构建整体性治理和透明服务型的现代政府为目标，以数字技术为支撑，以数据为基础，以制度为保障，以效能为导向。对内，通过互联网平台将政府治理从一个封闭系统中整合到一个开放系统中，打破信息壁垒、资源壁垒，打破政府部门之间数据壁垒和信息孤岛，使政府部门内部流程再造和流程优化在互联网平台上完成。对外，通过数字技术推进政府治理向服务型政府转变，提高服务能力和水平。

数字政府治理现代化是一个复杂且动态的过程，需要综合运用数据技术、信息平台、业务流程和服务模式等手段，实现对政府治理各环节的全要素整合。其中，数据技术是数字政府治理现代化的基础和核心，通过对政府治理数据和信息的全面采集、存储、处理、分析、共享、应用等环节，实现对数据的深度挖掘、精准识别、智能支撑。

---

① 赵石强：《数字时代的整体性治理理论及其启示》，《重庆科技学院学报》（社会科学版）2011年第15期。

信息平台是数字政府治理现代化的载体和桥梁,通过政务数据资源平台、业务系统平台、服务应用平台等,实现对政府治理的数据资源、业务系统、服务应用的统一规划、建设、运维、管理。业务流程是数字政府治理现代化的核心内容和过程,通过对政府治理的办事流程、决策流程、监督流程的简化优化、标准化规范化、模块化组合化,以提高政府治理的质量和便利。服务模式是数字政府治理现代化的形式和结果,通过灵活调整、创新改进、引领超越政府治理的线上线下服务模式、全天候全覆盖服务模式、多元化个性化服务模式,提高政府治理满意度和可持续性。

(二)数字政府治理现代化的特征

从数字政府治理现代化的内涵来看,数字政府治理的三大要素包括治理主体、治理方式和治理客体,并逐步呈现出治理主体协同化、治理方式智能化和治理客体数据化的特征,促进了社会治理的广泛参与和协同,提升了政府决策和服务的科学性和效能,实现了治理的精准性和适应性。

1. 政府治理主体协同化

整体协同是现代政府治理的重要特征和趋势,要求政府各部门以系统的观念看待政府治理,政府治理不再仅是各个部门独立运作的集合,而是一个紧密相连的系统。每个部门都必须意识到他们在整体中的位置,以及他们的决策如何影响到其他部门和整个系统的行为。这种系统观念有助于识别和解决部门间的冲突,促进政府的整体效率和效果。同时,要求提升数字政府集约化建设水平,加强系统集成和业务融合,实现数据共享与流通,提高决策的精准性和及时性,优化各部门的职能划分,避免工作重叠或者空白。此外,要求提升提高政府的数字化程度和能力,包括利用数字技术进行数据挖掘与分析,搭建公共服务平台,提供便捷的公共服务,通过技术、业务和数据的融合,实现政府各部门间以及政府与公民之间的紧密协同。

2. 政府治理方式智能化

数字政府治理作为一种新兴的治理方式,其核心在于利用大数据等信息技术手段,以智能化的方式对现实社会进行感知、分析和模拟,以预测的方式对社会行为、资源和环境进行有效治理。数字政府治理的智能化是指通过数据共享和智能分析实现治理效率的变革、资源配置的优化和社会治理的精准化。数字政府治理智能化包括智能感知、智能决策和智能执行三个方面。在智能感知方面，政府需要将信息技术与政府业务深度融合，通过数据驱动的治理方式来开展工作，完善政务服务流程，优化政府服务方式，并提升政府服务能力。在智能决策方面，政府应当积极拥抱数字技术，并将其运用到管理工作中，以提高管理效率，降低社会管理成本。在智能执行方面，政府要探索创新社会管理模式，加强应急管理力量建设，完善法律制度保障，提升服务水平，优化服务质量。

3. 政府治理客体数据化

政府治理客体数据化是指通过数字技术，对政府治理全生命周期进行数字化转型，以实现政府治理体系的合理化、科学化和高效化。在当前大数据时代，政府治理客体数据化已成为数字政府实现可持续发展的关键驱动力。政府治理客体数据化的核心目标是实现政府治理的数字化转型。这就意味着政府需要将各类实体形态转化为数字化的数据形式，以实现对社会状况、问题和需求的精准监测、深入分析和科学决策。通过数据化，政府可以更准确地把握社会发展趋势，及时发现和解决问题，为公众提供更优质的公共服务。政府治理客体数据化的过程也是一个系统优化的过程。通过数字技术的应用，政府可以实现数据的整合、共享和分析，从而提高决策的科学性和精准性。政府可以利用大数据分析，探寻问题的根源、趋势和规律，及时采取措施进行干预和调整，实现治理的预测性和主动性。

第二节　数字政府治理现代化整体架构

"互联网+"实质上是现代信息技术与现代政府治理的深度融合，是政府向现代化方向转型发展的关键时期，也是实现现代政府治理体系和治理能力现代化的必经阶段。通过充分利用互联网、大数据和人工智能等现代信息技术，政府能够更好地实现信息共享、数据驱动、智能决策和精准服务，提升治理效能和公共服务水平，推动政府与社会、市场的有效互动和协同发展。在"互联网+"的引领下，数字政府治理现代化的核心是持续创新、整合和应用各种数字技术，构建具有高效、智能、开放、协同特征的现代政府治理体系，为实现国家治理体系和治理能力现代化提供有力支撑。

一 数字政府治理现代化的建设目标

数字政府是实现互联网创新、高效发展和社会变革与治理转型的重要手段，其核心在于应用信息技术，提升政务服务数字化水平。这不仅是政府组织创新和管理创新的重要载体，也是推进国家治理体系革命化、规范化、科学化的重要抓手。为了实现数字政府治理现代化，需要深入推进数字政府建设，并加快推进新一代信息技术在各领域的融合应用。其中，大数据、云计算、人工智能和区块链等新一代信息技术被视为推动数字政府治理现代化的关键驱动力。

（一）价值导向：以人为本，服务于民

在治理的过程中，数字政府治理体系和能力现代化，是一种理念、制度、技术的有机统一，本质上是一种价值导向问题。现代的数字化政务服务，其核心目标是为了更好地服务于民众，更好地服务于社会、国家和地方政府。数字政府治理现代化必须尊重和维护公众对美好生活的向往，围绕为民服务解难题的目标，不断增强人民群众的获得感、幸福感、安全感。通过持续推动新一代信息技术在各领域与经济社会发展的深度融合，努力使数字政府成为推进国家治理体系和治理能力现代化的重要力量。

以人为本、服务于民的价值导向是实现我国治理现代化目标所要解决的问题。因此，要将以人民为中心的理念贯穿于整个数字政府治理实践过程。一是要注重公众参与，以促进公众参与为目标推动数字政府建设成果全民共享。二是要以服务为先的价值导向，通过推进"数字政府"建设实现政府部门对基层服务对象服务的"一站式"受理和办理，提升基层群众在数字政府建设中的获得感和满意度，从而不断提升数字政府治理现代化水平。三是要注重个人权益和隐私保护，数字政府建设要确保个人信息的安全和隐私保护。在数据收集、存储和使用过程中，要遵守相关法律法规，加强数据安全管理，防止个人信息泄露和滥用，维护公民的合法权益。四是要促进社会公平和可持续发展，数字政府建设要关注社会的公平性和可持续发展。通过数字技术的应用，实现信息的公开透明、资源的合理分配和机会的平等获取，促进社会的公正与包容。

（二）建设目标：构建服务型数字政府

在"以人为本、服务于民"价值导向下，数字政府治理现代化应以构建服务型数字政府为建设目标。数字政府建设要以满足人民群众日益增长的美好生活需要为目标，以数字技术的创新应用为支撑，以便民服务需求为导向，大力推进服务型数字政府建设。这意味着数字政府应以满足人民群众需求、提升公共服务质量为中心，通过数字技术的应用，实现政府与民众之间的紧密互动和高效沟通。

首先，政府应促进公共服务的数字化转型。通过建设数字化平台和系统，实现政务信息的在线化、便捷化和透明化，提供更便利、高效的公共服务。政府可以利用互联网和移动应用等技术手段，让民众能够随时随地获取所需的政务信息和服务，提高政府服务的便捷性和可及性。其次，政府应推动政务数据的开放共享。政府拥有大量的政务数据，可以通过开放共享，让社会各界利用这些数据进行创新和应用。政府可以建设开放的数据平台，提供标准化、便捷的数据接口，鼓励企业、学术机构和公众参与数据的分析和利用，促进社会创新和经济发展。再次，政府应注重数据驱动的决策和治理能力的提升。数字化的政府可以通过数据分析和人工智能等技术手段，获取更全面、准确的信息，为决策提供科学依据。政府可以建设智能决策支持系统，利用数据挖掘和预测分析等技术，帮助政府领导层进行决策，提高决策的科学性和精准性。最后，政府应加强对公众意见和需求的听取和反馈。数字化的政府可以通过互动平台和社交媒体等渠道，与民众进行实时互动和沟通，了解民众的意见、建议和需求，及时回应和解决问题，提升政府与民众之间的信任和合作。

构建服务型数字政府是数字政府治理现代化的重要目标。服务型数字政府应注重公共服务的数字化转型，推动政务数据的开放共享，提升数据驱动的决策和治理能力，加强对公众意见和需求的听取和反馈。只有以人为本、服务于民，才能真正实现数字政府的现代化建设，提供更优质、高效的公共服务，满足人民群众的需求。

二 数字政府治理现代化的体系构成

数字政府治理体系建设旨在通过运用政务服务、互联网、大数据、人工智能等信息化手段，实现治理能力的现代化，以高效且开放的数字化治理体系为关键目标。为了实现这一目标，需从以下四个方面进行现代化改革：数字政府治理理念的现代化、数字政府治理结构的现代化、数字政府治理机制的现代化以及数字政府治理工具的现代化。在此过程中，完善信息技术支撑体系是核心任务，需以"平台+系统"为载体，以数字技术为支撑，以数字化治理为核心，以数据共享应用为关键环节，以公共服务和社会治理能力提升为保障措施，构建新时代数字政府治理体系创新格局。

（一）数字政府治理理念现代化

数字政府治理理念现代化是指政府根据新时代的发展要求和人民的期待，运用新一代数字技术，创新政府治理的思想、方式和模式，提高政府治理的科学性、精准性、智能性、协同性和透明性，构建数字化、智能化的政府运行新形态，形成数字治理新格局，推进国家治理体系和治理能力现代化。数字政府治理理念现代化的核心是以人民为中心，注重服务与效能，借助数字技术实现政府治理的现代化转型。

首先，将人民的需求和利益置于首位，将公共服务作为核心任务。政府应该积极倾听民意、关注民生，通过数字技术的应用，提供更加便捷、高效的公共服务。数字政府可以通过建设在线平台和移动应用，实现政务信息的公开透明和便利获取，让民众可以随时随地与政府进行互动和交流，提高政府与民众之间的互信和合作。政府还应加强社会调查和民意测评，及时了解民众的需求和意见，将其纳入政策制定和决策过程，确保政府的决策与民意保持一致。其次，注重公共服务的效能和创新。政府应充分利用数字技术和数据资源，提高决策的科学性和精准性。政府可以建设智能决策支持系统，利用大数据分析和人工智能等技术，为政府决策提供科学依据。同时，政府还应鼓励创新思维和实践，推动政府治理模式的变革和创新，提高治理的效能和质量。政府可以建立创新基地和实验区，吸引创新企业和科研机构参与政府决策的研究和实践，促进科技创新与政府决策的有机结合。最后，加强社会治理的合作与共治。政府应积极与企业、学术机构、社会组织等建立合作伙伴关系，共同参与数字化治理的实践和创新。政府可以建立开放的数据共享机制，与企业共享数据资源，促进政府和企业的合作与共赢。政府还应鼓励公众参与决策过程，借助大众智慧和力量，共同推动社会的发展和进步。政府可以建立公众参与平台和机制，邀请民众参与政策讨论和决策评估，形成多元化的决策参考，提高决策的民主性和科学性。

（二）数字政府治理结构现代化

数字政府治理结构现代化是指政府根据国家治理体系和治理能力现代化的需求，运用新一代数字技术，对政府治理的组织架构、职能配置、流程设计、协作模式等方面进行优化调整和创新改革，提高政府治理的整体性、协调性、高效性和适应性。数字政府治理结构现代化的核心是建立灵活高效的组织架构和决策机制，借助数字技术实现政府治理的现代化转型。

首先，优化政府组织架构，提高政府运行效率。通过推动政府机构和部门的数字化转型，实现政务信息系统的集约化建设、互联互通和协同联动，打破部门壁垒，提升跨层级、跨地域、跨系统、跨部门、跨业务的协同管理和服务水平。其次，调整政府职能配置，提高政府服务质量。加强政府数据治理，推动数据共享和开发利用，充分发挥数据的基础资源作用和创新引擎作用，提高政府决策科学化水平和管理服务效率。推进一体化政务服务平台建设，实现"一网通办""一网统管""一网协同""接诉即办"等创新实践。运用人工智能、物联网等技术提供智能化服务，实现"主动服务""精准服务""便捷服务"等目标。再次，创新政府流程设计，提高政府监管能力。充分运用数字技术支撑构建新型监管机制，加快建立全方位、多层次、立体化监管体系，实现事前事中事后全链条全领域监管。运用大数据强化经济监测预警，提升经济调节能力。运用非现场、物联感知、掌上移动、穿透式等新型监管手段，弥补监管短板，提升监管效能。最后，探索政府协作模式，提高政府治理创新性。推动社会治理模式从单向管理转向双向互动、从线下转向线上线下融合，着力提升矛盾纠纷化解、社会治安防控、公共安全保障、基层社会治理等领域的数字化治理能力。推进跨界治理和区域协同治理，促进人口、经济、资源、环境的持续均衡发展。加强与社会组织和市场主体的合作共治，整合各方资源和力量，形成多元主体供给公共服务的模式。

（三）数字政府治理机制现代化

数字政府治理机制现代化是指政府根据国家治理体系和治理能力现代化的要求，借助新一代数字技术，优化调整和创新改革政府治理的目标、原则、方法、手段等，以提高政府治理的科学性、精准性、智能性、协同性和透明性。数字政府治理机制现代化的核心是建立开放、协同、创新的机制，以实现政府治理的现代化转型。

首先，要建立健全数字政府的顶层设计和统筹协调机制。明确数字政府建设的指导思想、基本原则、主要目标、重点任务和保障措施，以形成数字政府建设的总体规划和路线图。同时，要加强数字政府建设的组织领导和部门协作，形成数字政府建设的工作机制和责任分工。其次，要建立健全数据赋能的政府决策机制。政府可以利用数据分析技术和人工智能算法，对大数据进行深度挖掘和分析，提取有价值的信息和洞察。这些信息可以为政府决策提供科学依据和预测，以帮助政府更好地了解社会状况、民众需求和发展趋势，做出更加准确和有效的决策。再次，要建立健全开放透明的政府服务机制。政府应该及时公开政府服务的标准、流程和结果，让公众了解政府的服务承诺和办事效率。同时，政府还应该建立投诉和监督机制，以接受公众的监督和意见，及时处理和解决问题。透明的政府服务机制可以增加政府的公信力和透明度，提高公众对政府的满意度和信任度。最后，要建立健全智慧监管的政府执法机制。政府部门应该加强对执法人员的培训和技能提升，提高执法人员的专业素养和智慧化执法能力。政府可以引入新技术和设备，如人脸识别、无人机等，以提高执法的科技含量和效果。同时，政府还应该加强对执法过程的监督和评估，确保执法的公正性和合法性。

（四）数字政府治理工具现代化

数字政府治理工具现代化是指政府利用新一代数字技术，如大数据、云计算、人工智能（AI）、物联网、区块链等，对政府管理和社会治理的各种工具进行升级改造，以提高政府治理的效率和效果，实现更公开透明的治理，并更好地满足公民和社会的需求。数字政府治理工具现代化的核心在于利用先进的数字技术和工具，提高政府治理的效率和质量，实现政府治理的现代化转型。

根据数字政府治理工具的功能，可以将其分为数据治理工具、政府服务工具和数字监管工具等。一是数据治理工具。数据治理工具旨在建立健全数据治理制度和标准体系，加强数据汇聚融合、共享开放和开发利用，促进数据依法有序流动。通过现代化的政府数据治理工具，政府能够充分发挥数据作为基础资源以及创新引擎的作用。数据作为一种重要的生产要素，可以为政府决策提供科学依据，从而提高决策的科学化水平。同时，数据的开发利用也能够提高政府管理和服务的效率，为公众提供更优质、便捷的服务。二是政府服务工具。政府服务工具主要包括建立强大的数字基础设施，如高速互联网接入、数据中心、云计算等，从而为政府提供更高效、便捷的服务，提升行政效能，满足公众对数字化服务的需求。通过建立高速互联网接入，政府能够实现信息的快速传递和共享，提高决策的准确性和时效性。数据中心的建设将为政府提供大规模数据存储和处理能力，支持各类政务数据的管理和分析，为决策提供科学依据。而云计算的应用则能够为政府提供灵活的计算和存储资源，实现按需调配和高效利用，降低成本并提升效率。三是数字监管工具。数字监管工具主要是指积极探索并采用新型监管技术，如视频监控、远程检测等，以降低人力成本，提高监管覆盖面，并实现更快速的响应。通过视频监控技术的应用，政府能够实现对各类场所和活动的全方位监控，有效减少安全隐患和违规行为。远程检测技术的使用能够实现对远程设备和系统的实时监测和控制，提高监管效率和准确性，降低人为因素的干预。物联网技术的利用，可以帮助政府实时监测和控制各种设备和系统，确保监管对象的合规性和安全性。

三 数字政府治理现代化的能力要素

在数字化时代背景下，实现政府治理的现代化转型已成为世界各国政府的重要议题。为了实现这一目标，需要深入探索数字政府治理所具备的能力要素。面对日益复杂的网络社会新情况新问题，唯有深化改革、创新发展才能破解难题、开辟未来。为此，数字政府治理现代化必须具备科学化的政府决策能力、数字化的政务服务能力、精细化的社会治理能力和高效化的公共服务能力等四大能力要素。

（一）科学化的政府决策能力

科学化的政府决策能力是指政府在制定和实施各项政策时，能够运用科学的理论、方法和技术，充分获取、分析和应用各种信息，综合考虑各种因素和影响，从而做出符合客观规律、符合实际情况、符合人民利益的决策，并对决策进行及时调整和完善，以提高决策的有效性和可持续性。科学化的政府决策能力是增强政府公信力和形象的重要因素。政府决策关乎国家和社会的重大利益，对人民群众的生活和福祉具有直接影响。同时，科学化的政府决策能力在应对突发事件和危机中具有重要作用，有助于提高政府应对突发事件和危机的能力。

科学化的政府决策能力能够有效利用数字技术收集、分析、利用数据信息，提高政府对复杂问题的认知和处理能力；能够有效结合数字技术的特点和优势，优化政府决策流程和方式，提高政府决策的及时性和适应性；能够有效借助数字技术的工具和平台，增强政府决策的可视化和可操作性，提高政府决策的执行力和效果。例如，厦门市翔安生态环境局通过运用"智慧环保＋高德工作地图"应用系统，提高了水环境管理效果。该系统将"智慧环保"云平台数据应用到水环境管理、海漂垃圾治理、农村污水治理、扬尘管控等工作实践中，激发了数字赋能作用，进一步深化"放管服"改革，形成了厦门市生态环境共管共治的新格局。该系统还通过高德工作地图指挥调度，推进整改落实，为政府决策提供了可视化的监测和反馈。

（二）数字化的政务服务能力

数字化的政务服务能力是指政府利用数字技术和数据资源，为企业和群众提供便捷高效、普惠智慧、安全可信的政务服务，满足人民对美好生活的期待，促进经济社会高质量发展。高质量发展是我国经济社会发展的主题和方向，也是数字政府治理现代化的目标和内容。要实现高质量发展，就要坚持以人民为中心，坚持创新驱动，坚持协调共进，坚持绿色发展，坚持开放共赢。这些都需要政府在提供各项服务时，充分运用数字技术和数据资源，提高服务的科学性、精准性、协同性和开放性。

通过引入信息技术和数字化手段，政府能够实现政务服务的在线化、自动化和智能化，提高办事效率和服务质量。例如，天津市委网信办和天津市大数据管理中心共同打造的"津心办"数字社会综合应用平台，承载了天津全市常住人口、流动人口、外地人员、外籍人士使用"天津健康码""津盾""场所码"、核酸结果查询、疫苗接种记录查询、企业开办、预约挂号等高频服务事项功能，助力天津打赢疫情防控阻击战，上线"企业复工复产轻松办"和"小微企业金融帮扶"等功能，助力企业复工复产，不断优化天津市的营商环境。该平台以群众办事"少填、少报、少带、少跑、快办"为理念和目标，让市民在手指一挥间轻松完成所需服务。从搜索的准确性，到客服的全方位，从业务的"全市通办"到"跨省通办"，无不呈现了平台的精心与真心，让"津心办"确确实实成为民生服务的"多面手"与"掌中宝"。

（三）精细化的社会治理能力

精细化的社会治理能力是指政府运用先进的数字技术和丰富的数据资源，对社会治理的需求、目标、过程、结果等环节进行准确把握、精密操作、精准服务、精细评估，以实现社会治理的科学化、规范化和人性化，从而提升社会治理的效率和效果。政府作为社会治理的主导者和服务者，需要充分利用数字技术和数据资源，及时了解和满足社会各方面的需求和期待，有效解决和预防社会矛盾和问题，保障社会稳定和安全。例如，政府通过数字孪生技术可以根据不同区域、不同时间段的特点和需求，制定相应的社会治理策略和措施。

实现数字政府治理现代化需要精细化的社会治理能力，即能够针对不同的社会问题和群体需求，提供有针对性、有温度、有质量的服务和解决方案。例如，北京市朝阳区实施"社区成长伙伴计划"，探索超大城市社区治理创新路径。该计划以"社区+"为主线，以"社区成长伙伴"为载体，以"社区共建共治共享"为目标，通过搭建"社区成长伙伴"平台，整合各类社会资源，打造一批具有特色的社区服务项目，满足居民多元化、个性化的需求。如"社区＋健康"项目通过建立健康档案、开展健康教育、提供健康咨询等方式，提升居民健康素养和生活质量；"社区＋文化"项目通过举办文化沙龙、展览展示、艺术培训等活动，丰富居民文化生活和精神需求；"社区＋环保"项目通过开展垃圾分类、节能减排、绿色出行等行动，增强居民环保意识和参与度。

（四）高效化的公共服务能力

高效化的公共服务能力是指政府能够利用数字技术，提高公共服务的供给效率和质量，满足人民群众的多样化需求，增强人民群众的幸福感和获得感。数字政府应通过制定和实施公共服务标准，规范和提升公共服务的质量和水平，实现公共服务的均衡化和普惠化；通过推动公共服务向基层和边远地区深度拓展，提升公共服务的覆盖面和可及性，实现公共服务纵深下沉和个性化定制；通过鼓励和支持公共服务的创新实践，提升公共服务的创新能力和质量，实现公共服务的多元化和差异化。

高效化的公共服务能力是数字政府治理现代化的重要内容和目标，同时也是提升人民群众的获得感、幸福感、安全感的关键因素，要充分发挥数字技术的赋能作用，推动公共服务高质量发展，让人民群众享受更多更好的数字化公共服务。例如，广州市政务服务数据管理局打造的"穗智管"城市运行管理中枢，集"运行监测、预测预警、协同联动、决策支持、指挥调度"五大功能于一体，汇聚了海量的生态环境数据，成为生态环境管理的核心平台。通过数据共享交换和深度挖掘分析，实现了对城市运行状况的全方位监测和动态评估，为政府决策提供了科学依据和智能支持。此外，通过构建"人、企、地、物、政"五张全景图和输出能力清单，提升了各区各部门的数字化治理能力，实现了跨部门、跨层级、跨地区、跨系统、跨领域的管理协同，从而提高了公共服务效率和质量。

第三节　数字政府治理现代化实现路径

数字政府治理现代化是新时代我国治理现代化的重要组成部分对

于推动我国治理现代化进程具有重要意义。我国政府应加快推进数字政府治理现代化，以适应信息技术发展和社会变革的要求。数字政府治理现代化的基本特征是从信息化向智能化、从数字化向智慧化的转型。其关键在于提高政府治理体系和治理能力的现代化水平，以适应信息技术发展和社会变革的要求。实现数字政府治理现代化的实现路径主要包括运用大数据技术，实现政府治理主体的数字化转型以及数字化治理能力的现代化。

一 坚持以人民为中心，推进治理理念现代化

党的二十大报告指出，前进道路上，必须牢牢把握"坚持以人民为中心的发展思想"[①]这一重大原则。数字政府建设作为政府治理体系和治理能力现代化的组成部分，推动数字政府治理现代化必须始终坚持以人民为中心的发展思想，并在实践过程中不断加以完善。

（一）以用户体验为导向

以用户体验为导向的理念是指政府在提供各项公共服务和社会治理时，必须充分考虑和满足用户的需求、期待和偏好，不断优化和改进服务的内容、方式和效果，从而提高用户的获得感和幸福感。以用户体验为导向是推进治理理念现代化的重要内容，有助于提升政府公信力和形象，应对复杂多变的环境，推动高质量发展。

以用户体验为导向，能够增强政府与民众的互动和沟通。政府可以利用移动互联网、大数据、人工智能等数字技术，及时了解和收集民众的意见和建议，反馈和解决民众的问题和困难，从而实现多元化、多层次、多渠道的民主治理。例如，广东省通过数字政府建设，实现了对外服务一体化，让群众可以像"网购"一样方便地享受政务服务。北京市通过城市管理"随手拍"、交警APP"违法举报"等应用，有效提升了政府治理能力，使得"朝阳群众""西城大妈"成为社会协同治理的典范。

以用户体验为导向，能够提高政府服务的质量和效率。政府可以利用移动互联网、云计算、物联网等数字技术，实现公共服务的智能

---

① 习近平：《高举中国特色社会主义伟大旗帜 为全面建设社会主义现代化国家而团结奋斗》，《人民日报》，2022年10月26日第1版。

化、自动化、便捷化，满足民众的个性化和多样化需求。例如，支付宝和微信等平台都在着力拓展城市服务场景，凭借这些平台的高渗透率，能够将服务最大程度无差异地分发到城乡各地。截至2022年12月，全国网上零售额突破10万亿元大关，连续七年居世界第一，显示出平台经济将与商品流通有关的生产、流通和各种服务资源有效集聚，使得交易和流通更加便利、快捷、精准、高效。

以用户体验为导向，能够激发政府创新和改革的动力。政府可以利用移动互联网、人工智能、区块链等数字技术，推动政府治理模式从单向管理转向双向互动，从线下转向线上线下融合，从单纯的政府监管向更加注重社会协同治理转变。例如，"互联网+公共服务"就是融合了政务、消费、金融、智慧城市等多个领域的复合型跨界公共服务平台。数字政府开放生态的特征有助于各行业各领域开放边界、破除壁垒，促进各行业各领域跨界协作与融合发展。

（二）提升干部数字化思维

数字化思维是指在数字化环境中运用数字技术和数据资源，以数据为基础、以逻辑为导向、以创新为目标进行认知、分析、决策和行动的思维方式。提升数字化思维，有利于领导干部增强对数字化发展的敏锐感知和主动适应，提高对复杂问题的分析解决能力，增强对社会变化的预测引领能力，促进治理效率和效果的提升。

首先，应加强数字化学习培训。在"互联网+"、大数据、云计算等数字技术发展的背景下，领导干部要强化对数据重要性的认知，培养利用数据发现问题的敏感性，能主动从数据角度理解政务行为、感知社会变化，通过互联网技术对市场、用户、产品、企业价值链乃至对整个业内生态进行重新审视和思考。要参加有针对性的数字化学习培训，掌握基本的数据分析方法和工具，学习借鉴国内外先进的数字化治理经验和案例。

其次，要培养数字化思维范式。领导干部要形成以互联网思维思考问题、以数据结果论证问题、以科学信息理论解决问题的数字化思维范式，突破物理空间、时间历程、专业领域等局限，感知数据的关键性作用。要养成领导干部主动运用数字化去认知、思考、解决问题的习惯；培养领导干部关注数据、应用数据的习惯与能力，让领导干部读懂数据，搞懂数字化治理的内在逻辑，推动制度创新、流程再造。

最后，营造数字化创新氛围。领导干部要树立开放包容的心态，鼓励和支持各级各部门开展数字化创新实践，探索适应不同地区不同领域不同层级不同群体的数字化治理模式和方法。要加强与社会各界的沟通协作，广泛听取各方意见和建议，及时回应各方关切和诉求。要加强与国际组织和其他国家的交流合作，积极参与全球数字治理规则制定。

二　以多元协同为支撑，推进治理结构现代化

推进数字政府治理结构现代化的关键在于培育数字政府主体。因此，数字政府治理需要在传统国家治理体系中不断优化结构安排和运行方式，加快推动数据要素在跨部门、跨行业间的流转和深度应用，实现数据在政府、企业和社会公众之间的全方位、全过程的信息共享与交互。

（一）治理主体多元化

治理主体是指参与社会治理的各种行为主体，包括政府、市场、社会和公民等。在数字政府治理现代化中，实现治理主体多元化，是提高社会治理效率和效果、增强社会治理创新性和活力、增进社会治理包容性和民主性的重要途径。

首先，需要拓展政府与市场、社会和公民的互动协作空间。利用数字技术和数据资源，构建开放、共享、协同的数字政府平台，提供更加便捷、高效、公平、透明的公共服务和公共产品，满足不同群体和个体的多元化需求。同时，利用数字技术和数据资源，构建多维度、多渠道、多形式的数字政府沟通机制，广泛听取市场、社会和公民的意见和建议，及时回应市场、社会和公民的关切和诉求，增进市场、社会和公民的理解和信任。

其次，应引导市场、社会和公民积极参与社会治理。通过建立数字政府监督机制，加强对市场、社会和公民的法律法规宣传教育，明确市场、社会和公民在社会治理中的权利和义务，保障市场、社会和公民依法参与社会治理。同时，建立有效的数字政府激励机制，鼓励

和支持市场、社会和公民在环境保护、扶贫济困、志愿服务等领域开展创新实践，表彰和奖励市场、社会和公民在社会治理中做出的贡献。

最后，建立市场、社会和公民之间的协作协调机制。通过构建全面覆盖的数字政府数据共享机制，促进市场、社会和公民之间的数据资源整合共享和开发利用，实现数据要素价值最大化。同时，建立灵活高效的数字政府协作协调机制，促进市场、社会和公民之间的信息沟通交流和资源互补协作，实现利益平衡协调。

在数字政府治理现代化中，实现治理主体多元化，需要充分发挥数字技术和数据资源在促进互动协作、引导参与治理、建立协作协调等方面的支撑作用，形成有效的多元主体参与机制，并不断创新完善相关制度规范。

（二）部门联动协同化

部门联动协同化是指在政府治理体系中，不同政府部门通过高效的信息交流和资源共享，实现政策和行动在计划、执行、监管等各个阶段的有机结合和协同工作，以提高政府服务的效率和质量。这种部门协同联动的实现，不仅仅是技术手段的应用，更是治理思维和方法的转变，即从传统的部门独立运作向跨部门的协同合作转变，借助数字技术的力量，实现政府治理的高效、透明和公正。

首先，建立统一的信息共享平台。集成各部门的数据和信息资源，可实现信息的实时共享和互通，避免信息孤岛和重复劳动，确保各部门可以获取全面的信息支持，做出更准确、科学的决策，提高政府服务的效率和质量。其次，制定共同目标和指标，政府各部门应共同确定治理目标和绩效指标，以确保各部门的行动和政策能够相互配合，共同实现整体目标。这样可以避免各部门为了自身利益而出现冲突或竞争，形成整体合力，推动政府治理的协调发展。再次，建立跨部门合作机制，政府可以设立跨部门的工作组或委员会，由各部门的代表组成，负责协调和推动部门之间的合作事宜。这样的机制可以促进各部门之间的信息共享、资源整合和协同决策，确保政策和行动在计划、执行、监管等各个阶段的有机结合。然后，制定协同工作流程和标准，政府可以建立协同工作的流程和标准，明确各部门的责任和权限，确保协同工作的顺畅进行。通过制定统一的工作流程和标准，可以减少沟通和协调的成本，提高工作效率和质量。最后，推行跨部门培训和交流，政府可以组织跨部门的培训和交流活动，增进各部门之间的了解和合作意识。通过培训和交流，可以提高部门之间的沟通效果，减少信息不对称和协作障碍。同时，还可以促进知识和经验的共享，推动部门之间的相互学习和借鉴，提升治理能力和水平。

在数字治理现代化路径中，实现政府部门的协同联动，需要充分发挥数字技术和数据资源在促进互动协作、引导参与治理、建立协作协调等方面的支撑作用，形成有效的多元主体参与机制，并不断创新完善相关制度规范。

三　以数据共享为基础，推进治理机制现代化

数据共享是政府数字化转型和创新发展的重要基础。在信息时代，数据已成为政府决策和治理的重要依据。政府应充分认识到数据的价值，并推动数据共享的实践。数据共享有助于整合和优化信息资源的利用，从而提高决策科学性和准确性。同时，数据共享促进政府部门间的协同工作，有效解决跨部门、跨领域的问题。为确保数据共享的有效运行，政府需建立有效的大数据治理机制，包括明确数据产权和使用责任、加强数据隐私保护、建立数据质量监管体系等。同时，政府还需加强对数据流动和使用过程的监督和管理，确保数据的规范化流通，实现精细化管理。

（一）信息公开透明化

政府信息公开透明化，已经成为当今数字社会公众共同的诉求。随着信息技术的飞速发展以及互联网的广泛普及，公众获取信息的渠道变得更加丰富和便捷，这不仅促使公众对于政府工作的关注度不断提升，同时也期望能够更加全面地了解政府的决策过程、政策执行情况以及政府部门的工作动态。

为了满足公众的这一需求，政府需要进一步加大信息公开的力度，并建立起科学、规范、高效的信息公开制度。首先，政府应该将重要的政务信息公开透明化，这些信息包括但不限于政策法规、财务收支、环境数据、安全事故等与公众利益密切相关的内容。同时，政

府还应该关注公众对于特定领域的关注焦点,积极主动回应公众关切,切实保障公众的知情权。其次,政府应该提升信息公开的透明度。透明度不仅仅包括信息的公开,还涉及政府对信息来源和处理过程的清晰呈现。政府部门应该确保信息公开的内容准确、全面,并提供信息的来源、发布时间、更新频率等相关信息,以便公众对信息进行评估和理解。政府还可以借助现代科技手段,如数据可视化、信息共享平台等,提升信息公开的用户体验和互动性,使公众能够更加方便地获取所需信息。最后,政府还应该积极建立信息公开的反馈机制。公众可以通过各种渠道对政府的信息公开工作提出建议和批评,政府应当及时进行回应,并根据公众的反馈进行调整和改进。这样的反馈机制将有助于增强政府与公众之间的互动,促进信息公开的质量和效果的不断提升。

政府信息公开透明化不仅是满足公众需求的重要举措,更是提升政府治理能力的必然要求。透明的政府工作能够有效减少信息不对称,增强政府与公众之间的信任,推动社会稳定和谐发展。公众通过了解政府的决策过程和信息公开的情况,可以更有针对性地参与社会事务,提出合理建议,共同推动社会进步。政府信息公开透明化是构建和谐社会的基石。政府应当将信息公开作为一项重要任务,加强制度建设、提升技术水平,不断满足公众对于信息的需求,实现政府与公众的互动与共赢,共同促进社会治理的现代化和民主化进程。

(二)数据治理标准化

数据治理标准化是指通过制定和执行一套数据的定义、分类、格式、编码、质量、安全等方面的规范和标准,来提高数据的可用性、准确性、一致性和可信度,从而提高数据的价值和效率,保障数据的合规性和安全性。这是数据治理的基础和核心,也是数据驱动管理和创新的前提。

首先,建立数据治理组织和流程,明确数据治理的目标、范围、职责、角色、指标等,形成数据治理的战略规划和实施方案,确保数据治理的顶层设计和推进落地。其次,建立数据标准体系和模板,根据不同的维度(如结构、来源、业务等)对数据进行分类,并制定相应的标准模板,包括数据的管理属性、业务属性、技术属性等,统一规范数据的命名、定义、格式、编码等。再次，建立数据标准管理平台，实现对数据标准的制定、审批、发布、执行、监督等全生命周期管理，提供数据标准的查询、浏览、下载等功能，支持数据标准的变更和修订。然后，建立数据标准落地机制，将数据标准应用到各个业务系统和数据平台中，通过数据映射、转换、清洗等方式实现数据标准化，并定期对数据标准执行情况进行检查和评估，发现并整改不符合标准的数据。最后，建立数据标准持续优化机制，根据业务需求变化和技术发展趋势，不断完善和更新数据标准体系和内容，并及时沟通和推广新的或修改后的数据标准，形成一个动态的数据治理标准化过程。

在数字政府建设中，加强数据治理标准化建设是至关重要的。数据治理标准化建设旨在规范和统一政府数据的采集、存储、处理、共享和使用等环节，确保数据的质量、安全和合规性，这是实现数字政府高效运行和优质公共服务的基础。

四 以数据应用为抓手，推进治理工具现代化

以数据应用为抓手，推进数据治理、政府服务、数字监管等治理工具的现代化进程，通过充分挖掘数据的潜力，能更深入地了解社会、经济、环境等方面的状况，从而制定更为科学、精准的政策和措施。同时，现代化的治理工具也能够更高效地利用数据，实现智能化决策、监测和评估，从而提高治理的科学化、精细化和高效化。通过数据应用推进治理工具现代化，能够更好地满足社会发展的需求，提升治理水平，促进社会进步。

（一）政务服务平台化

为进一步提升政务服务效能和质量，满足企业和民众的多元化需求，应当推行政务服务平台化建设，运用互联网、大数据、人工智能等先进技术，构建统一的政务服务门户、通道和支撑系统，实现政务服务事项的在线办理、跨地区跨部门的协同办理、电子证照的全国互通互认等功能，提高政务服务的效率和质量，满足企业和群众的多样化需求。

首先，要优化政府管理流程，简化办事手续，减少审批环节，降

低办事成本,提高办事效率。通过建设政务服务平台,实现"最多跑一次"甚至"一次都不用跑"的目标,让企业和群众享受到"网上办、掌上办、一次办"的便利。其次,促进政府数据共享,打破信息孤岛,实现数据资源的整合和流动,提高数据的价值和利用率。通过政务服务平台,建立健全数据共享协调机制,推进政务数据开放,为政府决策、社会治理、公共服务等提供有力支撑。再次,要创新政府服务方式,提升服务质量,增强服务智能化、个性化、精准化水平,提高服务满意度。通过政务服务平台,运用人工智能、大数据分析等技术,实现对企业和群众需求的精准识别和匹配,提供更加优质高效的服务。最后,要加强政府与社会互动,增进政府透明度,接受社会监督,提高政府公信力。通过政务服务平台,及时公开政府信息,回应社会关切,建立健全用户评价、投诉举报等机制,促进政府与民众之间的信息交流和信任建立。

政务服务平台化的显著效果在于不仅简化了办事流程、降低了办事成本,更重要的是,它推动了政府与社会的互动和信息共享,从而提高了政府的透明度和公信力。通过政务服务平台,政府与民众之间建立了更加紧密的联系,实现了政府服务的智能化、个性化和精准化,为实现现代化的数字政府治理提供了有力支撑。

(二)公共服务数字化

公共服务数字化是指借助数字技术和数据资源,提高公共服务的效率、质量、便利性和普惠性,以满足公民的多样化和个性化需求,实现公共服务的均等化、智能化和协同化。公共服务数字化是推进治理工具现代化的重要举措和方向。

首先,以数据为关键要素,以数据资源的收集、整合、共享、开放和应用为重点,实现数据要素的流动和配置,充分挖掘数据的价值和潜能,为公共服务的创新和优化提供数据支撑和智能赋能。同时,需要建立健全数据确权、交易、保护、监管等制度,保障数据安全和隐私权益,激发数据价值和创新活力。其次,以应用为引领,以满足人民对美好生活的向往为出发点和落脚点,围绕政务服务、社会服务、数字城乡、数字生活等领域,设计和提供多元化、高品质的数字化服务,让广大人民群众共享数字经济发展成果。深化数字技术与公共服务的融合创新，充分利用大数据、云计算、人工智能等技术，优化公共服务流程，拓展公共服务渠道，创新公共服务模式，提高公共服务效能。最后，以创新为驱动，以数字技术与实体经济深度融合为主线，加强数字基础设施建设，完善数字经济治理体系，加强数字规则和标准的制定和执行，构建公平竞争的市场环境，加强数字安全和风险防控，建立健全数字应急和危机管理机制，提升数字经济的韧性和可持续性。协同推进数字产业化和产业数字化，培育新产业、新业态、新模式，不断做强做优做大我国数字经济，为构建数字中国提供有力支撑。

公共服务数字化是利用数字技术提升公共服务效率、质量、便利和普惠的重要手段。数字技术的应用可以打破时间和空间的限制，提高公共服务的可及性和可用性，满足公民的多样化和个性化需求，最终实现公共服务的均等化、智能化和协同化，为公民提供更公平、公正、便捷的服务，增强公民的信任感和参与感。

第二编

江苏政府治理现代化与数字政府建设：内生与创新

第四章

江苏省域治理现代化

省域治理现代化作为我国国家体系和治理能力现代化的先进理念在省域层面的最深入体现和实践成果，是依据省域省情贯彻中国特色社会主义制度和国家治理体系、全面推进中国式现代化发展的重要区域治理行动创新，其行政区划方面覆盖市、县、乡镇等多个层级和层面的治理现代化实践，治理领域方面涵盖经济建设、政治建设、文化建设、社会建设、生态文明建设等"五位一体"布局[1]。

2023年7月5日至7日，习近平总书记在江苏考察时强调，江苏"有能力也有责任在推进中国式现代化中走在前、做示范"[2]。江苏的省域现代化建设以中央的战略定位为导向，以高质量发展为主线，以人民为中心，通过整体统筹布局和地方治理创新，实现了治理现代化建设走在全国前列。在大数据时代带来的社会变革下，江苏积极应对新要求和新挑战，推进数字化转型，实现了省域治理现代化建设的新突破。

第一节 省域治理现代化核心要义

省域治理现代化的核心要义主要涉及两大维度，即功能定位和核心要素。省域治理因其特殊的枢纽型功能地位，通过优化核心要素，

---

[1] 戴小明、苗丝雨：《区域法治与新时代省域治理》，《行政管理改革》2021年第6期。

[2] 习近平在江苏考察时强调：在推进中国式现代化中走在前做示范 谱写"强富美高"新江苏现代化建设新篇章_＿中国政府网［EB/OL］.［2023-12-26］. https：//www.gov.cn/yaowen/liebiao/202307/content_ 6890463.htm.

增强治理支撑能力，从而推动中国式现代化建设。

一 省域治理现代化的功能定位

"省域治理现代化"的概念首先在中共浙江省委十四届六次全会期间提出，在此次会议上通过的《中共浙江省委关于认真学习贯彻党的十九届四中全会精神，高水平推进省域治理现代化的决定》明确了浙江率先开展省域治理现代化的具体目标和措施。以浙江为样板，我国其他各地也纷纷开始探索省域治理现代化的实践。各个区域的省域治理现代化建设实践和发展经验不仅体现了国家治理的普遍原则，还体现了地方的特殊性和活力，反映了各地的省情民意。省域治理现代化是国家治理体系和治理能力现代化顶层设计向下实施时承接的首要环节，具有重要的领导、协调、合作作用，是推动全省经济社会发展和社会治理水平提升的重要平台，也是地方治理体系和能力创新的关键抓手，对于提高社会整体治理水平具有重要的引领作用。

（一）国家治理现代化建设承接的首要环节

在中央与省级政府关系的层次上，省域治理作为国家治理的基本单元，在落实中央重大决策、传达中央意志方面发挥着至关重要的作用。从行政区域的角度来看，省域作为中国地方行政区域的最前沿，包括了全省、市级、县级及以下的所有行政区划。省域治理承担着展现国家治理意志的重大职责[1]，其以枢纽型特征推动的治理现代化进程具有鲜明的中国特色，成为国家治理承接的重要组成部分。

省域治理是国家治理的实践体现，将国家的顶层设计具象化，成为国家治理在地方的延伸，同时也是地方治理的最高层级，为市、县治理和乡镇基层治理提供方向性的指导和统领。例如，2022年国务院办公厅在《政府工作报告》中提出，要加强数字政府的建设，推动政务数据的共享，随后，全国超过五成的省份已经出台了数字政府建设相关的"十四五"专项规划，比如江苏省出台的《江苏省"十四五"数字政府建设规划》，提出要在2025年之前基本建成基于数字和网络空间的唯实领先的数字政府。江苏省在对国家治理现代化的要

---

[1] 杨发祥、郭科：《全域治理：基层社会治理的范式转型》，《学习与实践》2021年第8期。

求做出回应的同时，也充分发挥了地方的自主性，结合省情制定了相应的政策。江苏省各地级市也发布了与数字政府建设相关的政策意见，并实施了具体的举措。例如，江苏省南通市印发《南通市数字政府建设实施方案》，明确提出要在2025年之前，以"零边界"的思维，构建"五横五纵"的大数据技术架构；以全市"一盘棋"的发展思路，基本实现"三核引领"的"0513"南通数字政府体系的构建。

在国家顶层设计与地方治理创新的衔接过程中，省域治理的重要性不言而喻。其既区别于国家宏观层面上的战略部署工作，也区别于基层微观层面上的治理创新工作，而是作为联结国家顶层架构设计和基层治理创新工作的关键中枢。省域涵盖了具有不同地域特征和社会发展层次的市域整体，因此，省域治理需要充分考虑地域差异，发挥地方顶层设计的制度再生产功能，同时，也需要将省域范围内的市域基层治理绩效向上传递，并承担综合改革的地方试验和社会实践示范的重要任务。省域治理作为联结省域社会和权力中枢的必要环节[1]，通过现代化建设试点，积累地方治理现代化经验，探索可复制可推广的治理体制机制和样本，为国家治理现代化提供参考和借鉴。

（二）地方治理体系和能力创新的关键推手

在国家治理体系中，省域治理起着承上启下的关键作用。它既向上与国家治理相衔接，又向下指导市域治理、县域治理的工作实践。作为地方治理的最高层级，省域治理具有重要的战略意义。在实践过程中，省域治理以政策为导向，以推动和保障地方治理体系和能力的完善和提升，具体做法包括，省级政府开展各种形式的会议、走访等方式，研究部署对设区市政府工作任务进展的督促指导工作。此外，还会对下级政府的政策规划进行监督和考核，从组织关系和制度层面传递一定的压力，以提高其主观能动性。

省域治理现代化应平衡处理好省域治理的引领与地方自主创新的关系，充分发挥地方治理的创新潜力。一方面，省域治理有效探索地方治理改革的有效路径。省级政府采取下级政府向其请示并授权实施

---

[1] 李建华、李天峰：《省域治理现代化：功能定位、情境描绘和体系建构》，《行政论坛》2021年第4期。

创新性政策实施方案的策略，以有效保障地方治理创新的可行性。即在地方政府制定了创新性政策实施方案之后，尚未付诸实践，首先上报省级人民政府，经过对分析政策风险和影响的深入分析，再制定具体行动计划的制定，从而降低政策风险。这不仅有助于进一步挖掘地方治理的发展和创新潜能，而且保证了地方治理现代化目标与省域治理现代化目标的一致性；另一方面，省级政府积极挖掘优秀的地方治理样本，引导地区发展，激发地方创新。省域作为市域的集合体，省级政府通过评比、表彰等形式激发地方治理创新的主观能动性，形成一批地方治理现代化的典型样本，以点带面，鼓励地学习，从而发挥示范的规模效应。

（三）带动社会治理水平提高的引领力量

在治理主体方面，省域治理现代化建设需要处理好政府、社会组织、企业等不同治理主体之间的关系，以提高社会治理水平。具体而言，可以通过建立"一核多元"的省域社会治理体系，将党组织和省级政府作为核心，协调多方治理主体，充分发挥企业和社会组织的功能与作用，构建共建共治共享的社会治理格局。

在处理治理主体之间的关系方面，省域治理现代化建设以省级政府的政策设计为出发点，对非政府主体提供政策支持和资源支持，例如，为了响应中央战略部署，江苏省民政厅、省乡村振兴局、省对口支援协作合作工作领导小组办公室联合印发《关于动员引导社会组织参与乡村振兴工作的通知》（以下简称《通知》）。《通知》要求地方区域内各级社会团体积极发挥各自特色的资源优势，协助省级政府和对口支持协作的地方政府进一步巩固脱贫攻坚成果，并主动接续参与乡村振兴，以实现全国各地的共同富裕。

在与社会组织相关的政策中，通常会对社会组织给予有力的政策支持，主导培育社会组织，依法登记社会组织，明确与社会组织的合作方式，例如政府购买服务等，为社会组织提供资金和资源支持，支持社会组织开展维护社区生活、加强基层社区治理、提升基层社区服务能力等公益性质的工作。在企业层面，鼓励有意愿、有实力的企业、个人以及其他机构在社会组织中设立乡村振兴专项基金。同时，在社会组织的等级评估和创优评优中增加社会组织参与乡村振兴的指标，以提高其参与的积极性。

二 省域治理现代化的核心要素

省域治理现代化的核心要素主要涵盖了省域治理结构、省域治理手段、省域治理绩效和省域治理能力等四个方面。其中，治理结构是基础，治理手段是路径，治理绩效是导向，通过建设和发展治理能力，推动省域治理现代化的实现。

（一）治理结构

治理结构是一个管理学术语，其含义是指权力机关的设置、运行及其权力机关之间的法律权力关系。在省域治理现代化的建设过程中，治理结构指的是省域范围内的权力机关的设置、运行及权责关系等方面，主要包括政府流程再造、组织边界整合、资源权力下放等内容，同时也与省级政府与其他主体之间的关系密切相关。

首先，在政府流程再造方面，随着现代化建设的推进，各部门之间的条块分割和信息壁垒状况逐步得到改善，从而有效提升了政府行政效率。在推进省域治理现代化建设中，首先需要从政府行政的组织架构层面入手，建立起跨部门的数据集成与组织架构，构建信息资源共享和交换的平台，以打破数据壁垒，提升政府工作效能。其次，需要精简业务流程。在传统的科层官僚体制下，垂直金字塔式的管理机制往往会导致组织结构臃肿、人力冗余、业务流程复杂等问题，从而降低了行政效率。然而，但随着社会的发展和科技的进步，借助大数据技术和其他数字技术，一站式的窗口服务受理体系得到了建立，跨部门间实现业务流程再造与服务集成，从而提高了信息管理的效率，优化了行政作业单元的工作效率。

其次，在组织边界整合方面，省级政府机构内部部门边界的整合，进一步明确了职能分工和政府机构定位，充分利用信息整合平台优化行政管理体系。通过信息互通有无和透明、高效的服务，有助于推动政府组织架构从条块分割向扁平化转型，并由省政府直接向市、县区级政府等下级政府明确权力关系，以便对权力进行有效的执行和监督。接着，在政府外部各个组织的界限整合与梳理方面，逐步建立以政府为主，与社会协同的治理主体架构，进一步明确了各个组织的功能和定位，协调与管理机制也逐步标准化、清晰化。同时，利用信息数据共享等手段不断推动省域治理方面的协调和配合。

最后，在资源权力的下放方面，省级政府在省域治理现代化建设中，已逐渐从单一的命令—服从型模式转变为透明高效的横向结构。在组织边界逐步整合的背景下，机构设立和具体权力运行机制、权责体系日益明确。例如，地方政府信息发布设立了相应部门，并由省级财政牵头，实现了包括科技人才、金融资金等的分权化管理，通过地方政府部门的核心作用，将权力分权并向下级社会各界发散。此外，通过购买服务的方式，暂时性地下放部分权力并提供资源支持，从而推动社会治理水平的进一步提升。在省级财政关系方面，省级政府通过分配地方财力和事权等方式，将把具体的工作目标和任务由省级政府发包给下级政府，下级政府通过整合资源运用权力开展具体的治理行动。

（二）治理手段

治理手段在省域治理现代化的进程中起着核心作用，是实现省域治理现代化的重要桥梁和工具。其中，治理工具是治理手段的具体体现，是实现治理目标的行动机制、基本途径、具体行动方案。福柯的权力观认为，治理手段可分为权力施展的显性媒介，包括知识－话语型手段、实体技术手段和规范机器式手段等三类。这些治理手段之间相互关联，共同构成了治理手段的完整体系。在习近平新时代中国特色社会主义政治制度的完善和发展中，省域治理主要依靠自愿性工具和规制性工具和混合性工具等多种治理手段来实现，这些手段有助于构建健全的人民当家作主的制度体系，提高自治的合法性，从而实现党的领导、人民当家作主、依法治国的有机统一。因此，完善治理手段，实现治理工具的多样化和全面化，是实现省域治理现代化的关键。通过治理手段的不断完善和提升，省域治理可以充分发挥其制度优势，进一步推动省域治理现代化的进程。

随着大数据时代的到来，权力的施展获得了新的技术媒介——数字技术。这一变革衍生出了数字化的治理手段。大数据也为地方政府治理工具的创新提供了空间和途径。如今，整体性工具、网络化工具、契约化工具等已成为大数据时代治理工具创新发展的重要方向与选择。通过将数字技术融入治理手段中，地方政府可以整合信息资源，应用大数据分析、区块链、人工智能等先进技术，实现跨区域、跨层级的治理手段变革、创新与升级。

（三）治理绩效

在国家"十四五"规划的背景下，省域治理现代化的治理绩效承接对标国家治理效能的提升目标与实现路径，是国家治理现代化建设绩效总体框架在省域层面的具体落实。省域治理绩效不仅是衡量治理有效性与目标达成性的关键指标，更是省域治理实际行动与省域治理体系与治理能力现代化任务目标之间匹配程度的反映。具体包括省域治理生态的优化绩效、省域治理体系的构建绩效、省域治理能力的生产绩效以及省域治理成本的管控绩效等方面。

在省域治理生态优化绩效的实现过程中，涉及省域外部环境和内部环境的建设。其中外部环境的建设主要涉及中央与省之间的相互关系、省与省之间的良好交往互动以及利益互动，以建立和谐的省域关系。在内部环境的建设方面需要处理好各环境要素之间的关系，以协调省域治理进程中的"治理主体间以及治理主体与治理环境之间的相互关系和存在状态"，以实现多元主体的共同需求、开发多样环境资源、建立公共秩序体系、促进经济社会主体的发展壮大、提升个人主体的生活质量，从而建立更加完善的省内治理生态。

在省域治理体系的构建绩效方面，需努力提升治理体系的系统完备性、科学规范性，以促进治理体系的运行有效性、稳定性。在系统完备性的方面，应重点关注省域治理的全面布局，通过完善的法规、制度、政策，逐步建立起适应省情的价值体系、组织体系、法律体系和制度实施体系等，以进一步增强社会动员、管理、监督、服务、配套的综合能力，以确保社会联动整合，实现治理的高效运行；在科学规范性方面应坚持群众的基础地位，强化人民性与民主性，通过技术赋能拓宽民主参与渠道，通过制定一系列法规制度等手段提升省域治理体制的法制性与规范化，并在今后的工作中实现治理体系的自我监管功能。

在省域治理能力的生产绩效方面，现代化要求加强省域治理结构的聚合机制、省治理行动的合法化机制、省域治理主体的延展机制，主要体现在坚持党的领导、完善省域行政体系、优化党政结构、持续赋予治理行动合法性，同时强化治理主体的延展机制，包括对非政府主体的资金资源支持以及在治理场域中治理主体能动性的发挥。通过党的组织建设等方式从意识形态层面建立起联结，确保治理能力的持续性，推动治理能力现代化。

在省域治理成本的管控绩效方面，应该从省域治理的维护成本和改革成本两个方面入手，通过降低沉没成本和机会成本等措施，来实现对省域治理成本的有效控制。首先，要明确目标，合理制定省域治理的长期和短期计划，并对实施治理的方案进行深入的研究和分析，形成省级的研判方案。其次，要优化治理体系的运行、配置和监管等功能，提高治理效率，降低治理成本。最后，要充分利用信息整合平台的优势作用，通过模拟、计算、比较等方式评估治理行动的风险和管控治理成本，为下一步的省域治理提供科学的决策支持。

（四）治理能力

省域治理能力，主要是指对省域治理现代化建设的支撑作用，促进省域经济、政治、文化、社会、生态五位一体发展的能力，其主要内容包括经济建设能力、政治建设能力、文化建设能力、社会建设能力、生态文明建设能力等五个方面。为了实现省域治理五位一体全面布局、促进省域社会的全面发展，需要紧密结合时代特征与发展需求，不断创新和完善治理方式和方法。

1. 经济建设能力

省域治理现代化的主要目标是促进本省域经济社会的全面发展，其中包括经济调节能力和市场监管能力。在经济调节能力方面，首先，省域治理需要全面了解本地区的经济发展现状，以有效地进行经济调节。为此，可以通过大数据分析技术手段，构建全省国民经济的基本数据库，高效整合、汇集和管理经济数据，加强对涉及国计民生信息数据的全链条全过程管理和应用。其次，需要充分发挥政府职能，积极推动各方合作，以推动传统产业转型升级和新兴产业的快速发展。最后，在面临经济风险时，需要充分研判经济形势，做好危机的预测与管理。例如，可以通过大数据分析进行金融监测分析，提高政府在宏观经济活动全生命周期中的大数据分析水平和系统分析水平，将大数据信息技术运用于政府的宏观调控政策、政府财政预算管理和政府大数据企业治理等领域。在市场监管方面，在大数据时代下，省域治理需运用数字化手段提高对市场控制的精细化管理，构建全方位、深层次、立体化的市场监管体系，实现事前事中事后全流程、全环节、全领域的监管，并通过有效的监管手段维护市场公平竞争的良好秩序。

2. 政治建设能力

在新时代背景下，省域政治建设能力的内涵得到了不断丰富和发展，不仅包括健全和完善和创新以党组织领导的各项政治制度，还包括进行创新以适应不断变化的经济社会环境。制度创新能力的重要性在于它与治理绩效的发挥密切相关，能够更好地促进政治建设、提升治理水平。因此，制度创新的关键在于贯彻四项基本原则的基础上，进一步深入挖掘基本政治制度、基本经济体制以及其他各方面制度体系中的制度优越性，并将其转化为治理绩效的提升。具体而言，要通过省级政府职能转变、政府内部组织结构改革，规划和建设好符合省情的省域治理结构体系，保障省域治理的协调机制高效运行，以充分发挥多元治理主体在社会治理整体格局中的各自作用，将制度优势转化为治理绩效。同时，要紧跟新时代科技的发展，充分运用各种管理工具和信息处理技术与手段，特别是新技术手段，如数据分析软件等，以适应经济社会的数字化大潮，并抓住新机遇、应对挑战。通过数字化变革推动管理机制创新，确保数字政务构建过程与工作总体协调、智能有效、顺畅有序，促进政务管理方法转型与管理服务升级。

3. 社会建设能力

省域治理现代化建设需要坚持以人民为中心的发展思想，着重提升社会建设的能力，特别是公共服务能力和社会协同能力。公共服务能力方面，应当以满足人民群众的需求为导向，积极解决民生问题和公共问题，加快推进地方各级行政机关的公共服务数字化、智能化服务水平，不断提升主动服务、精细服务、协同服务、智慧服务的能力，为地方行政机关、企业和群众提供全方位多样化的服务，实现利企便民。面向企业提供精准便民的涉企服务，是社会协同能力的重要体现。通过利用大数据分析技术强化企业全生命周期服务，推动涉企审批一网通办、惠企政策精准推送、政策兑现直达直享。同时，积极构建中小企业多元参与、功能齐全的数字化服务网络。社会协同与管理能力方面，需要优化社会治理模式从政府单向管理转向政府主导、社会协同、多元共治的现代化治理模式，加强对矛盾纠纷化解、社会治安监测防控、市民维护、基层社会治理、基层社区治理等领域的数字化治理能力。深入推进智能应急建设，完善省级应急指挥体系和信息网络，全面提升省级应急管理、指挥救援、物资保障、社会动员的数字化、智能化管理水平。在城市之外的乡村区域，要充分发挥专业社会组织的力量，发掘乡村振兴样本，以点带面发挥规模效应，全面推进农业农村现代化。

4. 文化建设能力

省域文化建设能力的提升需要坚持马克思主义在意识形态领域的指导地位，坚定文化自信，加强社会主义精神文明建设，以提高文化创新创造发展能力，构筑思想文化引领高地、道德风尚建设高地、文艺精品创作高地，推动省域特色文化建设，增强省域文化软实力。在提升文化建设能力方面，应强化思想价值引领，壮大新时代主流思想舆论，深化思想理论建设，提升舆论引导能力，培育和践行社会主义核心价值观，发挥其引领风尚和凝心聚力的作用，大力弘扬社会道德风尚，实施公民道德建设工程，以彰显省域文化特色魅力。强化文化创新和传承能力，并为文化赋能赋值，是省域文化建设的关键所在。具体措施包括加强文化传承创新，完善优秀传统文化保护传承体系，实施民俗文化保护传承工程等。另外，在省域文化建设中，还要着眼于高品质建设省域文化示范样板，挖掘省域文化特色，并统筹推进省域文化遗产保护、生态环境保护、文化旅游融合发展等方面的工作。创新发展文化事业产业，健全文化产品创新生产、传播的引导激励机制，加快推进公共文化服务水平，是提升省域文化软实力的重要举措。同时，加快建设城乡公共文化服务体系，健全现代文化产业体系，做大做强文化产业，进一步推动省域文化走出去，将为提升省域文化软实力提供更为广阔的发展空间。

5. 生态文明建设能力

生态文明建设不仅是关系中华民族永续发展的千年大计，也是中华民族伟大复兴的重要组成部分。在新时代背景下，生态文明建设、省域生态文明建设能力的建设，强调在末端管理、清洁制造、循环经济和生态社会建设等领域齐头并进，完善省域生态文明建设多元化体系。重点建设资源节约系统、环境支持系统、经济支持系统和智力支持系统的构建为重点，强化动态感知和立体管控，确保在有效把控生态环境状况的基础上，全流程实施开展生态化管理，通过推进生态环境保护的数字化转型，进一步提升自然环境承载力、土地空间利用的合理性和土地使用科学性，从而为美好中国建设提供坚实保障。在此基础上，着力提升生态环保协同治理能力。以数字化统一平台体系为突破口，建立省域一体化生态环境智能感知体系，打造生态环境综合管理信息化平台，进一步整合大气、水体、土壤、自然生态、核与放射、气候变化等数据资源，高效推进重点流域区域综合协同管理工作。积极提高自然资源利用效率，构建环境高效感知、智慧管理的综合协同管理系统，推动环境保护和低碳发展，以期形成集约高效、循环高效、普惠共享的绿色低碳经济新格局。

第二节　江苏省域治理现代化的发展现状

江苏省在省域治理现代化建设过程中，立足本省实际情况，合理调整并优化治理结构，充分利用各类治理手段和治理工具，系统规划并覆盖多元化的领域，重点关注各项任务的实施；通过颁布各项制度政策、创新体制机制，来提升治理现代化建设的效率；顺应大数据时代的发展，通过加强技术建设、完善基础设施和数字化手段，优化省域治理绩效，推动省域治理能力的持续迭代升级。

一　优化治理结构保障持续发展

江苏省域治理现代化建设以优化市域政府部门结构、创新多元治理机制为依托，保障治理现代化建设可持续发展。大数据、区块链、人工智能等技术的应用和普及带来社会环境变化，传统生产和思维方式在潜移默化中改变。大数据解决了社会主体参与政府治理的技术难题，改变了传统治理结构和方式，提升地方政府精细化社会治理能力，使整体治理、网络化治理、契约化治理等新型治理工具逐步成为大数据时代地方政府治理工具的主流①。江苏加快大数据开发应用和政务信息系统集成共享，发挥技术赋能治理优势，实现整体性治理、网格化、精细化治理，提升治理效能。各地政府结合本地实际，推动政府流程再造和精简整合、组织边界一体化。

（一）机构重组改革

在治理结构方面，江苏省在发布《江苏省国民经济和社会发展第十三个五年规划纲要》后，依据规划中的重点任务部署，进行了机构重组改革，从而优化治理结构，提升治理效能，构建了江苏省域治理现代化的发展格局。江苏省对应党中央和国务院机构改革，调整优化相应机构和职能，包括建立健全和优化省委对重大工作的领导体制机制、加强省委职能部门的统一归口协调管理职能、新组建机构和优化部分机构职责、不再设立部分机构；优化、组建、调整与中央和国家机关机构基本对应的其他机构，因地制宜设置机构。

大数据技术在政务系统中的应用和推广，有助于进一步推进优化治理机构和体制机制，整合机构职能。此举以人民群众的需求为核心，要求切实向下级政府和基层放权赋能。江苏省积极推动基层改革，将"1+4"治理模式在全省1258个乡镇街道复制推广。"1+4"治理模式包括：加强党的全面领导、审批服务一个窗口、综合执法一支队伍、基层治理一个网格、指挥调度一个中心。截至2021年底，全省乡镇街道机构设置由18254个精简为9392个。近两年，江苏省也不断推进相关工作，制定并完善了街道职权清单和执法目录，为街道职权的合理准入和调整提供了支持。此外，江苏省还健全了职责准入、权力调整、资源下沉、全员培训、考核评价、信息共享等六项机制。为解决围绕基层治理中的痛点、堵点和难点，江苏省制定并实施了一系列改革配套措施，例如编制统筹、岗位激励等，以进一步提升基层治理能力和水平。此外，江苏省还围绕解决"指挥中心"左右联通、上下贯通等问题，进行了一系列改革和完善。这些措施的实施，旨在提升基层治理的能力和效率、更好地服务于人民群众。

---

① 郭建锦、郭建平：《大数据背景下的国家治理能力建设研究》，《中国行政管理》2015年第6期。

江苏省各地级市以市域治理现代化为起点，以社会治理现代化实践为支撑，逐步建立社会治理现代化综合指挥中心。城市治理往往以这些社会治理现代化综合指挥中心为核心，协同联动多级、各个政府部门和组织力量，推动大数据时代下城市治理多级、多元协同机制的达成。截至目前，江苏省 13 个地级市均已设立社会治理现代化综合指挥中心：南京市的社会治理现代化综合指挥中心由大数据管理局具体管理，无锡、南通、淮安、苏州、常州 5 个城市的社会治理现代化综合指挥中心由市政府办公厅管理，徐州、扬州、镇江、泰州、宿迁 5 个城市的社会治理现代化综合指挥中心由市委政法委管理。南京、无锡、苏州 3 个城市的社会治理中心还加挂了城市运行管理中心（简称城运中心）的牌子，无锡、苏州、淮安、镇江 4 个城市的社会治理中心加挂了市大数据管理中心的牌子，徐州、南通、镇江、泰州、宿迁 5 个城市的社会治理中心加挂了市网格化服务管理中心的牌子。通过对机构设置和职能的明确划分，江苏省各地级市从市域治理现代化入手，逐步提高市域治理现代化水平，并由点到面，逐步形成省域治理现代化的格局。

（二）政府流程再造

将现有分散的业务系统整合到一个平台上，以达到协同的效果，从而推动政府流程再造，是政务服务一体化的重要方向，各级政府部门应该在省级统筹协作下推进跨部门、跨层级、跨领域数据集成和共享，以提高政府数据赋能治理的准确度和效力。为此，江苏省开展"一网通办""一网统管""一网协同"行动，构建政务服务一体化平台和网上监管一体化平台，加强数据的汇聚和共享，整合数据信息资源，推进政府精准化治理和大数据治理，着力构建智慧感知、云环境、数据共享。截至 2022 年底，江苏省已构建全省一体化大数据共享交换体系：61 家省级部门注册发布目录 1391 类，挂接资源 1803 类；设区市注册发布目录 28537 类，挂接资源 15433 类，并获得整体授权 12 个国家部委数据接口获得整体授权。同时，建立了数据归集、治理、应用和安全管理机制，探索政务数据与社会数据的融合应用，在城市管理、金融服务、市场监管、环境保护、数据元等七大类地方标准制定方面形成了一批创新成果。建立了数据资源池，融合了政务基础数据，汇聚了政务公共数据资源，整合了政府部门内部的数据资源，并建立了政府运行监测预警平台系统间共享数据的汇聚与交换体系。基于"面向政府管理对象的各类数据统一汇聚、统一使用"的原则，对政府运行中使用的政务数据、政府网站上发布的重要政务信息进行了汇聚、整合和规范化处理，构建了政府运行监测的知识库，从而全面提升了政府运行状况预警控制的智能化水平。

二 制度创新发挥区域示范作用

大数据催生政府治理新思路，提供了创新和选择政府治理工具的空间可能和技术路径。江苏通过制度创新做好战略部署，推动技术建设，以技术赋能治理手段，创新治理现代化治理手段，实现治理手段升级。

（一）因地制宜制定发展战略

在制度创新的宏观层面，江苏针对省内苏南、苏中、苏北地区的经济社会情况差异，作出了因地制宜的现代化战略部署。其中，苏南地区担负着"在率先实现社会主义现代化上走在前列"的主要目标，充分把握我国经济社会发展的先发优势和自然资源禀赋环境优越的根本条件，立足于世界视野，凸显高地定位，全力推动改革发展、绿色转型、社会文明、国家安全建设、人的全面建设等领域的引领性建设，全面提升国家经济社会的整体实力和可持续发展能力，努力成为在全国率先实现社会主义现代化的先行军。苏中地区紧紧抓住充分融入长江三角洲地区一体化战略和长江经济带高质量发展建设的重大机遇，积极推动南北融通、江海互动和陆海统筹，全力提高地区绿色经济、产业发展、城市融合、社会管理、人民幸福、科学发展的综合能力，成为推动江苏省率先完成社会主义现代化建设的重要主力军。苏北地区进一步巩固以高水平全面建成小康社会的成绩，并积极借助后发优势，拓宽发展空间，进一步推进"四化同步"，主攻产业发展、城市能级、区域开发、基础设施、社区服务、公共服务、乡村建设、安全保障等重点内容，着力建立和发展社会主义现代化建设的接力军。

在制度创新的具体实践中，江苏省全力推动各项工作的落实，形成了江苏特色的改革推进机制，为数字化转型奠定了坚实的制度基础。江苏省在重点任务的执行、改革的监督等方面不断创新工作方式，形成了一系列具有江苏特色的制度安排。首先，是建立了由省领导直接负责的重点改革任务制度。每位省领导负责 1－2 项对全省发展具有重要意义的改革任务，亲自负责部署和推动。自 2017 年以来，省、市、县三级领导共 1995 余人参与了改革任务的联系和推动，推动了 2000 余项改革任务的落地实施。其次，是建立了改革监督专员制度，改革监督专员制度主要关注改革落实"最后一公里"问题，创新监督方式，选聘从正厅职领导岗位上退下来的同志担任改革监督专员，将原有的多头、分散、重复督察变为由督察专员带领的集中督察。

（二）引入技术手段发挥数据效能

汇聚海量大数据资源是提高治理手段效率的基石。江苏省大数据中心的一系列基础设施项目正在积极推进。其中，"江苏省大数据中心建设项目一期工程——平台体系信息资源库和总集成服务"项目由江苏移动和华为公司联手打造，该项目向上连接全国共享交换平台，向下连接 13 个设区市共享交换平台，与 60 多个省级政府部门进行对接，初步实现了江苏省大数据共享交换体系横向贯通和纵向联动。目前，江苏省大数据中心建设项目二期工程也已建设完成。这些系列项目在多个方面发挥了显著的作用，包括部门数据共享服务、设区市数据共享服务、"一网通办"政务服务等。

江苏省统筹协调省域范围内技术资源的集中和再分配，并建立了完善的服务系统整合与政务资源共享制度。通过数字化政府建设，将技术赋能嵌入到全省各级地方政府职能部门，通过协调各部门之间的利益分歧，实现数字化政府的运行闭环，从而强化各级地方部门对政府系统的统筹协调和政务信息的责任。横向来看，江苏设立了以各类数字化领导小组或工委为代表的联席议事协调机构，在组织体系上，由分管大数据管理的市领导兼任市首席数据官，统筹全市数据资源管理和融合创新工作，在数据开发和应用方面，由下到上，推动技术融合、业务融合、数据集成等工作的开展，从而形成全省一体化数据管理工作职责明确、分工有序、协调有力的新格局。

在数据治理方面，江苏省通过全面挖掘数据资源潜能，推动数据开发与应用，推动省域经济社会发展，以确保省域社会稳定和谐。江苏省建设了数据中心，以促进数据共享、提升数据应用的一体化水平。截至2022年底，省局数据中心二期建设顺利完成，共归集47个业务系统的69.65亿条数据，从而加强了数据质量管理，提升了数据治理的广度、深度和精度，有效地支撑了江苏市场监管数字智化平台数据的互联互通和实时应用。此外，江苏省市场监管局制定了省局《公共数据管理办法》，完善了《江苏省市场监管数据中心数据标准》，强化了对数据的全量归集、全面共享、全程管理。在纵向上，实现了国家、省、市三级市场监管部门的数据贯通；在横向上，联通了省政务办、省大数据中心等部门单位。数据共享应用得到了不断深化，全年累计向系统内外共享数据达17.46亿条，与多部门单位协同合作，以加强数字化赋能治理。

（三）发挥社会治理样板效用

在社会治理层面，苏中地区的示范效应显著。2020年，在党的十九届四中全会提出推进国家治理体系和治理能力现代化的大背景下，南通市委市政府创新体制机制，整合12345政务服务热线、数字城管、网格化服务管理职责，建立了全国首家市域治理现代化指挥中心。通过加强公共数据资源基础建设，全面整合了行政、受理、前端感知、互联网等城市公共数据资源，运用"大数据+人工智能"先进技术，打造了"全国一流、全省领先"的现代化指挥平台创新应用。同时南通还创新性地构建了"大数据+指挥中心+综合执法队伍"的新模式，进一步打造了市域治理现代化的样板，推广南通综合执法改革新模式。在执法方面，江苏13个试点县（市、区）均构建了"一套清单管权责、一个网格管治理、一个中心管指挥、一支队伍管执法"的综合执法体系，在生态环境、传统文明建设旅游管理等领域的综合执法机制也得到了发展。13个新建设的国家新区城市已全面完成了生态环境领域的综合执法改革工作，全国范围内108个市县的生态环保领域的综合执法单位已按照国家统一标准名称，如期完成了登记运营。

江苏省政府始终致力于创新基层治理手段，强化"五治"（政治、自治、法治、德治、智治）的深度融合，并依托数字化手段激发基层治理的创新能力。江苏省已先后发布了多个政策文件，持续完善自治、法治、德治相结合的城乡社区治理体系，推进城市社区治理与服务的优化，强化农村社区治理与服务，并对加强新型农村社区治理与服务进行了大力推进。在此过程中，涌现出了一批具有创新性的社区治理创新实践经验，例如南京栖霞区仙林街道的都市版"枫桥心得"、徐州的"马庄心得"等。到目前为止，全省2.13万个城乡社区借助数字化手段优化了基层治理工作，社区综合服务设施已实现全面覆盖。"一门受理、一站式服务、全科社工"服务模式已基本完善，以点带面地构建了智慧社区，并通过建立社区、社会组织、社工、社区志愿者、社会慈善资源"五社联动"机制，以整合资源、激发活力、创新服务为导向，推动基层治理转型。据统计，截至2023年7月，全省已有8.4万个社会团体和14.1万个社区社会组织完成注册登记，总数位居全国之首。活跃在城乡社区一线的这些社会组织和9.98万名持证上岗的专业社工，11万支志愿服务队，2200万名注册义工，为居民提供多元化、差异化的社区服务。2022年度，全省共投入约2.6亿元引导创新开展社区服务，采取"公益创投""微服务"等多元化的方式。

三 技术支撑优化政府治理绩效

决策科学化与治理精准化是数字政府治理能力现代化的发展导向。江苏省通过应用大数据分析、人工智能、区块链技术等新技术，收集了大量的第一手资源和信息，并利用现代计算机技术进行信息的收集、分析和研判，构建了较为精确的政府决策机制。这不仅提高了政府决策的准确性、科学性和前瞻性，而且切实增强了政府对社会各领域的数字治理能力，也进一步推动省域治理生态的优化绩效、省域治理体系的构建绩效、省域治理能力的生产绩效以及省域治理成本的管控绩效等的提升。

（一）"一朵云"支撑政务服务体系完善

江苏以政务云体系建设为重点，一方面，通过"云上治理"优化了政府的决策流程，提高运行效率，优化扁平化、单元式的决策结构，从底部向上部传导，决策机制由正三角形模式向倒三角形模式转化；另一方面，数字治理驱动行政思维决策方法转型，变革传统行政管理方法与信息处理工具，提高政府部门效率，降低行政管理成本，推动全国电子政务资源整合，形成系统协调、数据驱动的电子政务服务业务、科学决策服务、协调监督等服务系统，形成协调有效的政府信息数字化与履职能力系统，提升政府服务效率。通过对政府信息资源和政务数据的深入发掘，形成了基于数据驱动的智能决策系统，完成对政府各种服务信息的智能预警、辅助政府决策和服务。通过大数据中心的构建以实现对数据的集中存储、共享、利用和分析，通过数据进行综合分析及利用分析，提供业务办理建议，得出更科学的业务决策结论。江苏省现已初步形成"1个省级主节点+13个市级主干节点"的政务云体系，支撑全省7900余个非涉密政务系统上云运行。

江苏省政府不断规范升级网上政务服务平台的建设，整合现有统一数据共享交换平台体系，统一建设、统一管理，从而实现各部门各业务系统与政务服务平台的互联互通；加快完善一体化网上政务服务平台等应用系统功能，以便更好地实现跨层级、跨部门、跨区域的"数据通"和"业务通"，提高政务服务的效率。在政府治理方面，全面推进项目审批政务服务改革，采取了"证照分离""3550"改革等重要措施，以不断提升企业和群众办事的便利性，尤其是"审批不见面"改革模式多次得到中央政府的充分肯定。在南通综合执法改革中，形成了"大数据+指挥中心+综合执法队伍"的创新模式，显著提升了基层治理能力，受到了中央依法治市办公室的表扬。此外，南京玄武区以"社会稳定指数"为基础的全周期基层治理社会体系、建邺区的"五微共享社区"以党建引领基层社会治理创新等十余项改革项目被评为全国典型案例。

（二）数字城市建设推进城市智慧治理

在数字城市建设方面，江苏省从顶层设计入手，以大数据分析等数字技术为抓手，推动城市"数字生态"建设。2021年，江苏省"十四五"新型城镇化规划确定了新型城镇化的发展战略方向。目前，江苏正围绕"数字赋能、系统集成、协同高效"总要求，积极推进城市运行"一网统管"，聚焦大平台构建、大系统共享、大数据共治，构建数字城市的治理体系和大数据时代的发展格局，实现大数据技术支撑城市管理决策和资源整合利用。江苏努力构建城市管理新模式和新机制，以提升城市治理水平，努力打造成新时代城市治理新标杆。江苏通过构建城市智慧感知和智能城管平台等，增强了城市管理力量。在推动城市管理"一网统管"建设中，注重"以感知促治理、以感知促发展"，探索"可感、可视、可控、可治"的数字化治理创新模式，建立城市运营及管理系统、网络系统及智慧平台、基础服务设施和专业技术人员，以处理城市运营管理中的各种问题。同时，江苏通过构建城市感知网络，为城市感知系统建设提供支撑，包括整合感知数据，为城市智慧化运行提供有力保障。

（三）数字服务平台建设关注重点领域

在实施乡村振兴战略的过程中，江苏省运用数字技术，持续推动数字乡村建设。江苏省委省政府认真贯彻执行了中央战略部署的要求，构建了"苏农云"和益农信息服务平台。益农服务资源惠及乡村，建立了覆盖全省的江苏农业农村"智慧大脑"、涉农数据"共享中枢"、行业管理决策"指挥中心"。截至2022年底，江苏省共整合建立了85个农村数据库、3.7万余张信息表，总数据量达22亿余条。在全省4个国家级数字乡村试点地区中，有3个地区在全国排名靠前。此外，在"苏农云"的整体框架下，进一步建设开发了"机慧来"农业机械应用与管理平台、"农技耘"全国首个省级农业科技服务云平台，可以为新型农业经营主体和广大农户提供"全天候、保姆式"的农产品科技咨询服务，预计服务用户将超过40万人。

四　五位一体全面提升治理能力

江苏省通过治理手段的升级，推进经济建设、政治建设、文化建设、社会建设、生态文明建设等五位一体统筹发展，全面提升省域治理能力，推进省域治理现代化建设。

（一）经济建设

在经济建设方面，江苏进一步聚焦数据资源要素配置，助力"经济强"，以科技创新推动数字经济发展。江苏通过出台"科技创新40条""人才20条"等政策，推进一所两制、合同科研、项目管理人员、股权激励等措施，打通由科学向技术转化的环节，释放科技动力。目前，江苏省已初步形成了以环保、医药、新能源、海工装备等产业规模居全国首位的现代产业体系和不断提升的产业链竞争力，其中6大产业集群入选工信部先进制造业集聚区决赛获奖名单。同时，江苏完善产业服务体系，打造"智改数转"的省级生态资源池，汇聚智能装备服务商、网络服务商、标识服务商、产业互联网融合应用服务商、系统解决方案服务商、产业安全服务商、咨询服务等七大类服务商。江苏还统筹市场监管服务企业事项，对与市场主体相关的系统开展"主题式"应用，实现"一个入口、一次核验、事项全办"。江苏政务服务平台可在省局各类载体上推广使用，引领和支持企业创业创新。截至2022年底，"苏企通"在省有关部门、13个设区市、113个县（市、区）和园区三级贯通应用，梳理出3417项上线政策服务事项。

江苏致力于创新协同联动机制，以期锻造省域治理现代化新引擎，确保高质量发展合力的形成，最大限度释放溢出效应、联动效应、协同效应。具体措施如下。一是完善产业链协同创新机制，打造全要素、全流程的产业链，以实现产业链的深度融合和创新发展。二是不断深化地区之间的挂钩合作，搭建产业联盟和协作信息平台，鼓励和支持市（县、区）政府、龙头骨干企业、相关园区、科研机构、专业服务机构等多元主体加入产业联盟，共同打造产业集群。三是构建多元合力协同推进机制，以推动多元主体参与产业发展，共同促进区域经济的协调发展。四是依托区域一体化协同发展机制，推动区域间的协调与竞争发展。在上述措施的推动下，江苏在推动制造业互联网落地应用方面取得了显著成效。自启动以来，江苏已累计培育了142个省级重点工业互联网平台、3个国家级双跨平台和45个国家级特色专业型平台，创建了3家全国"数字领航"企业、4个国家"平台+基地"试点项目、省星级上云企业1.8万家、省工业互联网标杆工厂214个、省"互联网+先进制造业"特色产业基地40个，实现了"综合型+特色型+专业型"工业互联平台赋能机制体系的形成。这些举措有力推动了江苏制造业互联网的深入发展，使其在全国范围内保持领先地位。

江苏省致力于创新发展双向开放机制,从而激发经济社会的高质量发展。在这一过程中,江苏省把握"一体化"和"高质量"两个关键点,与沪、浙、皖三省共同发挥各自优势,实现协同发展。这一举措,使江苏高质量发展的成果为长三角地区乃至全国全局的发展贡献了力量。在对外开放方面,江苏精准选定开放的关键点和着力点。例如,基于自身的区位优势,江苏省成为中韩产业园的地方合作城市。如东北亚、"一带一路"沿线以及环黄海生态经济圈等。同时,江苏还创新了对内开放机制,形成了多层多维的开放新路径。江苏省认真落实"两海两绿"的发展路径,把沿海地区的建设视为构建以国内大循环为主导、国内国际双循环相互促进的新发展格局的关键抓手。这一举措,为江苏的高质量发展提供了新的动力和机遇。

(二)政治建设

扛起"走在前、做示范"的责任使命,关键在党。江苏省委十四届五次全会深入学习贯彻习近平总书记关于党的建设的重要思想,对坚定不移全面从严治党,不断提高党的建设质量提出明确要求。江苏省全面落实好全会精神,坚持以党的政治建设统领党的建设各项工作,为江苏现代化建设提供坚实的政治引领和政治保障。

江苏突出政治领导,始终把坚定拥护"两个确立"、坚决做到"两个维护"作为最大的政治责任,在坚定维护党的团结统一上实现新加强;落实政治标准,着力抓好党员这个先锋力量、干部这个中坚力量、人才这个战略力量,选人用人严把政治关、教育培养注重政治能力、监督管理严明政治纪律,在锻造过硬党员干部人才队伍上取得新成效;强化政治担当,引导各级干部树立和践行正确政绩观,坚持激励和约束双向发力,推动干部敢为善为,整治不担当不作为,在激发干事创业的动力活力上展现新气象;增强政治功能,牢固树立大抓基层的鲜明导向,强功能、扬优势、补短板,推动基层党组织全面进步,在发挥基层战斗堡垒作用上彰显新作为;涵养政治生态,一体推进"不敢腐、不能腐、不想腐",保持惩治腐败的高压态势,在加快廉洁江苏建设上迈上了新台阶。

江苏着力防控政治风险,严密构筑政治安全防线,不断增强防范政治风险、维护政治安全的能力和本领。要始终坚守政治本色,时刻保持对党绝对忠诚，紧扣民心这个最大的政治，深入开展社会矛盾、风险、隐患的拉网式大排查、大起底、大化解等系列专项行动，常态化开展扫黑除恶斗争，严厉打击突出违法犯罪，办好政法、惠民实事，不断提高人民群众的获得感、幸福感、安全感。着力涵养政治生态，不断严肃政治生活，严明政治纪律和政治规矩，锤炼政法干警政治能力，努力打造政治过硬、本领高强的忠诚卫士。持之以恒正风肃纪，彻底肃清流毒影响，一体推进"三不"建设，常态化整治顽瘴痼疾，深入推进执法司法权力运行机制改革，努力从根本上预防执法司法领域突出问题的发生。

（三）文化建设

江苏在省域精神文化建设方面，已形成了以中央战略定位为基础的具有江苏特色的改革精神。自党的十八大以来，习近平总书记曾多次莅临江苏视察，其中"为全国发展探路"这一方向性要求始终贯穿其中，形成了"先行先试、勇于探索"的开创精神、"使命在心、责任在肩"的担当精神以及"夯实基础、强化优势"的务实精神。这些精神在全省范围内广泛传播，形成了"先行先试、勇于探索"的全省发展新局面。江苏始终坚持以改革促发展，持续拓展改革的广度和深度，以区域性实践为全国现代化建设先行探路。在苏南到苏北的各个地区，"争第一，创唯一""争当优质发展排头兵"的理念已蔚然成风，与新四千四万精神、张家港精神、华西精神、昆山精神一道，在全面深化改革的各个领域、现代化建设的各个方面遍地开花。

为加强理论宣传教育，江苏省每年组织400多万名基层党员开展冬训，组织理论宣讲骨干宣讲10余万场，精心打造"马克思主义·青年说"等活动品牌，建好用好"学习强国"江苏学习平台。其中，《百炼成钢：中国共产党的100年》"我比任何时候更懂你""学习100"等融媒体产品网络点击量均超30亿次；大型通俗理论节目《中国智慧中国行》在全国所有省级卫视和重点视听平台轮播，取得"现象级"传播效果。

社会主义核心价值观深入践行，崇德向善的文明风尚广为弘扬。围绕重大时间节点和重要纪念日，江苏省在32家全国爱国主义教育示范基地、213家省级爱国主义教育基地广泛开展爱国主义教育和革命传统教育，连续9年精心组织国家公祭活动，常态化举办向雨花台烈士敬献花篮仪式、全省红色故事宣讲大赛等活动，大力开展"强国复兴有我"等群众性主题宣传教育，使江苏大地上孕育的革命精神得以广泛弘扬。江苏省积极培育选出各类先进典型，全省近年来相继涌现出3位国家勋章和国家荣誉称号获得者、6位全国"时代楷模"、81个全国道德模范及提名奖获得者、46名全国"最美人物"、1362名"中国好人"，推出南医大二附院"心佑工程"团队等21个江苏"时代楷模"等省级重大先进典型，形成多层次、广覆盖的先进典型群体。

截至2023年9月，江苏省13个设区市、16个县（市）创成全国文明城市，总数和占比均居全国第一，文明城市创建"张家港经验"、农村精神文明建设"马庄经验"产生广泛影响，新时代文明实践中心、所、站实现县乡村三级全覆盖，2022年全省社会文明程度指数达90.48。江苏深化拓展群众性精神文明创建活动，持续组织"城乡结对、文明共建"活动，其中，"点亮星夜"文明实践"夜模式"活动累计举办近3万场、参与群众700多万人次，在打通基层文明实践"最后一公里"方面实现可喜突破，受到广大群众普遍好评。此外，江苏连续举办7届江苏志愿服务展示交流会，注册志愿者占城镇人口比例达25.82%，选出57个书香城市建设示范市（县、区），居民综合阅读率高出全国平均水平8.53个百分点，其中，"诚信江苏"、"志愿江苏"、"书香江苏"成为特色品牌。江苏深入贯彻落实习近平总书记在文化传承发展座谈会上的重要讲话精神，积极对接重大国家战略，努力培育大运河文化、长江文化、江南文化等品牌，传承弘扬历史文化根脉，提炼打造特色文化标识。江苏制定出台促进文化产业竞争力提升行动计划，2022年电影票房全国占比首次突破10%，文旅消费总额占全国10.3%。江苏数字文化产业加快发展，2022年文化新业态行业营业收入达3412.5亿元，全省文化产业增加值从2012年的2330亿元增加到2021年的5907.2亿元，连续多年稳居全国第二。

（四）社会建设

在社会建设的重要领域，江苏省积极推动各社会主体积极参与省域治理现代化建设，以期为协同治理注入新的活力。在数字技术的有力支撑和数据资源的深度开发和应用方面，江苏省着力培育社会主体的自生产、自组织、自供给能力。经过多年的努力，江苏省已经构建起了政府主导的多元治理单元的集合，以及以技术为主导的治理模块的集合，形成反应迅速、互动便捷、社会需求驱动的治理机制。以满足人民需求为导向，江苏省加强数据资源的统筹管理，打破"数据壁垒"。通过加大公共数据资源供给，统筹建立公共数据开放范围的动态调整机制，明确公共数据应当以共享为原则、不共享为例外的原则。

在社会治理方面，大数据分析技术可发现政府部门管理和社会治理进程中的"堵点""痛点"和"难点"，为社会治理提供着力点和突破口。数字政府建设使精细化社会治理成为现实，系统协作式治理得以实现。2021年8月10日，江苏省人民政府办公厅印发《江苏省"十四五"数字经济发展规划的通知》，推动数字化民生服务公平普惠。围绕民生领域的智能化发展趋势，江苏在教育、卫生、医院、社会、公共交通、社保、就业、公益文化和民生公共服务等方面开展数字化生活应用工程。截至2022年底，全省160余家三甲公立医院与全省医疗健康信息网络共享，医疗精细化管理更加完善，个人社保卡发卡量超过8800万个，电子社保卡发卡量超过3400万张；建设了虚拟养老院111所；开展了智慧高速示范，实现公共汽车、地铁等实现了省域移动支付，对普通货运车辆100%在线年检，交通一卡通的跨市刷卡量位居全国首位。

着眼于乡村振兴的关键领域，创新城乡融合发展机制，形成高质量发展的新特色。通过不断努力，创新城乡融合发展机制，培育农业新业态，积极开发具有较强经济带动能力较强的主导产业，加强农业产业链的纵向延伸；以实现城乡工业一体化经营为目标，逐步构建现代化乡村产业体系；健全多元化资金投入机制，力求实现国家公共财政支持更大程度地向农村经济振兴政策倾斜；建立健全农业信贷担保体系，进一步加大政府对新型农村经营主体的资金支持力度；完善人员入村机制，为城乡振兴奠定坚实的物质基础；出台财政税收、金融、社会保险等方面的支持措施，吸引各类人才回乡进村就业，推动大学生村官和选调生工作的有效衔接，积极吸引高等学校毕业生进入乡村工作，选拔具有专门技能的人员到社区提供服务。

（五）生态文明建设

江苏省创新绿色增长机制，培育省域治理现代化发展新增长极，推动生态文明建设，开展绿色低碳发展，不断厚植高质量发展的绿色基底。江苏以"双碳"战略引领经济社会发展系统性变革，坚决遏制"两高"的盲目发展，持续出台推行各类环境保护行业规划、政策文件、政策措施与方法，推动了社会经济的绿色低碳转型。目前，江苏已有5个国家级低碳城市试点、3个国家级低碳试点园区、2个国家级低碳试点城市（镇）、1个绿色低碳重点小城镇。江苏大力实施长三角生态合作治理，促进跨区域绿色发展迈上新台阶。江苏还积极推进长江三角生态合作治理，与沪浙皖联合成立了长三角区域生态环境保护协作小组，签署了《长三角区域碳普惠机制联动建设工作备忘录》，共同开展了太湖等河湖综合治理，使太湖连续14年实现"两个确保"。江苏还坚持顶层设计与基层创新双向互动，不断完善生态文明的基本制度框架。强化顶层设计，统筹勾画蓝图，加强统一监管。江苏已发布的《〈长江经济带发展负面清单指南〉江苏省实施细则》，明确了对长江干流和14条主要支流在1公里范围内的"最严规矩"，并针对重大生态环境问题，打破区域限制，协同治理，联防联控，形成共抓共治的良好格局。

第五章

数字政府建设的江苏实践

党的十九大明确提出了建设科技强国、网络强国、数字中国和智慧社会的发展目标，并作出了推动互联网、大数据、人工智能与实体经济深度融合等重要战略部署，从而推动了网络安全和信息化事业的不断深入发展。江苏省积极落实中央战略部署，稳步推进"网络强省""数据强省""智造强省"的建设工作，加快推进制造业、农业、服务业的数字化、网络化和智能化发展，充分发挥信息化对经济社会发展的驱动作用，使人民群众在信息化发展过程中获得更多的获得感和幸福感。

第一节 数字政府建设萌芽阶段

自1978年改革开放以来，江苏省政府信息化建设在与国家党政机关信息化建设保持基本同步的背景下，实现了从无到有、从小到大的突破。20世纪90年代以来，政府信息化建设的重心开始逐渐从以"政府"为中心转向以"社会"为中心，更加注重为领导提供决策支持服务、为公众提供服务产品等方面。通过不断地满足服务需求和创造新的应用，江苏省政府信息化建设的应用的深度和广度得到了进一步的拓展。

一 政府信息化筹备：办公系统转向自动化
（一）江苏省政府信息化建设开始起步
1. 国家层面：从数据处理到部门信息管理
以1973年4月1日国家计委电子计算中心（国家信息中心的前

身）正式成立为标志，我国最大的政府综合经济管理部门应用进入了电子计算机的新时期。这一时期不仅标志着我国电子政务的萌芽，同时也成为全国各地政府信息中心的起源阶段。经过约10年的发展，我国各部门信息管理系统进入"大开发、大发展"阶段，这也是地方政府信息中心的繁荣时期。在此期间，地方政府信息中心承担了各部门数据处理、应用系统开发建设、运行维护、技术培训和纵向技术协调的重要任务。

2. 江苏层面：从通信基础设施建设到办公自动化

20世纪80年代的江苏通信网络覆盖范围有限且技术相对落后，严重影响了服务水平，对江苏的经济发展造成了制约。在这种困境下，江苏的通信人不畏艰难，发扬"拓荒牛"精神，致力于改变行业现状，通过不懈的努力，推动江苏通信行业的快速发展。经过不懈努力，江苏省成功建立起了一个全方位、多层次的信息化网络体系，涵盖了国民经济发展的各个领域，从而加速了江苏省工业化与信息化进程。到了20世纪80年代中期，江苏省政府办公自动化系统建设正式投入运行，主要利用个人PC实现办公工具的自动化，面向文档管理和收发办文。中英文微机打字、传真机、复印机、轻印刷和简单的单机应用项目以及各种办公应用软件自此开始进入各级政府主要机关。政府系统纷纷以办公自动化作为建设的出发点，在日常工作中大量采用计算机设备和技术，此时的应用主要集中于事务处理层面，处于分散开发、各自应用的状态。

（二）江苏省政府办公自动化水平不断提高

1. 行政首脑机关办公决策服务系统的应用

1992年，为进一步提高政府机关的自动化程度，国务院办公厅下发《国务院办公厅关于进一步加强全国行政首脑机关办公决策服务系统建设的通知》，明确提出要初步建成"全国行政首脑机关办公决策服务系统"，并强调"以需求为导向，以应用促发展"的建设原则。在这一政策指导下，江苏省政府机关信息化建设取得了显著的成效。江苏省政府办公室自行研发了全省统一的电子文档报送系统，并首次将分组交换网络应用于全国范围内，从而实现了对政府重大业务的高效处理，推动了办公自动化和管理信息化水平的持续提高。1995

年，江苏省政府办公厅建立了全省三级政府计算机远程通信网，联网单位覆盖全省，各级政府之间的信息得以通过计算机进行传输，各市政府办公室的计算机应用也开始广泛普及，一年后实现了计算机局域网建设。此外，在计算机应用工作中，全省推广了公文信息管理系统、政务信息管理系统、国民经济综合决策支持系统和地理信息系统等应用软件，使得电子信息资源建设初具规模。

2. "金桥""金卡""金关"工程的建设

1993年底，与江苏省政府决策系统几乎同期建设的"金桥""金卡""金关"工程（简称"三金工程"）等金字头系列的重大信息系统工程也在江苏省展开，其中江苏省信息中心负责建设"金桥"工程江苏节点站。随着国家"十二金"工程的建设步伐加快，江苏省政府也相应规划了17个与政府机关信息化相关的重点业务系统，分别涉及办公业务资源系统、宏观经济管理信息系统、金关工程、金税工程、金财工程、金融监管工程、金审工程、金盾工程、社会保障工程、金质工程、金农工程、金水工程以及交通、工商、外经贸、教育、科技等多个领域的业务系统。在这一阶段，江苏省政府信息化的主要特点是纵向信息化应用需求旺盛，以行业、系统为代表的职能部门信息化建设统一规划、上下衔接，大幅提升了业务处理能力和行政管理水平，对于推动江苏省经济发展和社会信息化水平提高产生了深远影响。然而横向的政府信息系统还处于分隔状态，呈现出"纵强横弱"的特征。

二 政务电子化启动：电子政务建设与应用

（一）电子政务信息网建设逐步完善

1. 政府网站建设成效明显

作为政府部门信息发布的重要渠道，政府门户网站的建设对于政府部门提供优质的公共服务至关重要。江苏省政府对于网站建设的重视程度极高。自1999年起，江苏省各级政府和组成机构都积极地投入到门户网站的建设工作中，自上而下的各级政府部门都相继建立了自己的政府网站。2003年8月，江苏省省长办公会议批准建立省政府门户网站"中国江苏"，该网站于2004年7月正式上线，并在

2004年全国门户网站评比中荣获省级第5名的优异成绩。与此同时，江苏省政府网站的综合水平在全国排名中名列前茅。2006年，江苏省政府网站的整体水平有了显著的提升，省内共有各级各类政府门户网站182个，其中省级机关62个，省辖市13个，县（市）区106个。政府网站的总体拥有率达到97.33%，省级机关部门政府网站拥有率为96.9%，省辖市政府网站的拥有率达到100%。政府网站的功能架构上已经从以政务公开为主转向了公共服务、公众参与方面。"中国江苏"在2006年度全国政府门户网站评比中表现优异，13个省辖市政府门户网站有8家跻身全国50强，整体水平继续保持全国第一，被抽测的13家县（市）政府门户网站中有7家跻身全国县级50强，位居全国第二。2007年，江苏省政府继续以社会公众为中心，推动政府网站从单一信息发布向强化服务功能的转变，政府网站建设水平进一步提高。以省政府门户网站为龙头，覆盖了62个省级政府部门、13个省辖市以及106个县（市、区）的政府网站体系已经基本形成。围绕拓展信息发布、网上服务、互动交流三大功能，建立和完善内容保障和绩效考评机制，取得了显著的成效。2007年各地、各部门共向省政府门户网站报送信息6.4万多条，省政府门户网站发布信息的数量和质量不断提高，已逐步成为对外宣传的重要窗口、政务公开的重要渠道、为公众服务的重要平台以及政府与公众互动交流的重要途径。

2. 电子政务内外网应用范围持续扩大

2005年12月28日，江苏省电子政务内网门户网站正式开通，其核心目的在于实现信息资源共享平台、应用系统整合平台以及信息安全保障平台的统一。这也被称为内网平台的"三统一"。电子政务公共应用系统平台的建设为信息共享、协同办公和重点业务等应用奠定了坚实基础。通过对21世纪初期江苏省电子政务内外网建设和应用情况的研究，江苏省电子政务内网在横向上接入了省委、省人大、省政府、省政协、省法院、省检察院六大系统以及南京军区、省军区和省武警总队等多家单位，纵向覆盖了13个省辖市。因此，一个横向到边、纵向到底、左右衔接、上下贯通的政务网络已基本形成。在国家电子政务外网建设的统一部署下，江苏省作为首批试点单位，按照规划进行了省级节点的建设。实际上，早在2006年底，江苏省电子政务外网（江苏节点）就已经建设完成，并接入省监察厅和省扶贫办的电子政务应用系统进行试点应用；苏州市、常州市、南通市等6市也通过建立电子政务外网（城域网）以开展协同审批、协同监管以及协同执法等办公业务，从而不断提高外网的使用效率。与此同时，江苏省全省政务信息网络平台互联、整合、统一的步伐也在加快，为跨部门、跨地区的信息资源共享、业务系统的互联互通和协同办公、社会管理与公共服务创造了必要条件。南京、无锡等市充分利用政务内网平台在全市范围内进行公文无纸化传输，大大提高了公文运转效率，降低了行政成本，使江苏省公文无纸化走在全国前列。

3. 八大骨干应用系统工程与网络互联中心实现互联

江苏省在全省统一的高速公用互联传输网的技术支持下，全力加速推进信息化建设的步伐，实施了金融财税信息系统工程、商业贸易信息系统工程、工业交通信息系统工程等八大关键应用系统工程。在政务服务的各个领域，高度重视信息系统建设的标准化，逐步实现与"金"字系列工程的衔接和配套，为广大社会公众提供更全面的信息服务。通过启动用户市场，以应用系统带动信息产业的增长，推动全省的信息化建设。其中，政府信息系统工程是重点建设项目，致力于建成全省的政务信息主干网，为政府部门内部提供一个全新的信息沟通平台，实现资源共享和数据交换。借助分布式数据库技术，将各职能部门的MIS系统或局域网连接起来，加快政务电子文件的传输，提升办公效率、管理能力和决策水平。同时，加快信息网络互联中心的建设。结合高速传输网的建设，在南京及其他省辖市（或区域），结合高速传输网的建设，加快建设信息网络互联中心，负责协调、监理全省各部门公用通信网络和各专用信息资源网的建设。在遵循"资源共享、利益共沾"原则的基础上，综合各方信息，开展信息增值服务，实现八大关键应用系统工程与网络互联中心的互联，提高本地互联网络信息交互能力。

（二）政府信息公开体系初步建立

1. 政府信息公开不断拓展和深化

为了规范公共行政行为，提高政务信息公开水平，江苏省政府网站建设从网络建设转向资源开发,从单向信息发布转向交互协同发展,从内容形式多样化转变为组织管理与内容开发并重,全面提升了政府网站内容质量和服务水平。自 2005 年初,"中国江苏"政府门户网站依据政务公开的需求,新增了 19 个栏目和 40 个版块,其中新增行政审批和网上办事指南多达 120 多项。同年 12 月,江苏省政府办公厅发布了《江苏省政府办公厅关于做好省政府门户网站内容保障工作的意见》,对省政府网站的工作机制和内容保障进行了规范和要求。各地、各部门纷纷建立了相对规范的信息采集、审核、发布、更新机制,严格按照"公开为原则,不公开为例外"的原则,及时上网发布政务信息,使得网上政务信息的数量和质量较往年都有了显著提升,进一步扩大了社会公众对政府事务的知情权。自 2008 年 5 月起,《中华人民共和国政府信息公开条例》正式实施,江苏各级各部门积极加强载体建设,充分发挥政府网站政府信息公开的首要平台作用,致力于为人民群众提供更加方便快捷的信息服务。具体来说,一是规范政府信息公开流程,依据政府信息公开目录编制、受理举报、保密审查等方面的要求,开发并应用相关管理软件,为政府信息公开提供坚实的技术保障。二是设立政府信息公开专栏,包括政府信息公开的指南、检索、目录等相关子栏目,同时设立政府信息公开的意见箱,以便倾听群众对于政府信息公开的意见和建议。三是丰富政府信息公开形式,以政府网站为引领,积极运用移动通信、数字电视等技术手段,创新信息公开方式,拓展信息服务受众,多层次多角度公开政府工作重点和公众关心的热点信息。

2. 在线办事服务基本全覆盖

政府网站设立的主要目的之一就是为社会公众和企业提供在线办事服务。早在 2006 年,江苏省省级机关已有 82.3% 的政府网站提供网上办事指南服务,其中 66.1% 的网站提供了在线咨询功能,48.4% 的网站提供在线申报功能。省辖市政府网站均提供了面向社会的办事指南,多数网站提供了诸如材料下载、办事查询、在线咨询等较为完善的服务,一些网站已将相关政务服务信息全部上网。2008 年前后,江苏省进一步加强在线办事服务功能,一是增加在线办事服务项目,如省级各部门网站在线办事服务项目增加到 500 多项,省辖市政府门户网站的在线办事项目增加到330项等；二是拓展在线办事服务深度，许多部门根据本单位服务对象、服务领域的特点，努力优化在线办事服务项目，如江苏省科技厅的省科技计划管理信息系统、江苏省人事厅的一单式服务系统、省水利厅的行政审批管理系统等；三是拓展在线办事服务方式，如省政府及苏州、扬州、南京等市政府门户网站以用户为中心，设置了户籍办理、养老保险、交通出行、医疗保险、劳动就业、观光旅游等场景式服务。此外，许多政府网站综合运用场景导航、绿色通道、公示公告、一站式服务等功能，实现办事可预约、可查询，提供人性化、实用化服务。

3. 公众参与和互动交流形式多样化

江苏省政府网站在建设和运营过程中，高度重视公众参与度的提升和交流互动形式的多元化，积极拓宽公众参与政府网站建设的渠道，加强反馈渠道建设，以提高政府网站的服务效能和公众满意度。此外，江苏省各级政府网站设计不断优化，重点围绕"大多数用户"的需求重点而发展实用性较强的服务内容，满足用户"好用、够用"的需求，网站架构日趋合理。在线互动交流是政府了解民意民智的一个重要途径。江苏省南京、苏州、无锡、常州、镇江、泰州等市通过网站积极拓展为民服务领域，建立健全与公众互动的机制，及时解答公众关心的问题。具体来说，一是设立领导信箱，并建立办理工作网络和制度，确保事事有着落，件件有回音；二是做好在线访谈，通过文字、音频、视频等技术手段，及时解答政府最新政策文件，在线解答公众关注的问题；三是做好咨询投诉，如江苏省劳动保障厅的12333咨询服务机制、省公安厅的"平安民声"栏目等。此外，许多政府网站就重要市政工程、交通秩序整治、政府服务质量等开展意见征集、网上调查、社会听证活动，推动了政府决策的科学化和民主化。

（三）行政权力网上公开透明运行"三个全覆盖"基本实现

1. 依法全面清理规范行政权力

江苏省法制办根据统一部署，全面规范各级行政机关使的行政权力，涉及行政许可、行政征收、行政处罚、行政强制等多个方面。根据《江苏省信息化发展报告2010》数据资料，对核定保留的行政权力事项进行统一编码,并编制行政职权目录并向社会公布。省市共清理确认行政权力事项 70761 项。对行政权力事项的流程进行优化细化,并编制运行流程图,简化、固化办事程序,省市共审核确认权力运行流程图 50357 个。在行政处罚事项方面,划分不同等次,制定相应标准,科学控制行政处罚裁量幅度,省市共制定自由裁量基准32914 个。

2. 全面规范建设行政权力网上公开透明运行信息系统

江苏省制定并实施行政权力网上公开透明运行信息系统的实施方案,同时制定省市平台数据交换规范以及省级部门系统与省公共平台数据交换规范。根据《江苏省信息化发展报告 2010》的数据资料显示,省级机关 30 家自建单位中有 27 家已经在省级公共平台上运行,而 22 家统建单位全部已具备了网上运行行政权力的条件。另外,江苏省 12 个省辖市已经成功地建设了权力网上运行信息系统并与江苏省公共平台成功对接,部分县(市、区)已建成,其余正在建设中。江苏省全省行政权力网上公开透明运行系统已正式运行,共汇集行政权力事项办理信息 1666 万余条,行政权力库纳入行政权力事项 78577项,内部流程图 40077 个,开始在推动法治政府建设、推进民主政治建设、促进机关作风转变、深化源头治腐等方面发挥积极作用。

3. 同步开发电子监察系统

为进一步推动行政权力在互联网上的公开透明运行,江苏省于2009 年同步研发了电子监察系统。该系统集成了流程监控、预警纠错、投诉处理、绩效评估、监督监察等八项功能,覆盖了行政许可、行政处罚等 11 类行政权力的实时监察。省级电子监察系统的一期开发建设已经顺利完成,并与江苏省行政权力网上公开透明运行公共平台实现了无缝对接。此外部分省级部门和部分省辖市也已经与该系统联网试运行,基本实现"县级以上行政机关全覆盖、所有行政权力事项全覆盖、网上行政监察全覆盖"的目标,有力地推动了法制行政的发展。

(四)业务系统与数据库的建设应用深入推进

1. 重点业务系统的信息化应用

在电子政务建设初期,江苏省各部门积极应用现代网络和信息技术,加强重点业务系统建设,如宏观经济管理信息化、财政信息化。总体来看,这一阶段的江苏省重点应用进展顺利并收到了积极成效,促进了服务型政府的建设。为进一步推动电子政务向深化应用转变,各地、各部门积极推进"金"字工程建设。包括"金财工程""金土工程""金税工程""金信工程"等。其中"江苏省宏观经济社会监测预警及辅助决策支持系统"的研发成功与试运行,为加快"金宏工程"前期研究和立项打下良好基础。

2. 跨部门综合业务的信息化应用

江苏省各机关厅局的信息化水平应用提高后,积极开展跨部门综合应用,拓展了电子政务发展空间并取得积极进展。主要包括:提高决策水平、行政效率和管理能力,如省级应急平台视频会议系统在2008年应对低温雨雪冰冻灾害中提供现场视频信息;电子政务CA证书和电子公章的公文无纸化传输提高公文运转效能;数字化城管平台促进了城市管理水平的提升。综合应急指挥平台是其代表之一,2006年被列为"国家应急平台体系关键技术研究与应用示范"的示范地区,并编制完成"十一五"突发公共事件应急体系建设规划。

3. 数据信息库规划建设不断推进

2005年,江苏省加大基础性、公益性重大信息化工程建设的前期研究,包括应急指挥系统、容灾备份中心等15项重大信息化工程全面启动软课题研究。2006年,江苏省全省企业基础数据库基本建成,为加强税收监控、市场监管、提高政府管理水平提供了有力手段。2007年,江苏省三大数据库基本建立,已在规划、市政、公安、交通、水利、文保等领域发挥效用。同时,政务信息资源共享取得积极进展,政务信息资源共享的标志性工程"诚信江苏"网站和省公共信用信息平台已建设运行,初步实现了企业和个人信用信息共享,提高了政府市场监管和社会管理能力。

(五)信息安全管理能力不断增强

1. 强化信息安全保密责任

2006年,江苏省网络与信息安全协调小组正式成立,统一组织协调全省网络与信息安全保障工作,为电子政务各类应用系统建设与运行维护提供了坚实的安全保障。2007年,根据全省政府系统保密工作会议的要求，各地区、各部门不断完善和加强政府信息系统的安全保密管理制度，严格按照"谁主管谁负责，谁使用谁负责"的原则，认真履行安全保密责任制，切实将责任落实到具体部门、具体岗位和具体人员。

2. 强化信息安全保密检查

依照国家的有关部署，江苏省公安厅、省保密局、省密码局、省信息办等相关部门共同开展了全省信息系统安全等级保护基础调查工作。各地、各部门全面开展自查自纠，对检查中发现的问题进行举一反三，认真进行整改。同时，为了从源头上做好网络安全工作，江苏保密局组织开展了电子政务内网的接入审批工作，对省级机关申请接入的网络进行实地检测，并出具详细的检测报告。只有待接入单位完成整改后，方可接入，以确保江苏省电子政务内网的安全可靠运行。此外，江苏省政府办公厅还会同省保密局开展了全省政府系统保密工作专项检查，省保密委组织开展了全省计算机及移动存储介质保密管理自查自纠和抽查整改工作。

3. 强化信息安全保密技术

江苏省保密局联合省电子政务建设协调小组办公室联合发布了《2008年度江苏省电子政务内网安全保密产品推荐目录》，成功搭建了省电子政务内网违规外联安全监管省级平台，在省委组织部省司法厅等7家单位完成试点，并下发了市级监管平台建设方案。同时，电子政务数字证书系统的一批关键设施建设完成，认证服务能力得到显著提升，商用数字证书在地税、食药监、社保、建设、招投标等领域发放已突破13万张。此外，还不断完善电子政务内外网安全保密技术防护措施，提升应对有害程序事件、网络攻击事件、信息破坏事件、信息内容安全事件设备设施故障及灾害性事件等方面的能力。

4. 强化信息安全保密教育

江苏省严格按照国务院办公厅关于信息安全的"五禁止"规定，全面开展教育培训活动，将"五禁止"规定真正做到深入人心。通过组织观看《涉密信息系统十大泄密隐患》等保密教育专题片，组织学习《社会信息化保密常识》《信息公开保密审查读本》《公务人员信息安全知识读本》等读物，以及参观"国家安全反窃密展览"，组织涉密人员参加全省保密常识普法考试等多元化形式，有效提升了机关工作人员的安全保密意识和安全防范能力，为加强信息安全保密工作奠定了坚实基础。

5. 强化网络安全保障设施

2007年，江苏省电子政务内网平台基本建成，横纵向政务网络实现了互通，大多数省级机关和部分县级机关局域网实现了内外网物理隔离。国家电子政务传输骨干网已延伸到省委、省人大、省政府、省政协、省法院、省检察院，借助国家电子政务外网通道，省监察厅等部门已与国家对口部门实现信息互通。江苏省启动全省电子政务内网违规外联安全监管平台省中心建设工作，各级保密部门组织开展电子政务内网的接入审批工作，确保内网安全。江苏省电子政务/电子商务数字认证系统基本建成，有效的身份认证、授权管理和责任认定机制逐步建立，进一步提高网络安全能力，为各项应用的开展提供了安全保障。

第二节　数字政府建设探索阶段

在进入数字政府建设探索阶段后，江苏省以强化政务公开制度为重点工作，快速建立和完善电子政务的组织协调、顶层设计、项目管理、运行维护、考核评估等工作机制，以推动政务公开在制度化、规范化的轨道上运行。江苏省内的各地级市也积极推进信息共享和资源整合，大力推动业务应用和基层服务，开展了主题鲜明、各具特色的电子政务应用实践，取得了一批有创新、有成效的信息化建设成果。这不仅提高了群众和企业的获得感和满意度，也为今后的信息化建设奠定了坚实的基础。

一　电子政务发展环境不断优化

（一）完善顶层设计和制度体系

1. 强化顶层设计

2016年，中共中央办公厅和国务院办公厅发布了《关于全面推进政务公开工作的意见》，标志着政务公开工作进入了新的历史阶段。

在此政策指导下，江苏省制定了《关于全面推进政务公开工作的实施意见》，从政务公开体系、政府数据开放、"互联网+政务服务"以及公众参与四个方面，明确提出到 2020 年全省政务服务将实现"一号申请、一窗受理、一网通办、一线解决"的战略目标，此外，还提出了基本公共服务事项网上办理比例达到 80%、公众满意度达到 95% 以上等一系列具体量化目标任务。

2. 完善法规政策

2012 年 1 月 1 日，江苏省实施了第一部规范信息化发展的地方性法规《江苏省信息化条例》，这是江苏省信息化建设的重要里程碑。此外，江苏省政府制定并颁布了第一部信息化行政规章《江苏省政府信息化服务管理办法》。为了推进信息化建设，江苏省省政府制定并发布了一系列指导性政策性文件，例如《关于加强全省农村综合信息服务平台建设的实施意见》《关于加快推进城乡社区信息化的意见》《江苏省依托行政权力网上公开透明运行系统加强县级政府政务公开和政务服务建设实施指南（试行）》等。这些政策的出台，不仅为江苏省信息化建设提供了有力的政策支持，也为其他地区的信息化建设提供了宝贵的经验。

3. 制定规划计划

2011 年，江苏省第一个信息化中长期规划《江苏省"十二五"国民经济和社会发展信息化规划》由省政府正式发布实施，这是推进全省信息安全保障体系建设的首个五年规划。此外，还在行政管理发展和改革、教育、现代农业、国土资源、公路交通、数字城乡、水利、审计、工商、统计、食品药品、档案等领域，相继出台了"十二五"信息化规划和三年行动计划。各市也分别制定出台了信息化发展"十二五"规划，例如，《南京市"十二五"智慧城市发展规划》明确提出电子政务作为智慧南京三大领域之一，也是智慧南京总体框架的重要组成部分。

（二）强化管理指导和机制保障

1. 完善制度体系和指导

在信息化标准体系方面，江苏省建立了一批地方标准、应用规范和评价指标体系，包括地区信息化、社区信息化、农业农村信息化、信息安全等方面。工信部电子政务发展水平评估深化试点完成后，江苏省组织各地和评估机构完成测评分析，并编制完成评估发展报告。在省级层面，江苏省政府办公厅电子政务办和省信息中心，联合各地、多部门共同发布了《2013江苏省电子政务发展报告》，对市县政府和省级政府部门信息化系统建设具有较强的指导意义。在地方层面，南京、无锡、扬州、常州、泰州等各地级市的制度体系也在不断完善。

2. 加强组织管理和保障

江苏省内各设区市已加强组织管理和保障，组建专门机构，整合充实相关资源，完善体制机制。例如，南京市成立了市信息中心，承担智慧南京建设的具体推进工作。无锡市组建了信息基础设施建设联席会议，盐城市建立了网络发言人制度。同时，江苏省联合上海政法学院开展了政务公开第三方评估，从评估结果来看，政务公开工作已纳入各市、省级部门的绩效考核范围。同时，江苏省对政府网站绩效考核体系、信息安全保障机制和政策文件发布制度上进行了规范。

（三）深化行政权力网上公开透明运行

1. 巩固"三个全覆盖"工作成果

江苏省规范政府部门行政权力，清理行政权力事项，借助现代信息技术进行防控管理，排查风险。《江苏省信息化发展报告2011》数据资料显示，2010年，江苏省确认72981项行政权力，50357个编制流程图，制定32914个自由裁量基准，并对所有行政权力事项编码上网运行，公开行政执法主体、行政权力法定依据等要素，要求记录全过程，实现实时交换。截至2010年12月底，江苏省行政权力网上公开透明运行系统办件数达到773万件。江苏省加强推进措施，完善工作机制，开展考核验收，成立联合督查组，对县（市、区）进行督查，并召开推进会和现场会，及时分析工作中存在的问题，探索解决办法，各地各部门也因地制宜加强督查考核。

2. 推动"三个融合"工作目标实现

在巩固"三个全覆盖"基础上，江苏省推进行政权力网上运行工作"三个融合"，即行政权力与政务（行政）服务中心审批和服务事项办理融合、与部门核心业务融合、与行政绩效管理的融合。为此，

2011年，江苏省政府办公厅印发《关于深化行政权力网上公开透明运行工作的意见》，着重推进省、市两级"三个融合"，提升县级行政权力网上运行质量。地方层面，制定工作方案，选择12个县（市、区）开展试点，其中4个作为国家试点县（市、区）。加强督查指导，培植典型，认真总结评估，落实整改措施。省级层面，江苏省住建厅专项资金项目监管系统实现财政专项资金项目网上申报、审核、监管、验收和绩效管理。江苏省交通行政权力网上公开透明运行三级联网试点项目实现交通行政权力运行的"上下一致、全省统一"的三级联网层级电子监察。江苏省地税局数据应用研究试点项目建成数据采集平台19个，通过风险应对手段，增加入库税款以亿计。

3. 进一步提升行政权力电子监察水平

江苏省通过优化网上电子监察系统，全方位实时监察行政权力获取并分析权力数据，预警行政行为异常，为政府相关部门提供决策依据。同时，江苏各地各部门升级改造电子监察平台，对所有行政权力实行全程监控、预警纠错、督查督办、统计分析、绩效评估等，及时发现并处理异常情况。同时，加强对行政权力网上运行工作的督查考核，细化分解考核指标，对6个方面进行考核，包括组织管理、行政权力库、权力运行平台、网上政务大厅、行政监察平台、政府法制监督平台等。江苏省加快统一省市县三级权力名称、编码和运行流程，建立制度规范，制定行政处罚裁量基准；依托网上公开透明运行系统，把行政权力网上公开透明运行向乡镇（街道）、村（社区）延伸，实现全面准确发布政府信息，实时规范办理行政职权和便民服务事项，网上行政监察全覆盖。各地、各部门进一步清理规范行政权力事项，排查防控权力运行廉政风险点，提升监察监控水平，深化政务公开和政务服务。

二 地方资源整合和应用发展成效显著

（一）地方信息共享和资源整合

1. 南京市大力推进信息资源共享和综合应用

南京市致力于搭建政务信息资源共享平台，对经济建设、民生服务、企业服务、文化休闲等多个领域以及企业法人单位信息共享、权力阳光运行等项目建设产生了显著影响。同时，南京市还进行了综合政务平台升级改造，推行电子公文平台、行政审批、监察监控、违法建设信息通报、服务业重点项目库建设等工作。此外，南京市还积极推进医疗卫生、智能交通等主题性、综合性重点应用工程建设。

2. 无锡市加快资源整合和服务提升

无锡市已经基本建成全市1∶1000基础地理数据共享平台，在此基础上，进一步开发空间地理信息在公安、环保、市政、城管、建设、应急等多个行业的应用，实现数据共享交换、深化融合和信息增值。同时，积极推进市"天地图"节点建设，实现人口综合信息管理系统与空间地理信息的对应匹配，并进一步完善地下管线数据库，建立市级政务信息资源目录体系等。

3. 扬州市优化数据资源整合

扬州市通过整合全市地理信息、税收、信用等基础数据库至云计算中心，已经实现了市直49个部门的信息交换共享。其中低收入家庭信息比对工程、建设领域信息公开、家庭房屋权属信息、行政权力网上运行、财税收入分析、国地税信息比对等应用系统已通过统一的数据交换共享平台实现了有效衔接。此外，"中国扬州"门户网站群整合95家部门网站，实现了统一网站建设、管理和运维的统一。扬州市还启动了电子政务协同办公平台的建设，整合了公文收发、办公OA等功能，为市直各部门提供统一的办公自动化服务。

（二）地方特色应用和基层服务

1. 无锡市增强公共服务能力

无锡市已成功研发并上线了全国首个出租车手机双向感知叫车系统，该系统的运行极大地缓解了"招车难"的问题。与此同时，智能公交系统也取得了显著进展，已正式开通公交便捷出行手机查询服务；而"感知航道"项目则采用了传感网技术，成功实现了对航道通航状况的智能化管理。

2. 徐州市加强为农和县（市）政务服务

徐州市作为全国100个试点县（市）之一，率先启用了政务公开和政务服务系统，并在全国范围内发挥了示范带头作用。特别是在为农业信息服务方面，徐州市组织实施了"四电一站""四电合一"

"农业一线通"电话语音系统等项目,全市县级农业部门均开通了"12316"农业公益服务热线电话,使得农民能够享受到专家咨询、语音提示查询等便捷化服务。

3. 淮安市加强信息化示范

淮安在社区信息化示范方面,实施了"温馨e家"社区信息化示范项目,构建了"社区受理、街道代理、区级办理"的三级信息服务体系,并新建立"12345"政府公共服务平台,整合市直单位和公共服务部门原有的42条服务热线,实现电话、网络、短信、传真"四位一体"的受理服务。同时,淮安市还加强了淮安市区卫生信息平台的建设,以居民健康档案为基础,实现卫生业务协同与资源共享,构建了管理、应用、监督、考评一体化的运行机制。

(三)地方试点示范和重点项目

1. 苏州市推进重点系统建设

2012年,以"苏州市社会保障·市民卡"为代表的一系列涉及交通旅游、现代农业、智能电网、人口计生、卫生教育、社保民政、环保城管、广电文化等领域的项目纷纷启动或顺利完成建设。同时,全市人口公众查询信息系统以及标准地址公共服务平台也同步启动建设,政务信息综合管理平台的功能不断完善,值得一提的是,电话预约挂号服务平台"一号通"正式投入使用。此外,张家港市被评选为"全面推进县级政府政务公开和政府服务"的江苏省省级试点城市之一,其"网上政务通"工程和新市民积分信息系统的实施有效提升了政府公共服务水平。

2. 常州市提高城市综合管理水平

常州市在全省范围内率先开通数字化城市管理系统,2012年全市"12319"热线的结办率达到了98%以上。同时,常州市还建立了建成规划信息数据库,一套覆盖全市范围的空间数据资源体系已经基本建立。此外,三维仿真辅助决策系统的应用功能不断拓展,综合交通数据分析系统、历史文化资源保护信息系统、工程地质数据库智能系统、城市三维地下管线可视化系统等创新性应用也已经研发成功。常州市还研发了研发城市安保三维智能信息系统以及城市管理与社会治安一体化管理信息系统等创新应用。在城市交通信息化方面,常州市稳步推进工作,已经建成8个基础数据库以及40余套系统平台。

3. 连云港市推进信息公开和信用体系建设

连云港市建设工程建设领域项目信息公开和诚信体系信息化系统平台,顺利实现了企业信用信息、个人重点人群信用信息、行政权力运行信息的数据共享,该系统已成功通过省级验收。数字化城管系统已正式启用并完成各相关部门的网络接入已正式启用12345政府服务热线系统已顺利并入数字城管系统,这为重点规划推进"诚信连云港"建设奠定了坚实基础。据2012年数据统计资料显示,第一批16家市级部门数据已成功归集,入库的企业、社团、个人信用信息已达13万余条。

三 "互联网+政务服务"成为数字政府"总入口"

(一)"网上办"与"掌上办"实践

1. "一张网"平台建设扎实推进

在全国"一张网"与"互联网+政务服务"的统筹指导下,江苏省推进政务服务网建设,充分发挥政府网站作为政府信息公开的第一网络平台的作用。2016年,《国务院关于加快推进"互联网+政务服务"工作的指导意见》和《国务院办公厅关于印发"互联网+政务服务"技术体系建设指南的通知》先后下发后,江苏省政府办公厅会同省政务办对《江苏省政府关于加快江苏政务服务网建设的实施意见》作了修改,加快了江苏政务"一张网"的建设;通过"一张网"的建设和优化,提高了政务服务效率,优化了政府公共服务,提升了政府社会治理能力。江苏政务服务网还与第三方平台支付宝的4.5亿实名用户打通使用支付宝账号登录,即可办理政府部门的业务,并支付相关费用。

2. "江苏12345在线"顺利推进

"江苏12345在线"是一项全新的"互联网+政务服务"的应用项目,作为12345热线的升级版在线服务平台,全面覆盖省市县三级,能够统一联动各部门职能资源。"江苏12345在线"由103家成员单位组成,其中包括90个省级部门单位和13个设区市。该项目整合了线上线下各类服务渠道,包括电话、网站、邮件、微信、微博、APP等媒体,实现了统一建设和渠道联动。同时,"线上"人工服务24小时"不打烊",支持与政务服务"一张网"的全面对接和配套咨询服务。在"江苏12345在线"的统一调度下,省政府部门和各个成员单位能够实现平台和服务的实时对接和互联互通。

3. 多项"互联网+政务服务"成效明显

"我的南京"作为一款综合集成南京市居民各类生活信息的市级公共服务移动应用软件,整合了政府相关职能部门、各类公共事业单位的服务资源和信息,为南京市民提供了与本人密切相关的信息及医疗、交通、政务、便民、旅游等全方位的信息服务,使得广大居民能够足不出户、随时随地享受优质服务和便捷生活。"我的南京"实名用户已经超过1000万,在"互联网+政务服务"的建设过程中成为全国"互联网+公共服务"的知名品牌。江苏公安"微警务"平台的创新建设,优化了城市居民涉及公安的在线服务。江苏公安整合了全省公安机关的相关资源,优化流程、完善机制,不断丰富公安部"互联网+政务服务"平台功能,结合公安行业特点,聚焦"一网通办,便民惠警"的目标,加强应用创新,推进线上线下深度融合,推动公安政务服务整体联动全程在线,提升为民服务水平,让广大人民群众有更多、更直接、更实在的获得感。

(二)全面推进"不见面审批"

1. 网上办

"网上办"是江苏省"不见面审批"改革的重要举措,江苏政务服务网是按照国家"互联网+政务服务"技术建设标准建成的,支持用户全过程评级、开通了支付宝小程序。江苏政务服务网建设推进了基层服务事项"网上办",全面整合了各类线下资源,街道(社区)完成了省一张网的站点维护,实现了集中管理综治、司法、信访以及民政等职能,借助"一张网"丰富了不见面审批的服务场景。

2. 集中批

江苏省积极推动相对集中的行政许可权改革,建立行政审批局,使审批事项由在多个不同部门间的流转转变为仅在审批局内部进行,有效地解决了审批事项流程冗长、公章繁多、材料繁杂以及收费混乱等诸多"痛点"难题。

3. 联合审

江苏省积极推广"五联合一简化""多评合一""网上联合审图"的先进经验与实践，全面构建"线上受理、联合审图、集成服务、综合监管"的不见面审图新模式。近年来，淮安市、南通市以及泰州市等地纷纷推出数字化联合审批系统，实现施工图在线提交、在线审图、在线反馈以及在线查询，基本就能够在 7 个工作日内完成审批工作，极大地降低了企业运营成本。

4. 区域评

江苏省《以"区域能评、环评 + 区块能耗、环境标准"取代能评环评工作机制试点工作的方案》出台，旨在对环境影响评估、能源评估和安全评估等领域进行区域性评估，从而替代区域内每个独立项目的重复评估。这将实现"独立评估"向"集中评估"的转变。

5. 代办制

2017 年，南京市江宁区创新实施了预审代办制度。通过"预审审批 + 无偿代办"模式，有效地缩短了项目投资审批的周期。每个项目都配备一名专门的代办员，项目单位可根据需求提出代办申请。政府各职能部门通过线上预审代办系统，进行预审批和并联审批。在预审通过后，企业仅需补齐土地手续，即可实现快速完成正式件的转换。此举有效拉长了全程代办的链条，健全了预审联办平台。从项目立项到开工建设的 20 多个审批环节，最快可以在 30 个工作日内完成。通过代办制度，政府部门充分发挥成为企业的"店小二"的角色，大大节省了企业的时间和成本。

6. 不见面

江苏省政府积极推动审批结果的"两微一端"推送快递送达和代办送达等服务模式。截至 2017 年，江苏邮政 EMS 快递服务已覆盖全省 121 个政务服务中心，覆盖省市县三级政务服务中心，有效实现了"少跑腿"到"不跑腿"的转变。据统计，此举共发送审批结果 240 万份，国税系统快递发票近 1.2 亿份，节省了近 250 万小时的办税时间，节省的办税成本高达数亿元，并减少了近 300 个办税窗口。

第三节　数字政府建设发展阶段

在江苏省数字政府建设的发展阶段，物联网、互联网＋、大数据、人工智能以及区块链等新兴科技成为构建数字政府优势的关键推动力量。在稳步推进建设一个互联互通、信息共享、业务协同的政务服务"大系统"的同时，江苏省高度重视数据治理和数据资产化，有效地推动了数字经济的繁荣发展，并积极推进数字乡村和智慧社区等政府精细化、现代化治理。

一　基础设施建设亮点纷呈

（一）网络基础设施：布局网络建设工程

1. 宽带网络升级工程

首先，江苏省政府坚决支持5G技术研发及应用，率先推进5G试验和商业服务。其次，江苏省加大宽带网络扩容力度，加速建设互联网国际通信专用通道建设。最后，江苏省大力实施"光网城市""光网乡村"工程，深入推进"企企通"工程建设。同时，江苏省还积极持续推动宽带网络优化升级，降低固定宽带和移动数据流量资费，并取消了国内手机长途漫游费用。在中央财政补助资金的支持下，江苏省地方政府也在积极推动全省所有行政村宽带网络接入速率的提升。

2. 窄带物联网建设工程

首先，加快发展低功耗广域网技术，即窄带物联网（NB－IoT）技术，同时，加快推进物联网感知设施的规划和布局，以及发展物联网开源应用。其次，加大对窄带物联网（NB－IoT）网络部署的力度，以提供更好的网络覆盖和服务质量，尤其是在省域范围内。最后，推动窄带物联网（NB－IoT）的规模化商用落地，以及加强在公共服务领域、个人生活领域的推广应用。值得一提的是，江苏省无锡市在全国范围内首次实现窄带物联网的全域覆盖，并成为全国第一个实现物联网连接规模超过千万的地级市。

3. 下一代互联网（IPv6）建设升级工程

首先，江苏省全面推进移动和固定网络的IPv6发展，实施了LTE

网络端到端 IPv6 改造和移动终端对 IPv6 的全面支持等重要举措，进一步提升了 IPv6 网络的互联互通能力。其次，江苏省加快互联网典型及创新特色应用对 IPv6 的升级改造，同时也开展了政府网络 IPv6 改造与工业互联网应用，以期实现更好的发展效果。最后，江苏省积极推动下一代互联网（IPv6）与移动互联网、窄带物联网的协同应用，与此同时，同步推进国家未来网络重大基础设施（CENI）建设工程，以期为用户提供更加优质的网络服务。

（二）IT 支撑系统：开展云服务提升计划

1. 推进公共服务云化

江苏省政府致力于打造一体化云服务平台，包括政务云、医疗云、文化云、体育云、教育云等，以此促进电子政务集约化建设并推动云政府的转变。在数字化服务普惠应用方面，江苏省积极推动建设江苏公共文化云，以实现全省公共数字文化服务的互联互通。这包括推进公共图书馆、文化馆、美术馆、博物馆等公共文化场馆的数字化发展，以及打造一批"不谢幕的剧场""不停演的广场""不落幕的展览"。此外，江苏省也在加快建设融合了 5G、大数据、云计算等信息技术的数字体育平台，以促进体育场馆活动预订、赛事信息发布等整合应用，以及推进智慧健身步道、智慧体育公园、智慧健身中心、智慧健身馆等的建设，从而提升公共体育服务智慧化水平。

2. 大力推进"企业上云"计划

以推动云计算创新应用为重点，致力于建设工业云、企业云和中小企业"e 企云"。通过高速互联网络，企业可以将其基础系统、业务、平台部署到云端，便捷地利用网络便捷地进行计算、存储、应用等操作。通过实施上云，企业能够有效降低信息化建设和运维成本，同时基于数据可视化、设备可视化实现节能减排、经营管控能力增强、生产效率提升、业务模式优化。

3. 打造多样云平台群

一是智慧江苏门户云平台群，即聚集省级公共服务大数据资源与各类应用，构建全景式、全覆盖的省级公共服务平台。二是政务服务云平台群，即将全省政府网站打造为更为全面的政务公开平台、更加权威的政策发布解读及舆论引导平台，以及及时地回应关切与提供便民服务的平台。三是民生服务云平台群,旨在深化"互联网+民生服务"应用,推动互联网向民生服务领域进一步渗透。

(三) 基础技术更新:加大新一代信息技术应用力度

1. 物联网技术

物联网技术(Internet of Things,IoT),指通过各类智能传感器、全球定位系统(GPS)、红外感应系统等设备,实时收集人类或物体的特征信息以实现智能化的感知、识别和动态管理。物联网技术以其强大的感知能力实现了人与物的互联互通,形成了万物互联的物联感知布局,因此,在与自动检测自然环境和人造物品紧密相关的政府部门中,物联网技术得到了应用广泛。

2. "互联网+"技术

"互联网+"技术涵盖众多领域,而政务微博和政务微信等政务新媒体是其在政府治理领域中的重要表现。例如,在江苏省委网信办与人民网舆情数据中心发布的"2022年江苏省政务和重点新闻媒体微博微信排行榜"中,"南京发布"荣获政务发布微博冠军,"苏州发布"荣获政务发布微信冠军。其中,全年政务服务微博账号共有209篇微博帖文的转评赞互动量超过1000次,全年共有15个政务服务微信账号的篇均阅读量在5000人次以上。近年来,政务新媒体从"两微一端"发展至实时分享,从音频平台拓展至短视频领域,成为政务公开和政务服务的重要平台。

3. 大数据技术

随着数据采集、存储、计算以及关联分析过程的持续推进,政府部门得以积累大量的数据资源,对于此类规模巨大、来源分散、格式多样的数据进行预处理、建模、开发以及可视化等迭代分析的过程,正是大数据技术发挥核心作用的关键。借助具备容量大、类型多、存取速度快、应用价值高等显著特征的数据集合,大数据技术得以发展并成为新一代信息技术和服务业态,为创造新价值和提升新能力提供了有力支持。同时大数据技术在领导决策科学化、公共资源配置合理化、公共服务人性化以及政府运行整体化和智慧化等方面也发挥了重要作用。

4. 人工智能

人工智能技术(Artificial Intelligence Technology,AI),作为一种

新兴技术，其核心在于运用计算机和机器以模拟人类思维的过程。在推动国家治理能力和治理体系现代化的过程中，人工智能技术逐渐呈现出深度学习、跨界融合、人机协同、群智开放、自主操控等新的特性，对内，人工智能技术有助于重新设计政府流程，提升政府决策科学性，同时有效地缓解了政府公共服务领域紧张的人力资源紧缺的问题，减轻了办事人员的工作负担。对外，人工智能技术有助于改善政府与公众之间的沟通互动，提高人民群众的获得感、幸福感和安全感。

5. 区块链技术

在面对大量且多样、来源广泛的数据信息时，如何确保国家信息安全和公民隐私保护显得至关重要。而区块链技术的出现，恰好能够解决这个问题。区块链是由多个参与方共同记录和维护的分布式数据库，该数据库通过哈希索引形成一种链式结构，并利用密码学技术确保数据的完整性和不可篡改性。这种技术为不同的组织和机构在非信任环境下建立信任提供了可能性，使任何一方都无法篡改、抵赖或制造假数据，即区块链技术的去中心化、加密传输、可追溯性、独立性、安全性等特性，不仅降低了电子数据取证的成本，而且成为"信任网络"的强大基石，带来了建立信任的模式转变。因此，区块链技术具有非常广阔的市场前景。

二　政务服务能力持续提升

（一）加快部门内部信息系统清理整合

1. 摸清全省政务信息系统底数

首先，省政府各部门需对本部门政务信息系统建设应用情况进行全面自查；其次，省政府各部门需提出本部门需要清理整合的信息系统清单及需接入共享平台的信息系统清单；最后，由省审计厅牵头、各相关部门配合，共同完成对省政府各部门的政务信息系统的审计，全面摸清各部门政务信息系统的底数。按照省市县联动、同步清理的工作要求，对省级机关单位的移动互联网应用程序进行全面排查，在摸清底数的基础上细分为政务新媒体、政务APP和公务工作群组三大类，根据"实事求是、能减尽减"的原则，分类处理。

2. 摸清全省政务信息资源底数

首先,根据国家颁布的《政务信息资源目录编制指南》,全省各级政府部门和地区全面完成了本部门和本地区政务信息资源目录的编制。其次,对已掌握的信息资源进行了深入梳理,进一步构建了全省政务信息资源目录体系。最后,推进并完善了权力清单、责任清单的编制工作,明确了全省行政权力事项的动态管理。在全省范围内开展了公共数据资源核查工作,摸清了政务信息资源的拥有情况以及信息共享的需求情况。

3. 清除"僵尸"信息系统

尽管各地区政务信息系统的类型逐渐丰富,但部分政府及部门网站仍存在业务重合的问题,甚至存在"网页信息长期未更新、陈旧的界面早已无法办理所需业务、被告知服务不可用……"等问题,这些问题充分反映了"僵尸"平台运营效率低下、浪费公共资源。针对此问题,江苏省已要求各部门完成相关清理工作,包括但不限于功能可被其他系统替代、停止运行维护停止更新服务,以及使用范围小、使用频度低的"僵尸"信息系统。

(二)加快"一网络、一平台、两网站"建设

1. 打造全省一体化网上政务服务平台

政务网络涵盖电子政务内网与电子政务外网。为加速推进江苏省一体化网上政务服务平台的建设,一方面,积极推动政府内部网络的建设与应用,优化电子政务,全方位推动政府各个部门的涉密政务信息系统向电子政务内部网络转移。另一方面,由江苏省政府办公厅主导,持续推进省电子政务的外网建设,积极扩大政务网络的覆盖范围,以满足政务服务的应用需求,着力提升电子政务网络支撑能力,立体化推动政府各个部门非涉密政务信息系统向省电子政务的外网的整合迁移。

2. 建立全省统一的数据共享交换平台

依托电子政务外网,国家政务数据共享交换平台初步建成,是各级政府部门信息共享的"大通道""总目录"和"总枢纽"。江苏积极推动政务数据共享,构建省市一体化大数据共享交换平台体系。在制度规范上,江苏省出台了系列政策和标准规范。在基础数据库建设

上，江苏省建立了联席会议制度并发布了基础库数据清单。在共享应用上，江苏省通过政务数据共享应用，实现了政务部门的业务协同和民生服务事项的"不见面审批"。

3. 建设省公共数据和政务数据共享开放网站

依托电子政务外网和省政府门户网站，江苏省建设了省公共数据开放网站，以推动政府部门、公共企事业单位的原始性、可机器读取、可供社会化再利用的数据集向社会公开，从而激发和引导公共数据的社会化开发利用。同时，江苏省还构建了政务信息共享网站，作为省级数据共享交换平台的门户，支持政府部门间跨地区、跨层级的信息共享与业务协同应用，进一步推进各部门、各地区政务信息共享服务的发展。

（三）健全大数据共享交换体系

1. 完善公共基础数据库

开展基础数据资源建设工程，完善基础信息资源库，包括自然资源和空间地理、宏观经济、公共信用、人口法人等，以及健康、就业、社会保障、能源、统计、质量、国土资源、环境保护、农业、安全监管、城乡建设、企业登记、旅游、食品药品监管、公共安全、交通运输、教育科研、审计等重要领域信息资源库。加快基础数据以及重点领域数据的共享接入，鼓励市级及以下政府部门单位建设分政务数据共享开放平台。通过扩建功能系统、完善省市互联大数据共享交换体系，进一步加快公共数据资源归集和共享开放，建立基础信息资源动态更新机制，逐步形成开放统一的公共基础数据库。

2. 积极培育数据要素市场

构建一个分工协作的数据流通交易产业体系，广泛引进设计数据采集、清洗加工、技术研发、价值评估、交易流通、融合应用等全链条的企业，形成一个全面数据要素流通交易、数据资源开发利用的完整产业链，在此基础上，创建一个充满活力的数据要素市场。同时，探索建立一个具有地方特色、市场化主导的功能完备、高效便捷的数据交易服务机构，创新数据交易方式和商业运营模式，搭建数据供需双方互联互通的桥梁，以数据要素创新应用促进经济高质量发展。

(四)发挥"互联网+监管"优势

1. 提高市场监督管理效能

深化"双随机、一公开"监管,推动信用监管创新模式,实现线上线下一体化监管,推动市场监管现代化。提升市场监管信息化水平,建里"互联网+智慧监管""互联网+综合应用""互联网+公众服务"三位一体的监管体系,实现全过程全链条监管,构建政府监管精准长效、企业守法自觉自律、公众监督群策群力的市场监管新生态。激活检验检测服务体系,升级"泰检易"质量基础设施一站式公共服务,建立供需信息精准匹配的渠道,实现企业、院校、社会机构中的检验检测力量的互联互通。创新信用大数据监管模式,加强涉企信息统一归集应用,运用信用分级分类数据开展差异化精准化监管,实现"双随机、一公开"监管与信用监管有效衔接。

2. 提升国资国企监管水平

全面推进国有资产监管从"管企业"向"管资本"转变,强调授权与监管相结合、放活与管好相统一。在加强国有资产布局、形态和运营分析的同时,构建一体化的国有资产综合监管一体化体系。规范国有资产监管数据标准规范,全面掌握企业的基本信息、财务管理、产权管理、投资管理和"三重一大"等信息。创新监管应用,通过问题发现、趋势分析、预测对比等方式,打造动态化、协同化和智能化的新模式。

3. 加强智慧审计监督建设

围绕审计管理及审计作业的全方位全过程,致力于推进现代信息技术与审计业务的深度融合,创新数据审计方法与手段,构建一个智能互联、安全高效的审计管理体系。倡导构建智慧审计新模式,开展数字化审计、固定资产投资审计、自然资源资产审计等全方位、全过程审计,探讨实现审计机关与审计现场信息互通与共享的有效途径。推进大数据审计的应用,在审计项目中积极实施多源数据的关联分析与挖掘,优化和规范数据分析工作流程以及"双主审、双方案、双报告"模式,努力探索实践无项目审计工作机制。

4. 推动公共资源交易数字化监管

借助于省公共资源交易一体化体系及交易服务系统,全面推动公共资源交易的电子化进程，加速构建规则统一、公开透明、服务高效、监督规范的公共资源交易体系，实现统一受理项目、统一预约场地、统一抽取专家、统一发布信息。在此基础上，加强公共资源交易的智能化应用，推动公共资源"一站式"不见面服务的发展，扩大"不见面审批"类别扩大和提升服务质量，为市场主体提供更优质更便捷的服务。创新"数字化"监管新模式，强化公共资源交易业务数据统计分析、围串标分析等应用，促进传统监督向在线监督和社会监督转型，全力打造"规范公开、阳光透明"的公共资源交易环境。

5. 打造城市智能管理新模式

依据"精致建设、精细管理、精美呈现"的理念，结合城市品质提升的需求，整合全市城市管理数据资源，强化城市管理数据的分析与应用，研究燃气管理、垃圾处理、城管执法等多个领域的智能化模型。构建一个集感知、分析、服务、指挥、监察等功能集成的"智慧城管"平台，优化管理执法服务模式，强化对各业务领域的监管，实现行业监管、综合指挥、整体考核、数据呈现、研判分析的交互与联动。完善"互联网＋监管"系统，整合、改造、接入各部门现有监管业务系统，推进监管事项的标准化，丰富监管主题库，增强数据支撑能力，提升风险预测预警水平，从而有效提高监管的精准度和智慧化水平。

三 社会领域信息化应用成效显著

（一）数字乡村建设

1. 推进农业农村现代化设施建设

一是强化数字技术的引进与应用，全面推进乡村新一代信息基础设施振兴工程、智慧广电乡村工程等乡村现代化设施建设，提升农村光纤网络水平和覆盖深度，实现城乡信息通信网络服务能力一体化。二是全面提升农业科技现代化水平，紧盯世界农业科技前沿，加快推进农业关键核心技术攻关，加强成果转化应用，提升农业科技装备水平，实施种业振兴行动、智慧农业升级赋能行动等，为加快农业农村现代化提供坚实的科技支撑。

2. 打造数字化现代农业生产体系

一是在农业生产领域积极推广物联网技术的全程应用，以推进农业生产智能化的发展。二是设立一批数字农业示范推广基地，深度应用数字技术于种植、养殖、农机作业、农产品加工等领域，如推动环境调控、物联感知、水肥一体化喷滴灌等技术产品在设施农业和大田种植中的广泛应用；推进畜禽和渔业养殖环境实时监控、精准投喂、病害监测预警等数字技术装备的普及应用等。

3. 提升农业经营网络化水平

一是积极推进信息技术在农业产业链全过程的应用，包括建设农产品"保供、稳价、安心"线上平台，完善农村电商生态链，实现"互联网+"农产品出村进城工程建设。二是促进农产品产供销数字化对接，形成农产品网络销售的运营服务体系、供应链体系以及支撑保障体系。三是支持各类新型农业生产经营主体发展在线交易，包括实现在线农情调查、项目申报、政策保险、金融保险等方面的服务。四是推动人工智能、大数据等新兴数字技术在农村实体店的应用，促进农产品线上线下渠道的融合发展。

4. 推进农业大数据应用

一是加强全市涉农数据资源与数据中台的联通，畅通数据的"上传下达"通道，健全益农信息社的长效运行机制，对接省农产品追溯平台，开展农产品质量追溯。二是在种植、养殖、农机作业、农产品加工等领域深度运用数字技术，打造了一批数字农业示范推广基地。三是运用数字化追溯技术提升兴化大闸蟹、河横大米等特色品牌的影响力，开展农村信用评价，积极发展数字乡村新业态。

5. 助力更加融合发展的数字乡村

一是建立和完善农业农村定点定位网络监测体系，以便同时实现对"生态宜居"和"治理有效"的关注。具体而言，该体系将实现乡镇环境空气质量自动监测站点的全面覆盖，以期实现环境的优化；同时，也将深化平安乡村建设、优化农村治安防控体系，以期实现社会的和谐稳定。二是加快乡村教育信息化建设，优化农村公共卫生信息服务，加强新农民新技术教育培训，实现"乡风文明"的目标。三是构建支农惠农的服务体系，加速提升农业管理服务水平，为各类农业生产主体提供点对点的及时精准服务和一站式农资供求服务，以期实现农业的高效发展。

(二) 便捷宜居的智慧社区

1. 统筹智能化设施建设

为满足社区居民对美好生活的需求，并推动基层自治为出发点，江苏省通过社区数字化平台与线下社区服务机构的联合，将城镇老旧社区的改造和智慧社区的建设相结合，鼓励社区配备小区门禁系统、车牌抓拍系统、视频监控设备、智能充电桩、智能烟感报警器以及智能分类垃圾箱等智能化设备，以提升社区的数字化水平，实现小区和单元门禁的全面覆盖，以及重要点位监控的无死角。

2. 推进政务服务门口办

整合党群服务中心、社区服务中心等公共资源，推动政务自助服务终端进驻社区，设立"家门口"服务站，全力推动政务自助服务终端全面覆盖社区。集成各部门服务资源，编制政务服务清单，实现"不出社区"自助办理跨部门、跨区域个人事项，打通服务群众的"最后一公里"。

3. 提供便捷社区生活服务

一是围绕社区居民24小时生活需求，推动多样化的生活服务系统建设，致力于打造"优质生活零距离"服务场景，建设便民惠民智慧服务圈。二是聚焦文旅、交通、社区等重点领域，推动各类场景数字化，发展全方位、多渠道、精细化的一站式生活服务，通过融合线上线下的公共服务渠道全方位丰富群众数字生活体验，逐步实现以未来社区为载体，构建和谐有序、绿色文明、共建共享的社区治理体系。

4. 完善城市智能化基础设施

在技术层面，加大物联网技术在城市基础设施领域的应用力度，积极推动卫星通信与地面信息基础设施融合发展。同时加速融合型家庭网关、家庭智能终端和家庭多制式传感器的普及布设。在应用层面，加快建设数据中心、云计算中心、灾备中心和安全认证中心等功能性信息基础设施，并强化信息基础设施与市政、公路、铁路、机场等规划建设的衔接，以智慧城管建设工程、智慧水务建设工程、"雪亮工程"等为重要抓手，助力提升城市管理科学化、精细化、智能化水平，为打造建设人民满意的幸福城市做出积极贡献。

（三）多领域的数字化民生服务

1. 提升智慧校园建设品质

江苏重视数字技术与教育资源互嵌融合。智慧校园建设顶层设计包括《江苏省人民政府关于推进智慧江苏建设的实施意见》和《关于推进智慧教育的实施意见》，将智慧教育、智慧校园建设纳入智慧江苏发展大局统筹谋划。技术应用上，打造智慧校园品牌，创新建设智慧课堂，物理空间与网络空间一体化，推进人才培养模式变革，深度融合信息技术、智能技术与教育教学。保障机制上，支撑智慧校园发展，重视经费投入和人才队伍建设，构建信息化研究、培训、活动体系，提高师生数字素养和应用能力。

2. 构建智慧医疗服务体系

搭建统一的全民健康信息平台，实现业务协同，基本建成全员人口、电子健康档案、电子病历三大数据库。提升医疗卫生机构智能化水平，电子病历结构化、标准化水平，促进医疗卫生信息互联互通。发展"互联网＋医疗健康"服务，推进互联网医院建设，提供整合式互联网医疗服务。提高医疗应急指挥能力，建设统一的卫生应急指挥平台，推进与公安、交通运输、应急等部门协同联动，实现急救病人"上车即入院"。加快落实全国医保信息平台一体化建设任务，保障全省统一医保信息平台顺利上线，全面推广应用医保电子凭证和电子社保卡。

3. 促进智慧养老服务发展

第七次人口普查数据资料显示，江苏省整体的65岁以上人口占比16.2%，已进入老龄化阶段，需加快推进"老有所养、老有所依、老有所乐、老有所安"。一是加强精准养老和服务监管，应用"精准画像"技术满足老年人需求，实现服务监管的智能化；二是打造多元化健康养老服务，依托智慧社区建设，健全居家养老服务网点，构建功能互补的养老服务体系，实现智能医养服务融合发展；三是推进智慧养老示范试点，以失能、独居、空巢老年人为重点，引入适老化智能设备，保障好老年人基本养老服务需求，兜底养老服务安全。

第六章

江苏数字政府建设创新体系

数字政府建设是国家治理体系和治理能力现代化的重要组成部分，是落实习近平总书记关于数字中国建设的重要指示精神的重要举措。数字政府建设是一项综合性、系统性工程，是互联网发展与信息技术的深度融合，也是推动政务服务方式转变的关键环节。在省委省政府的领导下，江苏省高度重视数字政府建设，全面推动数字政府建设，不断强化顶层设计和战略引领，积极构建政务服务新模式，推动政务服务能力持续提升，取得了显著成效。

第一节 江苏数字政府的建设现状

党的十九届四中全会强调，坚持和完善中国特色社会主义制度，推进国家治理体系和治理能力现代化。江苏作为全国重要的经济大省，近年来深入贯彻习近平总书记关于数字中国建设的重要论述精神，积极融入国家重大战略。在全面推进"强富美高"新江苏建设的过程中，江苏省始终坚持"以人民为中心"的发展思想，全面加快数字江苏建设步伐。江苏省在数字政府建设过程中，坚持深化"互联网+政务服务"，推进政务服务"一网、一门、一次"改革，全力提升全省政务服务水平，加快推进政府数字化转型，为政府治理现代化提供有力支撑。

一 江苏省数字政府建设的创新探索
（一）政务服务"一网通办"
近年来，江苏省认真贯彻落实党中央、国务院和省委省政府关于深化政务服务改革，转变政府职能，深化"互联网+政务服务"，推进政务服务"一网、一门、一次"改革，加快建设全国一体化在线政务服务平台，建设"互联网+监管"系统等相关要求，大力推进政务服务改革重点任务，实现"不见面审批（服务）"。江苏省依托一体化在线政务服务平台，加快实施"互联网+政务服务"战略，让"数据多跑路，群众少跑腿"，努力提升政务服务水平，为政府治理现代化提供有力支撑。

一是率先建设江苏政务服务网，"一网通办"能力持续加强。2016年8月，江苏省委省政府主要领导分别就"互联网+政务服务"作出重要指示，要求"整合资源、统筹建设，更好地方便群众办事"以及"要抓紧推进"。2017年4月，省政府印发《关于加快江苏政务服务网建设的实施意见》。2017年6月，江苏政务服务网正式开通，实现全省统一的技术方案和业务规范、全省统一的政务服务门户等八个方面的统一，作为全省"互联网+政务服务"的基础性平台和全省一体化在线政务服务平台的总枢纽和总入口。2018年12月，省政府办公厅发布了《关于进一步推进"互联网+政务服务"深化"不见面审批（服务）"改革工作方案》的通知，提出依托江苏政务服务网，加快构建一体化的网上政务服务体系，推进跨层级、跨地域、跨系统、跨部门、跨业务的协同管理和服务，推动企业和群众办事线上"一网通办"，线下"只进一扇门"，在更高层次实现"不见面审批（服务）"，以利企便民的方式不断优化江苏省营商环境。2020年12月，省政府办公厅发布了《关于加快推进政务服务"省内通办""跨省通办"实施方案》，推动《全国高频政务服务"跨省通办"事项清单》的全面落实。

二是创新建设一体化在线政务服务平台，构建整体数字政府。2019年3月24日，江苏省政府发布《关于加快推进一体化在线政务服务平台建设的实施意见》，全面对接国家政务服务平台，参与起草文件，制定国家平台政务服务门户网站建设、政务服务基本目录和实施清单等标准规范。目前已完成政务服务管理数据库、政务服务门户、政务服务移动端等八项重点对接任务，并示范开通江苏政务服务旗舰店等。推进政府服务一体化，统一管理、分级维护，在江苏政务服务网上统一公布"三级四同"标准化权力清单和标准化服务指南，实现清单动态更新，以标准化、规范化建设为抓手，推动政务服务向基层延伸，构建五级政务服务体系。促进公共支撑一体化，实现电子政务外网支撑，完成身份认证系统建设，加快电子印章系统建设，推进电子证照系统建设，加强政务数据衔接共享。推进综合保障一体化，完善平台标准体系，加强网络和安全保障，完善平台运维服务机制，强化咨询投诉"一号答"和政务服务评价。

三是深化移动政务服务"掌上办""指尖办"成为新趋势。2018年6月28日，江苏政务服务APP 4.0版本成功上线，在国内率先发布支付宝小程序，同时还推出微信小程序，升级发布微信服务号。以这四大核心产品为标志，江苏政务服务平台在公安、医疗、人社、教育等领域逐步建立起了完整的生态系统。该平台积极推动覆盖面广、应用频率高的政务服务向移动端延伸，适时推出了高考成绩查询、社保查询、公积金查询提取、购房证明、不动产登记网上预约、婚姻登记预约、城乡居民医保缴费、市内户籍迁移等热门应用，使得人民群众的获得感不断提高。2021年7月5日，江苏12345热线小程序在微信平台正式上线，成为企业、群众快速诉求的掌上入口，也是江苏政务服务向基层延伸，政务信息向企业、群众及时传递的综合媒介。在试运行的5个月期间内，12345小程序的用户数迅速增加，达到了1.5万，共接收了近7000件诉求，服务满意率达95.2%。"指尖政务"生动诠释了服务型政府，畅通了民意反馈渠道，让群众随时随地就可以上传自己诉求，在最短的时间内得到回应，一问一答间，民意沟通桥梁新架起，政府与群众的距离迅速拉近。

（二）城市运行"一网统管"

智慧城市是新型智慧城市的重要组成部分，是世界各国城市化进程中普遍形成的发展模式。当前我国城市正在从传统经济社会发展模式向新型经济社会发展模式转变，从高速增长阶段转向高质量发展阶段。实现这一转变的关键是抓住数字经济的发展机遇，大力发展以大数据为核心的新一代信息技术，使城市运行管理更符合社会发展趋势，更符合人民群众诉求，更符合城市发展规律以及城市可持续发展的要求。近年来，江苏省政府一直高度重视城市数字化建设。2021

年8月31日，省政府办公厅发布《江苏省"十四五"新型城镇化规划》，明确了江苏省新型城镇化的发展目标。目前，江苏正围绕"数字赋能、系统集成、协同高效"的总要求，积极推进城市运行"一网统管"，构建数字城市的治理体系，为江苏高质量发展走在前列营造良好的社会环境。

一是大数据对城市管理决策和资源整合利用的支撑。以城市运行综合管理平台为依托，积极构建以城市运行为核心，汇集城市管理领域各种数据为基础，集视频监控、物联网、大数据分析技术和人工智能技术为一体的城市管理新模式和新机制，全面提升城市治理水平，努力打造成新时代城市治理新标杆。根据实践经验和城市治理的需求，宿迁市以"一屏观全城、一网管全城、一端惠全城"的目标为指导，重点关注城市治理、民生服务和智慧经济三大领域。为了推进"综治、城管、应急"三个网络的融合，宿迁市构建了"大综治、大城管、大应急、大交通"四大治理体系作为核心，并依托新一代信息技术如大数据、云计算、人工智能、物联网和5G等进行支撑。在具体实施过程中，宿迁市积极整合各类资源，深入推进数据、系统、网格、资源、业务和人员等要素的有机整合。同时，致力于不断完善城市运营管理服务平台，构建了"1+9+N"的三级指挥体系和"1334+N"应用体系，旨在实现指挥调度、协调联动、综合分析、预测预警、高效便民和效能监察六大功能，打造了以"一网统管"为核心的智慧赋能城市治理现代化的典范，为其他地区提供了有益的借鉴和参考。

二是通过打造智能感知、智慧城管系统以提升城市治理能力。在推进城市运行"一网统管"建设中，注重"以感知促治理、以感知促发展"，探索"可感、可视、可控、可治"的数字化治理新模式。通过统一建设城市运行及管理系统、信息系统及智能平台、支撑服务设施和专业人员，解决城市运行管理中各类问题。同时，构建城市感知网络，为城市感知系统建设提供支撑；整合感知数据，为城市运行智慧化提供有力保障。以泰州市为例，该市建设了全市统一的视频云平台；打造了"智慧交通"，实现绿波动态协调控制，推进了"大数据+网格化治理"，汇聚了"人、地、事、物、组织"等数据资源

145类2300万余条。苏州市城管局则对照"一流城市要有一流治理，要注重在科学化、精细化、智能化上下功夫"的要求，以"一体化、一盘棋、一张网"为思路，探索推行了"大数据+城市管理"模式，从而不断提升城市"智治力"，构建起了新型智慧城市治理新格局。

三是整合业务系统，强化业务协同，探索构建联动机制。江苏省围绕全省政务服务一体化协同，将打造新型政务服务体系融合支撑平台、政务云服务平台与移动终端等新型应用的能力共享应用接口平台、政务大数据共享交换平台与各级政府业务系统互联互通平台。2022年初，江苏省启动数据汇聚治理专项行动，旨在利用现代信息技术手段对各类数据进行采集、清洗、挖掘、分类等处理方式，从而实现全量化的数据汇聚、标准化的数据治理以及场景化的数据开发，确保数据真实、完整、准确、通用。这一行动能够有效实现数据资源的优化配置和高效利用，推动数字经济的发展，促进社会各个领域的创新和协同发展；能够更好地拓展数据的应用领域，推动数据驱动的智慧江苏建设，为广大人民群众提供更好的公共服务和生活品质。

（三）政府运行"一网协同"

江苏省政府积极探索实现政府系统运行的"一网协同"，即政务运行大数据资源管理的"一网协同"，以此为目标，探索搭建面向省级党政机关工作人员，能够满足日常办公过程中跨层级跨单位沟通、共享、协作需求的平台。江苏省政府正在积极推进政府内部数字机关建设，大力推进数字政府建设与业务应用深度融合，以期实现政府内部"一个业务、一个窗口"、跨部门"一件事""一网通办"的服务体系。在建设数字政府的过程中，江苏省政府注重加强数据融合，统筹推进各行业、各领域政府应用系统的集约化建设和互联协同，充分发挥数字化对政府履行经济调节、市场监管、社会管理、公共服务、生态环境保护等职能方面的重要支撑作用。江苏省政府强化系统理念，依法推进数据高效共享和有序开发利用，整体推进技术融合、业务融合、数据整合，提高跨层级、跨区域、跨系统、跨部门、跨业务的协同管理和服务水平。

一是加强顶层设计，统筹推进部门内部数字机关建设。江苏省推进电子政务资源的整合，构建包括整体协同、数据驱动的电子政务服务业务、科学决策业务、协同监管业务等在内的整体框架，构建协同高效的政府数字化履职能力体系，从而不断提高政务服务效能。结合对政务数据的深度挖掘，打造基于数据驱动的智能决策系统，实现对各类业务的智能预测、辅助决策及服务。应用系统可根据实际需求对系统进行业务系统规划、设置及业务流程再造，并根据业务需要，实时调整业务流程和资源配置方式，以不断满足业务发展需求，最终实现业务流程"一张网"、资源共享交换机制"零距离"、流程审批即时办结等目标。

二是强化对数据的汇聚共享。江苏省已建成全省一体化大数据共享交换体系。截至 2021 年 8 月，全省 61 家省级部门注册发布目录 1391 类，挂接资源 1803 类，设区市注册发布目录 28537 类，挂接资源 15433 类，旨在实现全省范围内的数据统一管理和共享，从而提高数据的利用效率。作为全国首批对接国家数据共享交换平台的省份之一，江苏省已获得 12 个国家部委数据接口整体授权，进一步拓展了数据资源的辐射范围，加强了与全国其他地区的数据合作。为规范数据管理和共享，江苏省制定数据元等 7 类地方标准。标准的制定对于统一数据格式、确保数据质量具有重要意义，为数据的互通互联奠定了基础。为了保障数据的安全和管理，江苏省建立数据归集、治理、应用、安全管理机制。机制的建立有效地提升了数据的可靠性和安全性，为数据的加工分析和应用提供了有力保障。在城市管理、金融服务、市场监管、环境保护等领域，江苏省大数据共享交换体系取得了一批创新成果。通过政务数据与社会数据的融合应用，实现了信息共享、精准决策等目标，为这些领域的发展和改善提供了重要支持。

三是构建跨部门协同监管机制。2019 年省政府办公厅发布了《江苏省"互联网+监管"系统建设方案》，建立常态化数据归集共享机制，持续推进监管数据的汇聚与共享，以不断完善省市两级"互联网+监管"系统功能，并建设全省一体化在线监管平台。依托省大数据共享交换平台，设立省级监管数据中心，与 13 个设区市监管数据中心、9 个省级部门的"数据池"实现了互联互通、数据共享。截至 2021 年 5 月，已经汇聚政府部门和相关机构数据达 1000 多万条，实现了对政府部门及相关机构在实施监管、服务、协调、服务等多个环节的"全链条"监管。同时，完成了监管事项清单库、监管对象库、监管行为库、执法人员库、监管事项投诉举报库等 11 大主题库的建设，实现了数据汇聚、检核、治理、上报、共享等功能，为加强和创新"双随机、一公开"监管、联合监管、重点监管、信用监管、协同监管和智慧监管提供有力平台支撑。通过跨部门的协同联动，实现了行政执法、行政许可审批等各类监管事项的无缝对接、无缝衔接和无纸化审批，从而提升了监管效能和服务水平。

二 江苏省数字政府建设的实践成效

近年来，江苏省在不断深化政务服务改革、落实国务院"互联网＋"计划和推进数字政府建设的过程中，始终坚持问题导向，创新体制机制，从顶层设计入手，以数据为核心，探索数字政府转型升级"江苏方案"，从而实现了数字政府的高质量发展。在数字化转型的大背景下，江苏省加快了步伐，并取得了显著的成效。

（一）制度保障规范，省域专项重点规划出台

数字政府建设是一项系统工程，包括对政府部门管理体制的改革创新以及在制度层面实现制度供给和制度保障。江苏省委省政府高度重视数字政府建设，在新时代推动数字中国转型发展的过程中，注重加强顶层设计、完善制度建设，出台了系列文件，推动全省数字政府建设向纵深发展。江苏省政府将数字政府建设作为全省"一号工程"，坚持问题导向，着力补齐短板，以解决实际问题为导向；坚持系统集成，统筹推进各项数字化转型任务；坚持创新引领，加快推动省域治理现代化。同时，江苏省政府注重实施数字政府建设与产业发展、企业发展和民生需求紧密结合的发展战略，以加快构建数字政府与经济社会发展的深度融合新格局。

2017 年 9 月 7 日，江苏省政府办公厅发布《江苏省政务信息系统整合共享工作实施方案》，旨在从全局和根本上解决政务信息系统建设中存在的"各自为政、条块分割、烟囱林立、信息孤岛"的问题。2021 年 9 月 14 日，省政府办公厅印发《江苏省"十四五"数字政府建设规划》，明确了江苏省数字政府建设的总体目标和战略路径，擘画了江苏省数字政府建设的蓝图。2021 年 12 月 18 日，《江苏省公

共数据管理办法》出台，并于 2022 年 2 月开始施行，旨在规范公共数据的采集、存储、共享和应用，促进数据资源的开发利用，提高政府治理效能。2022 年 4 月 4 日，省政府发布《关于加快统筹推进数字政府高质量建设的实施意见》，指出了加快数字政府建设的重要性和紧迫性。2022 年 5 月 5 日，省政府办公厅印发《江苏省数字政府建设 2022 年工作要点》，明确了 4 个方面的 22 项工作任务，勾勒出我省数字政府建设的"近景"。

（二）数字基础增强，基础设施体系基本形成

数字政府基础设施是推动数字经济发展、提升政务服务效率、保障民生服务的重要保障和社会治理的重要支撑。2021 年 8 月 10 日，江苏省政府办公厅发布了《江苏省"十四五"新型基础设施建设规划》（以下简称《规划》）。《规划》突出问题导向、需求导向和目标导向，以数字技术为引领，以信息网络为支撑，以应用场景为驱动，阐明了构建更高层次、更高水平的江苏新型基础设施体系的指导思想、发展目标、建设领域和重点任务，为全省未来五年新型基础设施建设和发展提供指导。截至 2021 年 8 月，全省一体化大数据中心的"1＋13＋N"总体架构已经确立，省大数据"两地三中心"的布局业已形成，集约化建设达成共识，新建系统全部上云、存量系统逐步上云。电子政务外网实现省、市、县、乡、村五级全覆盖，接入点达 3.2 万个。人口、法人、电子证照、自然资源和空间地理、社会信用等基础数据库基本建成，公共数据归集治理稳步推进。统一身份认证、电子印章、电子支付等系统全面部署，跨地区跨部门跨层级公共服务能力显著提升。

首先，加快 5G 网络建设步伐。2022 年，连云港市积极推进"双千兆城市"建设，加快 5G 网络建设计划，实现重点行政村全覆盖。同时加快徐圩新区省"5G＋工业互联网"融合应用先导区培育，围绕先导区培育实施指南和发展目标，推进新型信息基础设施建设和应用。落实 5G 融合应用"扬帆""领航"计划工作部署，推进徐圩新区"5G＋智慧园区"、江苏核电 5G 智慧电站等重点项目。其次，加快数据中心、工业互联网建设。近年来，盐城市以"数字盐城"为总抓手，驱动城市转型升级。2015 年盐城市人民政府与华为公司签

订云计算数据中心战略合作协议，共同打造华为云服务江苏数据中心，推动数据资源整合，营造大数据产业生态。2020年，双方再度签订深化战略合作协议，约定在云计算、大数据、5G、智慧城市、工业互联网及产业合作等方面进行更加深入、全面的合作，携手共谱数字盐城"强富美高"新篇章。最后，布局新一代超算、云计算等项目。2020年3月，苏州超级计算中心在苏州工业园区国科数据中心揭牌，这意味着全国排名前列的人工智能算力城市"超级大脑"正式投入运行。苏州超算中心采取与周边已建成的超算中心差异化发展路线，重点面向产业领域提供服务，支撑全市发展。

（三）数字技术赋能，政务服务能力大幅提升

江苏省近年来致力于优化政务服务，取得显著成效。企业开办平均用时压缩至1.51天；社保卡可多渠道自助办理，制卡取卡时间缩短为3分钟；派出所"变身"政务服务"便利店"，能办3类219项事项……这些群众生活中的"小确幸"，使得市民的生活变得更加便捷。自"数字政府"建设启动以来，江苏省已在全国率先构建了覆盖省市县乡村五级的线上线下一体化政务服务体系，率先建设全省一体化政务服务平台，率先实现省内市级政务服务事项全流程网上办理。如今，越来越多的领域实现了网上办理，网上办事成为江苏市民日常生活的一部分。

江苏省在推进线上"一网通办"的同时，重视并持续加强五级政务服务实体大厅的建设，不断提升政务服务能力，企业和群众在不受城乡、地域限制的情况下，都能"就近"享受到优质的政务服务。同时，江苏各级政务部门加快推进实体政务大厅向网上延伸，整合业务系统，统筹服务资源，统一服务标准，实现无缝衔接、合一通办。江苏省以满足公民需求和提升用户体验为出发点，推动政务服务O2O线上与线下融合发展，以标准化、规范化建设为抓手，推动政务服务向基层延伸，形成线上线下功能互补、相辅相成的政务服务新模式，建成五级"互联网+政务服务"体系。此外，江苏省还实现了1250个乡镇为民服务中心、20132个村（社区）便民服务中心的全覆盖，实现了市、县、乡、村四级平台统一、业务统一、数据统一，进一步提升了政务服务的质量和效率。

（四）应用平台支撑，社会治理数字化水平提高

江苏省创新建立"大数据＋网格化＋铁脚板"基层社会治理模式，为疫情防控和复工复产赢得先机。首先，全面部署了网格化社会治理智能应用平台，通过"互联网＋网格化社会治理"的架构方式建设智能化平台，将智慧城市应用系统和平台功能集成，实现城市基层治理标准化、数字化、智能化、服务化，打造基层治理现代化标杆。其次，实施新一代"雪亮工程"，搭建环境质量自动监测和污染源在线监控网络，使社会治理智能感知能力显著提升。最后，建成了安全生产问题处置监管平台，形成数字化安全生产监管的闭环链条。在实施这些举措的过程中，江苏省始终坚持强化监管效能与优化利企便民服务相结合，创新现场监管和远程监管方式，完善诚信体系，形成了跨部门综合监管江苏经验。

数字化治理是一种由技术、管理、文化、价值等多个因素共同作用而形成的时代产物，是政府治理发展的一个重要趋势。各设区市纷纷积极开展数字化治理的探索和实践。如南通市构建了市县镇三级智慧监管平台的做法，被国务院办公厅《政务情况交流》专题报道，并获得国务院前总理李克强的肯定性批示。连云港市通过建立名为"城市大脑"的物联网综合感知平台，实时感知城市各领域的数据，并进行综合分析和决策支持，从而促进城市治理的智能化和高效性。淮安市充分发挥市域社会治理现代化指挥中心的"城市数字大脑"功能，全面把握城市运行状态，及时发现和解决社会治理中的问题，提高城市治理的效果和水平。泰州市建成了数字泰州运营指挥中心，实现全市政务应用的一体化管理，使得各类政务数据能够在统一的平台上进行集成和管理，实现了信息的互联互通和共享。

（五）数字惠民服务，数字社会建设持续深化

江苏省始终将推动民生领域数字化应用建设作为重要任务。为满足民生领域日益增长的智能化需求，2021 年 8 月 10 日，江苏省人民政府办公厅发布了《江苏省"十四五"数字经济发展规划》，旨在通过数字技术的广泛应用，促进江苏省各个领域的民生服务更加均衡、普惠且高质量。通过提升公共服务能力，包括数字教育、远程医疗、智慧养老、便捷社区服务、智能交通等方面的措施，满

足不同群体的需求。其中，大力实施学校联网攻坚行动，江苏省已实现中小学百兆以上互联网宽带接入率达到100%，智慧校园达标率显著提升。截至2021年8月，江苏省已有超过160多家三级医院与省卫生健康平台对接，健康精细化管理不断强化。社保卡发卡量超过8800万张，电子社保卡发卡量超过3400万张。此外，江苏省已建成虚拟养老院111家。开展智慧高速示范，公交、地铁实现省域移动支付，普通货运车辆100%网上年检，交通一卡通跨市刷卡量居全国首位。

党的十八大以来，党中央高度重视数字农业和农村建设，并作出了一系列重要部署，如实施大数据战略、数字乡村战略等。为推动农业农村现代化发展，中央办公厅和国务院专门发布了《数字乡村发展战略纲要》。江苏省委省政府贯彻中央战略部署要求，于2020年11月23日出台《关于高质量推进数字乡村建设的实施意见》，提出实施乡村数字基建提档跨越、智慧农业升级赋能、智慧绿色乡村建设、信息技术惠农便民、乡村数字治理提升"五大行动"，明确到2025年，江苏数字乡村建设要走在全国前列。2021年8月27日出台《江苏省数字乡村建设指南（试行）》，提出数字应用场景是农业生产生活各领域与信息化深度融合的适用场景，包括乡村数字经济、智慧绿色乡村、乡村数字生活服务、乡村数字治理等方面。2022年1月18日出台《江苏省"十四五"数字农业农村发展规划》。2022年4月28日出台《关于"十四五"深入推进农业数字化建设的实施方案》等。江苏省始终聚焦农业农村数字化转型，创新推动数字农业、智慧农业创新发展。数字乡村建设持续推进，建成"苏农云"和益农信息服务平台，使益农服务资源惠及乡村。

三 江苏省数字政府建设存在的问题

江苏省与先进省份相比，也还存在着一些薄弱环节，如"新型基础设施集约化待强化""数字政府体制机制有待理顺""业务部门数据壁垒依然存在""网络安全保障体系存在短板""干部队伍数字素养有待提升"等，这是"十四五"期间江苏省数字政府建设亟须解决的重点、难点。

（一）新型基础设施集约化待强化

数字政府基础设施建设是一项系统工程，其复杂性在于需要多领域专业知识的融合。数字政府建设进程在不断深入，应用范围也在逐渐扩大，随之而来的是其所需技术架构和服务模式也将发生重大变化，由原先的单一的信息技术架构逐步转变为综合的集成架构。在政府信息化项目管理过程中，要高度重视数字政府基础设施建设项目全生命周期各阶段的管理。江苏省基础设施的规划方面存在不足，集约化程度较低。目前，各部门的专用网络仍然存在，政务外联网、政务云的支撑能力还不强，非机密信息系统的集成上云率很低。5G、人工智能和区块链等新技术在应用领域的深度和广度还不够深入，应用服务系统也有待完善。此外，县（市、区）的大数据中心尚未建设，数据要素流通性较差，仍然存在壁垒多、烟囱多、孤岛多等问题。

（二）数字政府体制机制有待理顺

随着互联网技术的不断发展，信息的传播速度和处理能力也越来越强，均呈现出显著提升。近年来，江苏作为全国信息化建设的重要省份之一，各级政府积极推进数字化建设。然而，在实践过程中，由于各级政府部门之间、部门内部的体制机制差异，导致数字政府的建设在实施过程中存在诸多问题。数字政府作为一项综合性的、系统的工程，需要理念创新、统筹规划、协调推进，但当前江苏的数字政府组织结构、顶层设计、制度保障、安全保障等方面都没有得到有效地支持。江苏尚未建立统一领导全省数字政府的组织和管理体制，没有形成跨部门、跨地区、跨层级的协作机制。此外，江苏尚未制定全面的规划和实施计划，指导数字政府建设，同时在管理运行机制、法规制度保障、安全运维策略、绩效评估机制等方面存在诸多问题，从而制约了政府数字化转型的进程。

（三）业务部门数据壁垒依然存在

一方面，当前政务数据共享机制尚不健全。各地区对政务数据的统筹管理，在一定程度上制约了政务数据的使用效率。以南京、苏州等地为例，尽管其已开展"一窗受理"改革，并取得了一定的成效，但与其他省市相比仍有较大差距。总体而言，目前各地区政务数据统筹管理方面的层级较少，尚未建立起一套完整的政务大数据共享交换体系，各地缺乏统一协调机制，导致数据流通利用效率低下。另一方面，跨部门、跨层级的数据共享合作不足。部分部门和地区对数据共享工作重视程度不足，缺乏统一的组织领导体系，对政务数据共享合作的责任意识淡薄。江苏地区的主要信息资源共享模式为以部门为主导，但部门间数据共享尚未无缝对接，虽然已经实现电子证照的互认互通，并正在推动政务服务事项和公共数据互联互通，然而，仍有部门对共享的数据设置过多的限制和条件，导致数据的流动受阻。

（四）网络安全保障体系存在短板

近年来，江苏省网络安全保障工作在"防""控"方面取得了明显成效，但依然面临着诸多挑战。从整体上看，总体防御水平有待提升。首先，重点行业领域关键信息基础设施的安全保护需要进一步加强。面对日益严峻的网络空间安全形势，为确保关键信息基础设施不受攻击、入侵、干扰和破坏、维护网络空间的安全与秩序、应对国内外跨空间、跨领域的网络安全威胁，需要开展网络安全技术研究、建立协同联动机制，实现网络威胁的常态化防御和体系化防御。其次，网络风险隐患治理和网络安全事件处置工作亦需进一步加强。在应急管理的核心领域，如监测预警、信息发布、应急指挥等方面，信息化、数字化、智能化水平仍不高。三是网络信息基础设施、关键信息技术及应用、网络内容等方面的法律法规尚不健全、完善。

（五）干部队伍数字素养有待提升

在数字化时代，加强领导干部的数字素养，提升其数字化治理能力，是推进国家治理能力和管理水平提升的关键。通过培养和提升干部的数字素养，可以推动组织和社会的创新发展，提高工作效率和质量，增强信息安全意识，并适应信息化时代的发展需求。对于省级层面而言，相关人才培养工作尚处于起步阶段，人才结构亟待优化调整。精通专业技术、行政、信息技术和数字政府建设的高素质人才"供不应求"，人才结构不合理，技术人才、复合型人才相对较为匮乏。这主要是由于在数字化人才引进、培养和交流数字化人才方面存在缺乏渠道、机会和机构的问题。目前，针对数字政府发展需要的专业院校和机构数量较少，缺少相应的人才策略与举措，专家指导交流合作的机会有限，座谈研讨、实地调研无法深入，难以解决数字政府建设中面临的难题。

第二节 江苏数字政府的运作模式

江苏省以"三清单"为切入点，推行以"一入口、办好事、管全局"为核心的新型数字政府运行模式，致力于实现"价值—结构—能力—技术—安全"五位一体的数字化政府建设。江苏省按照"1234+"总体架构（见图6-1），全面打造"数字化、智能化、一体化"的数字政府体系。

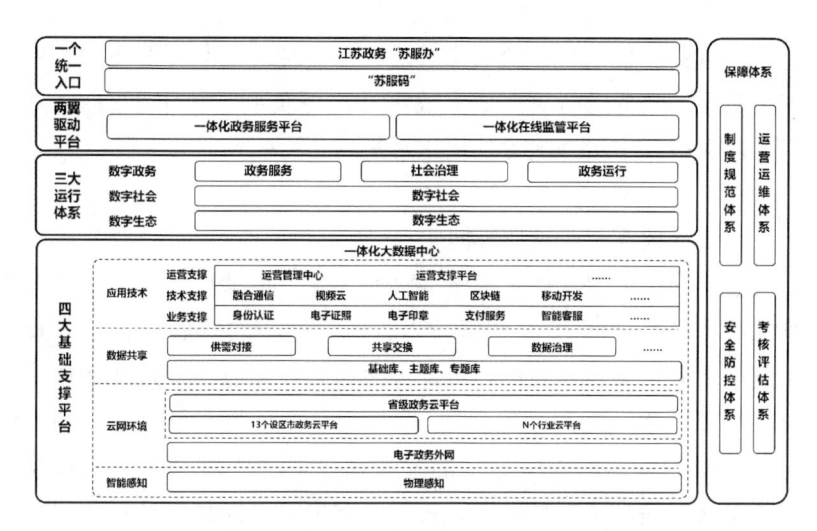

一个统一入口	江苏政务"苏服办"	保障体系
	"苏服码"	
两翼驱动平台	一体化政务服务平台　　一体化在线监管平台	制度规范体系 ／ 运营运维体系
三大运行体系	数字政务：政务服务　社会治理　政务运行	
	数字社会：数字社会	
	数字生态：数字生态	
四大基础支撑平台	一体化大数据中心	安全防控体系 ／ 考核评估体系
	应用技术：运营支撑（运营管理中心、运营支撑平台）／技术支撑（融合通信、视频云、人工智能、区块链、移动开发……）／业务支撑（身份认证、电子证照、电子印章、支付服务、智能客服……）	
	数据共享：供需对接　共享交换　数据治理……／基础库、主题库、专题库	
	云网环境：省级政务云平台／13个设区市政务云平台／N个行业云平台／电子政务外网	
	智能感知：物理感知	

图6-1　江苏省数字政府"1234+"总体架构①

江苏省推进"三清单"改革，以数字政务、数字社会、数字生态三大运行机制建设为导向，通过推动跨地区、跨部门、跨层级的业务协同和数字赋能，推行政务服务一件事通办、社会治理一类事统办、政务运行一体事联办改革，致力于打造集约高效型数字政府。"一件事通办"的核心是围绕企业群众全生命周期梳理一件事清单，推动能

---

① 江苏省人民政府 政府办公室（厅）文件：《省政府办公厅关于印发江苏省"十四五"数字政府建设规划的通知》，http：//www.jiangsu.gov.cn/art/2021/9/14/art_46144_10013232.html。

办向智办转变、来办向推办转变，实现群众办事不出村、企业办事不出园。"一类事统办"的重点在于对基层治理等重点领域的工作进行梳理，形成一类事清单，提高一类事监测预警、应急响应、协调联动的能力。"一事联办"的目标是梳理政务运行工作清单，建设政务协同应用平台，开展多部门联动办理，形成全过程服务链，实现日常办公与业务办理一体融合。

在此基础上，依托"苏服办"的一体化门户建设，以一体化大数据中心为基座，统一建设智能感知、云网环境、数据共享、应用技术四大基础支撑平台；以一体化政务服务和一体化在线监管为驱动，构建江苏数字政府"一体两翼"的基本架构，旨在打造"数字化、智能化、一体化"的现代一流数字政府，以实现政务服务更便利、社会治理更精准、政务运行更高效、数字社会更美好、数字生态更健康，从而全面提高数字治理能力现代化水平。

一 江苏数字政府价值导向

人民立场是中国共产党的根本政治立场，是马克思主义政党区别于其他政党的显著标志[1]。"坚持以人民为中心的发展思想"是我国国家制度和国家治理体系的显著优势之一。在政府治理现代化中，蕴含着"以人为本"的科学发展理念，"全心全意为人民服务"的执政理念，以及"以人民为中心"的发展理念。这些理念与数字政府关注用户需求、提高用户黏性、改善服务质量等目标相一致。数字政府的建设实质并非以数字为中心、将人异化为数字技术的工具[2]，而是需要整合理念、制度、组织、法律和伦理等多个维度的支持和规范制约。同时以更加灵活和有效的手段参与政府工作，从而改善公众与政府的互动关系[3]。大数据不仅能够提供一定的预测能力，还能够在决策议程中扩大公众议程，使公众参与决策，提高决策的民主性和科学性。这种决策过程的公开化、民主化不仅可以优化政府的服务能力，

---

[1] 习近平：《在庆祝中国共产党成立95周年大会上的讲话》，《人民日报》2016年7月2日第2版。

[2] 郑磊：《数字治理的效度、温度和尺度》，《治理研究》2021第2期。

[3] Jr. M. I., Elmagarmid A. K., *Advances in Digital Government*. Springer US, 2002.

还可以改善和提升政府在公众心目中的形象。江苏省在数字政府建设的过程中体现了"以人民为中心"的价值导向。

从 2017 年开始，江苏围绕"不见面审批是原则、见面审批是例外"的要求，积极探索构建"不见面审批"的政务服务新模式，深入推进"网上办、集中办、联合审、区域评、代办制、不见面"，着力打造具有国际化、市场化和法治化的一流营商环境。国务院前总理李克强到江苏视察时，对"不见面审批"模式给予了高度评价，认为"不见面审批"已经成为江苏政务服务改革的一大亮点。中办和国办在《关于深入推进审批服务便民化的指导意见》中明确指出，要在全国范围内推行"不见面审批"改革实践。江苏政务服务网在 2017 年正式上线，涵盖 60 个省级部门、13 个设区市、95 个县（市、区），经过了几次升级和完善，目前已实现了"好差评"、事项管理、身份认证、电子证照、查询服务、投诉查询、支付平台等七大服务功能。江苏政务服务网充分发挥各地、各部门服务优势，拓展各主体服务资源，创新开设部门综合旗舰店、地方特色旗舰店。截至 2021 年 9 月，江苏政务服务网已经开通 161 家旗舰店，实现了重点省级部门和设区市、县（市、区）的全面覆盖，其中包括省发改委"3698"服务旗舰店的在线审批监管、省市场监管局"全链通"、南京市"宁满意"旗舰店等多个品牌平台。

二　江苏数字政府组织结构

党的十九届三中全会指出，深化党和国家机构改革必须遵循"优化协同高效"原则，这就要求现代化政府应当构建科层制与非线性、扁平化、网络化、交互式有机结合的组织结构。数字政府建设应当在现有的行政结构基础上，依托新一代数字技术与平台，推动各个部门数据安全共享、协同化办公，以用户至上、跨界融合、精准智能等理念为基础，对政府传统的"金字塔"式组织架构进行重构。在"以人民为中心"的价值导向下，建立扁平化、开放化和包容化的数字政府组织体制，推动各地区、各层级、各部门、各行业之间的协调与合作。

为了加快推进全省政务信息化和大数据发展，江苏省于 2019 年成立了省大数据管理中心。省大数据中心是由省政务服务办公室管理的副厅级事业单位，负责全省数据资源的统一管理。江苏省十三个设区市也都相应地设立了大数据管理机构，大致分为五种设立模式。一是在政府办加挂大数据管理局的牌子，如苏州、常州、镇江、扬州、泰州、淮安、宿迁等。二是单独设置大数据管理局，如南京、无锡。三是在工业和信息化局挂大数据管理局的牌子，如盐城。四是在市政务办挂大数据管理局的牌子，如连云港。五是设立正处级事业单位，如南通、徐州。县（市、区）级大数据管理机构一般有三种设立模式。一是在主要相关部门挂大数据管理局的牌子，如淮安市淮阴区在政府办中设立大数据管理科（电子政务科）承担大数据政策制定、开放共享、统筹管理工作，负责全区政务信息资源和政务大数据管理工作。二是未设置大数据管理机构，如南通、盐城的部分县级未设置。三是单独设置大数据管理机构，如徐州市沛县。

三　江苏数字政府治理能力

江苏省在推进国家治理体系和治理能力现代化的过程中，将政府数字化、智能化运行视为重要基础。在数字政府建设过程中，江苏省主要从政府决策科学化、社会治理精细化、政务服务便利化、公共服务高效化四个方面提高政府治理能力。

一是政府决策科学化。公共政策的科学性与合理性，是衡量政府治理能力水平的重要指标。从公共政策的逻辑体系来看，政策制定就是一个使用政策工具、执行政策目标的过程，也体现了决策者的意图。因此，成熟的数字政府治理必须重视公共政策，并运用大数据技术手段。江苏省政府在制定公共政策时，注重大数据的开发和精准应用，以大数据来促进公共政策科学性。例如，在城市中所开发和建立的交通信息综合应用平台，将道路传感系统、出租车 GPS 系统、实时视频采集系统等多个系统的信息融合在一起，既可以对实时的交通情况进行分析，又能提升交通管控措施的精度和时效性，还能为后续的交通设施建设提供大数据支持，从而提升交通基础设施建设的科学决策水平。在疫情防控过程中，政府借用精准的大数据对海量的人员流动信息进行精准识别，分析防控对象的行动轨迹，进而制定相应的封控管理政策。

二是社会治理精细化。良好的社会治理绩效是检验政府治理能力高低的"检测器"。党的十九大报告提出，要"完善党委领导、政府负责、社会协同、公众参与、法治保障的社会治理体制，提高社会治理社会化、法治化、智能化、专业化水平"。这不仅涉及了构建现代社会治理格局的问题，而且明确了社会治理需要数据要素支撑的要求。近年来，江苏省各设区市纷纷构建市域社会治理体系，并相应地设立了机构、平台和制度，同时也在全市范围内探索高效精准的治理模式。数字化的社会治理方法使得政府能够更好地掌握社会状况和民意动态，更准确地分析问题，更快速地作出决策和采取行动，促进了政府与社会各界之间的互动和合作，形成了一种有效的治理模式。

三是政务服务便利化。江苏省"互联网+政务服务"平台整合了65个省级部门，实现了网络和行政层级的全面覆盖，将政务服务延伸至设区市、县（市、区）、乡镇（街道）和村（社区）。截至2021年10月，江苏政务服务网已经覆盖58个省级部门，从省、市、县（市、区）一直延伸到1321个乡镇（街道）、20963个村（社区）。网上一共发布11347项政务服务事项，公开742587个办事指南，其中92.5%的事项都开通了网上办理入口。移动端上线了3428个应用程序，包括苏康码、公积金提取等，集成了居民身份证、婚姻登记证等26种电子证照。这些改革措施促进了江苏省政务服务改革的深化。企业和群众在办事过程中可以通过互联网平台进行在线申请、查询和办理，从而减少了不必要的跑腿和时间成本。江苏省通过数字化手段实现了政务服务的一体化和全覆盖，为推动政府治理方式的转型升级、提升公共服务水平做出了积极努力。

四是公共服务高效化。随着现代社会的发展，人们对生产、生活、服务的需求越来越呈现出个性化的特点。这意味着，在为公众提供服务时，必须达到精益求精的水平，即从"服务型"的角度来看，"是否提供"已不是"提供"的问题，而只是"如何做到"的问题。准确地利用大数据，为政府部门提供了强大的手段。例如，在脱贫攻坚工作中，地方政府可以通过核实和对比家庭收入情况，发现那些无法申请补助的"假贫困户"。此外，地方政府还可以将那些有资格申请低保的困难户进行对比，从而实现精准的救助服务。如江苏省自然资源部门主导加强数据协同，与不动产登记相关的7个部门共享了24个数据接口，真正实现了"让数据多跑路、群众少跑腿"的目标。2022年，在不动产和自然资源确权登记领域，江苏省全面开展"提质增效年"行动，通过数字化手段，如电子证照和电子签章，使得不动产登记更加高效便捷，同时也提高了信息的安全性。

四　江苏数字政府技术支撑

江苏省按照"1+13+N"的总体框架，加快推进省大数据"两地三中心"建设，推动13个设区市分中心和省级N个行业分中心建设，形成全省一体化大数据中心体系。该体系将统一智能感知、云网环境、数据共享、应用技术等基础支撑平台的建设，夯实数字政府一体化基座。

一是智能感知。江苏省强化"城市大脑"集成运用，顺应信息技术变革趋势，以智慧政务、智慧城管、智慧消费、智慧社区建设为重点，构建泛在智能的信息网络。同时构建社会治理的物联网管理平台，实现智能感知终端的全面接入，集各类政府、行业物联网数据资源于一体，推动各单位各部门数据集成应用，完善资源共享制度，实现社会治理信息资源一体化，推动社会治理智能化，进而提升基层治理效能。

二是云网支撑。江苏省推进全省政务"一朵云"的建设，完善电子政务外网。重点建设一批公共服务、互联网应用服务、重点行业云计算数据中心和灾备中心，打造大数据交换共享平台。加快完善一体化网上政务服务平台等应用系统功能，推进跨层级、跨部门、跨区域的"数据通"和"业务通"。加快政务信息系统"云化"部署和政务外网升级改造，加强政务数据管理，推动政务数据"全归集、全对接、全打通、全共享"。推动一批单位业务系统迁移上云，实现数据共享，优化服务流程，提高政务服务水平。

三是数据支撑。江苏省打造全省统一的政务服务平台和数据共享平台，依托全省统一的省级信息共享交换平台，实现部门间信息的互联互通和应用。推动政务服务的"全数据共享、全服务上网、全业务用卡、全领域协同",有序推进信息系统整合和数据共享,不断完善省市两级政务数据共享交换平台,推动各级各部门数据实时向平台推送。拓展数字化政务服务渠道,依托自助服务专区,实现高频事项集成在线服务。按照"应上尽上、全程在线"的原则,推动全省各级政务服务事项纳入网上政务服务平台办理,以期切实提高政务服务事项网上办理的比例。

四是应用支撑。江苏省推进"互联网+政务服务"建设,完善"一号认证、一窗受理、一网统办、一卡通用、一端服务"的线上线下一体化服务体系。推进电子签名、电子印章、电子证照、电子材料的应用,全面优化线上服务流程。完善网上实名认证体系,大力推进政务信息系统整合,重点推进自然人、法人、电子证照、信用信息等数据资源的共享,打破信息孤岛。加强通信、人工智能、区块链、视频云、移动开发等技术的融合,注重数字技术在社会治理、公共服务等领域的应用推广,积极发展智慧交通、智慧教育、智慧医疗、智慧旅游、智慧金融等领域的数字化赋能。

五 江苏数字政府安全保障

数字政府安全涉及数据安全、系统安全、公共安全、国家安全等多个层次,涵盖了政务基础设施安全、政务信息系统安全、网络信息和平台安全、自主产品安全、数据传输与应用安全、系统运维和防护安全、数据跨境安全等全要素建设[1]。在数字政府建设的持续推进过程中,江苏省信息安全保障制度也在不断完善。

一是建立统一安全管理运行机制。加强网络安全平台应用的建设,建立常态化的数据安全风险评估和检查机制,完善数据安全监测预警和应急处置机制。加强信息网络安全监测、管控能力建设,构建信息安全保密防护体系,提升网络空间的预警和攻防水平,迅速发现、处理和防范数据安全问题,确保数据不受到未经授权的访问、篡改或泄露等威胁。通过定期对系统进行安全评估和检查,可以及时发现潜在的安全隐患,并提出有效的解决方案。

---

[1] 王钦敏:《全面建设数字政府 统筹推进数字化发展》[J/OL],《行政管理改革》2022年第1期。

二是建设统一安全管理技术体系。在完善安全防护制度的基础上，推动安全技术措施与大数据平台同步规划、建设和应用。开展网络安全监测、大数据分析、态势感知、预警通报等网络安全管理工作，逐步形成可视、可管、可控、可调度、可持续扩展的安全防护体系。建立健全数据安全治理体系，制定数据分级分类保护制度，规范数据的全生命周期管理，加强对数据的采集、传输、存储、处理、共享和销毁等各个环节规范化管理。落实国家网络安全等级保护制度，提升网络安全保障水平。以国家密码为核心的密码技术、产品和服务，构建了数字政府密码的基础支持系统。

三是采取主动式的安全监测防控。推动新型网络安全技术的研发和应用，加强对网络攻击和数据泄露等威胁的识别和防范，提高网络安全防护的整体水平。加强网络安全预警监测，通过建立安全事件响应和处置机制，采用先进的安全分析和监测技术，实现全天候、全方位的网络安全感知和有效防护。制定紧急情况的应急计划，定期组织应急培训和演习，从而提高应急处置的能力。建立完善的信息安全等级保护和分级保护制度，对不同等级和类别的信息采取相应的保密措施，并加强对关键信息的保护和管理。

第三节　江苏数字政府的创新举措

江苏省政府在实施数字化管理和服务方面采取了一系列创新举措，旨在利用先进的信息技术和通信技术，提高政府管理效率和优化服务质量，加快推动政府数字化转型和江苏数字政府建设。

一　市域层面数字政府建设创新实践

（一）盐城市"城市驾驶舱"建设初见成效

盐城市谋划多层级的"城市驾驶舱"，加强"数字盐城"底座和城市指挥体系建设。一是"1+11+N"的"城市驾驶舱"，汇聚城市治理、经济发展、民生服务等数据，实现"大屏观全城、中屏万事通、小屏随身行"；二是"数字盐城"底座建设，完善政务云、数据共享交换、"我的盐城"APP等平台，加强共性能力建设；三是城市驾驶舱专题建设，梳理出"城市总览、政务服务、城市治理、惠民便民、创业兴业"等五大专题494项指标，建成大中小3个"城市驾驶舱"可视化平台，初步实现城市整体运行情况的展示、分析、预警和辅助决策；四是城市指挥体系建设，打通数据壁垒，整合各类资源，构建覆盖全市的城市协同指挥体系，市领导可以随时随地查看城市运行情况，使用城市指挥体系的各级视频会议、融合通信资源，对相关事项进行指挥调度。

（二）南通市打造全国首个市域治理现代化指挥中心

2020年，南通市委市政府建成全国首家市域治理现代化指挥中心。通过数据共享交换平台，汇聚全市公共数据资源，运用"大数据+人工智能"技术，打造了"全国一流、全省领先"的现代化指挥平台。平台共有数据共享、智能搜索、统一监管、监测预警、分析研判、联动指挥、行政问效七大核心功能。平台围绕党建引领、经济发展、社会治理、政务服务、公共安全和城市运行六个领域构建了1张总图和16张专题图，并创新研发了"领导驾驶舱"，实时呈现全市域运行态势。平台创新打造了"危化品全流程监管""群租房管理""严重精神障碍患者管控"三大跨部门跨领域的创新应用，解决了市域治理痛点和难点。平台还建立了全景、跨部门、多维、实时、立体的市域治理监测体系，通过对相关部门信息系统中数据指标的监测来收集和分析大量数据，搭建预警关联分析模型，实时常态监测和非常态应急防控。平台还构建了覆盖社会服务、经济发展、公共安全、城市运行、社会稳定、舆情监测等领域的分析预警体系，定期生成上述领域专题分析报告，辅助领导科学决策。

（三）苏州市上线数字政府项目要素可视化服务平台

苏州市政府出台多项电子政务相关政策，推动了苏州市电子政务的发展。例如，2020年7月发布数字政府项目要素可视化服务平台（PMS1.0），2021年8月19日上线发布平台2.0版本。该平台在全国首创多部门协同治理新模式，由市大数据管理局会同市财政局、市审计局、市行政审批局等部门共同开发建设。截至2021年8月，已收录1200多个数字政府项目和700多套政务信息系统的要素信息，为65家市级机关、部门和单位提供项目全要素管理支撑服务。平台2.0

版本深化了平台在线服务能力，对接市CA认证、电子签章等公共基础设施，全面提升业务在线办理效率。升级后的平台横向扩大领域协作闭环，新增与市行政审批局（市公共资源交易中心）的业务对接，纵向打通全域对接通道，实现市、县级市（区）两级在项目备案、系统联动、数据共享、跨域分析等方面统筹对接。

（四）宿迁市创新"超级管理员"政务数据共享机制

宿迁市为解决数据共享难题，推进，首创"超级管理员"制度，即开设"市长账号"，调用相关审批数据和材料，对大数据共享交换平台内的数据进行加工汇聚，形成电子证照库和材料库，为政务服务提供共享数据。围绕政务服务改革，梳理出第一批次须开设"市长账号"系统41个，公布了90个共享数据清单，汇聚900余万个电子证照。根据免于申请人提交的原则，超级管理员工作室梳理出154个共享数据清单，其中身份证、户口簿、婚姻信息、出生医学证明、营业执照等使用频次较高。目前，超级管理员工作室已开设了200余个"市长账号"，将陆续公布更多共享数据，拓展共享服务范围。其终极目标是实现"无感办事"，降低审批风险，为监察人员拓宽监察渠道，通过"市长账号"开展监督。截至2022年9月29日，超级管理员已为审批人员提供了9700余次数据核验等服务，有效解决了数据共享难题。

（五）扬州市不动产交易登记纳税一体化平台全面上线

扬州市全面开展不动产登记一体化平台建设，从2019年至2021年，实施了一系列工作。该项目被列入"云上扬州"2019年度实施项目，并作为2020年度政府工作报告目标任务加以推进。2021年10月20日，全市域不动产交易登记纳税一体化平台正式上线运行，涵盖了江都区、宝应县、高邮市和仪征市四个地区，实现了以"跨区域"和"不见面"方式进行不动产登记的办理。扬州市自然资源和规划、住建、税务、财政、政务等部门通力协作、共同打造了"互联网+不动产登记"一体化平台，集成了相关部门系统，为市民提供了线上不见面办理、线下一窗受理的便捷服务，并涵盖了所有高频登记类型的办理。市民无须提供纸质申请材料，可以通过在线平台完成办理。目前，平台已接入全国不动产登记"一窗办理平台"、江苏省

"线上苏小登"服务专窗(江苏政务服务网)、江苏政务服务 APP 以及"我的扬州"APP 等,为广大用户提供便捷的线上申请服务。未来,市民可以直接由中介公司代理登录一体化平台进行房屋交易办理。

二 区县层面数字政府建设创新实践

(一)南京建邺区数据防治大气污染

南京市建邺区借力大数据打好大气污染防治攻坚战,提高居民环境质量。首先,完善指挥体系。建立了"1+5+6"的指挥调度模式,其中,"1"是统一的指挥调度平台体系及大数据库;"5"是大气污染溯源分析、工地扬尘鹰眼监控、道路积尘走航监测、非道路移动机械尾气监测、餐饮油烟在线监测等 5 个子平台;"6"是属地 6 个街道环保管理服务。该体系的运行,实现了环境污染精准调度、准确管控。二是强化数据监测。建设了"建邺区生态环境保护调度中心",该中心以"一网统管"为定位,接入 6 个大气监测标准站、75 个大气监测微站、13 个高空鹰眼监控、116 个市级"智慧工地"监控、280 套餐饮油烟在线监测,以及市渣土车辆运行管理等监测监控数据,为实现"看得清、找得准、治得快"环境监管提供有力数据支撑。最后,推广技术应用。在交通源尾气净化治理方面进行了试点,推动大型工地采用大风量净化、环工地"雾墙"拦截、绿色天幕等新技术开展扬尘治理。

(二)常州市钟楼区开展机关工作人员出行管理智能预警服务

为强化人员外出管理,加快涉疫地区信息预警、完善外出人员报备流程,2021 年 12 月,常州市钟楼区推出了"机关工作人员出行管理智能预警服务平台"。该平台通过管理上"云",有效解决了人员外出审批的痛点难点。具体来说,即将人员外出信息上"云",让管理信息化、智能化、便捷化。通过利用市大数据管理中心疫情防控信息资源基础,形成市区两级数据共享,对外出人员的日期、行程、轨迹进行精准比对分析。若人员轨迹与涉疫地区重合,平台将即刻发出 3 条预警短信,提醒外出人员、相关单位以及该区疫情防控专班,以便对相关行程及时研判、对相关人员进行管控,进而降低聚集感染的风险。此外，平台还有智能筛选功能，通过筛选涉疫地区，对人员出行信息内容进行分析，提取旅居场所关键信息，并对出行工单进行智能分类，从而将传统的汇总、筛查、通知时间由"小时级"缩减为"秒级"，大幅提升了人员外出管理的效率和准确率。截至2022年3月7日，该平台已汇聚2512条人员外出审批信息，累计提醒管控涉疫人员220人，变更疫情防控政策148批次，信息预警推送率和人员管控完成率均达100%。

（三）泰州泰兴市为农民工"数据护薪"

泰兴市严格落实《保障农民工工资支付条例》有关规定，于2020年4月启动了保障农民工工资支付监控预警平台（"蓝盾"）建设工作。平台将用工单位及农民工个人信息、实名制考勤、工资专户资金缴存、工资银行代发、工资保证金存储等以及根治欠薪各项制度落实情况，全部纳入监管部门实时动态监管，现已对全市9600余家企业和250个在建项目实现全覆盖。截至2022年12月31日，平台已经输出各类预警信息110余条，线索有效率达91%，帮助农民工讨回1000余万元。泰州市重点优化平台设计，推进数据归集，制定科学欠薪预警机制，实现实时全程监控、预警欠薪隐患和辅助调度决策。通过平台，泰兴市根治拖欠农民工工资工作领导小组实时获取全部日常监管对象的使用指标信息。平台实时预警欠薪隐患，系统根据从电力、燃气、自来水等部门归集的六大指标的27项数据，实现企业工资支付实时预警。同时，平台还可以辅助调度决策，运用各类数据发现突出问题，为政策制定、措施落实提供数据范本。

三　镇街层面数字政府建设创新实践

（一）徐州市鼓楼区解码智慧社区的"最强大脑"

近年来，徐州市鼓楼区委、区政府以"建设智慧社区，打造社区云治理服务体系"为主题，采取创新制度设计和协同推进落实的措施，多方合作打造了智慧社区服务平台，构建了政府、社区、企业、居民、社会组织多方共建、共治、共享的治理格局，形成了基层社会治理现代化的"鼓楼经验"。2019年3月，鼓楼区被民政部确认为全国社区治理和服务创新实验区，于2021年12月顺利通过结项验收。

徐州市鼓楼区社会治理现代化综合指挥中心接入全区公共安全、公共管理、公共服务视频监控1万余路，为全区网格员配备了移动手机终端，实现区、街、社、网四级联动，整合了19家职能部门资源，实现400多项便民服务事项进入平台公示，139项政务办理事项不见面审批。鼓楼区自主研发"智慧社区"系统平台，逐步建立完善了政务服务、商务服务、物业服务、公益服务、自治服务、警务服务的六位一体社区服务平台。未来，鼓楼区将继续加快推进现代科技新技术与社会治理新模式深度融合，强化"数字治理"理念，构建全区域覆盖、全要素管理、全流程可控的智治支撑平台，提高市域社会治理精准化、精细化水平。

（二）无锡市江阴市徐霞客镇政务服务中心开创"四个办"

为了解决在小城市发展进程中所遇到的体制机制障碍、优化组织结构和提高社会管理和公共服务能力，无锡市江阴市徐霞客镇积极推进经济发达镇行政管理体制改革试点工作。经过几年来的探索和实践，徐霞客镇政务服务中心开创了"四个办"的特色功能。一是"一窗办"，将原来的26个专业窗口整合成14个综合窗口，实现了"一窗通办、一章审批、一站服务"的目标；二是"网上办"，开通了霞行天下APP终端，实现了全部228项事项的"网上办"；三是"延伸办"，镇政务服务中心将服务延伸到村，设立综合窗口，直接办理社保、计生、民政、残联等事项，并与网格员组成帮扶队伍，打通了"最后一百米"；四是"督着办"，建立了在线监察系统，实时采集每一个环节的信息，实现同步监控，并实现指挥调度一中心，构建了事前事中事后日常监管新模式。2020年，徐霞客镇指挥中心处理舆情7858条、矛盾纠纷880条、12345举报5183条，实现了百姓诉求"事事有交代、件件有着落"。

第三编

江苏数字政府治理效能评估研究

第七章

数字政府治理效能评估的文献综述

党的二十大报告指出，加快建设网络强国、数字中国。作为连接贯通数字经济、数字社会的"核心引擎"，数字政府在全面推进数字化全面转型、提升数字化治理能力、培育经济发展新动能以及构建"数智图景"等方面，发挥着重要的引领作用。党的二十届二中全会作出组建国家数据局的重要部署，为数字政府建设提供了新的契机和关键转折点。在国家层面的高度重视下，各地纷纷加速推进数字政府的高质量发展，并涌现出众多创新实践经验。在实践层面的卓越创新需求的推动下，数字政府的研究正在国家治理、政府治理等研究的深厚基础上不断深化和革新。

第一节 国家治理效能评估研究

"推动国家治理体系和治理能力现代化"是党的十八届三中全会作出的重大命题和战略决策。党的十九届四中全会，首次把推进国家治理体系和治理能力现代化作为鲜明主题，引起了社会的广泛关注。治理领域的延伸拓展、治理主体的多元转变、治理手段的转型变革对政府治理、社会治理提出新的要求和期待，治理体系和治理能力相辅相成、紧密联系，成为国家治理现代化研究的两个重要维度。

一 国家治理体系

（一）国家治理体系的内涵

习近平总书记指出，"国家治理体系是在党领导下管理国家的制度体系，包括经济、政治、文化、社会、生态文明和党的建设等各领域体制机制、法律法规安排"①。国家治理表现为宏大的、系统的、复杂的治理体系，研究者分别从要素视角、制度视角、系统视角等探讨国家治理体系的内涵。

王浦劬提出，国家治理体系的核心本质体现在制度体系、行动体系、价值体系相匹配所形成的"三位一体"系统。该系统由制度体系主导，包含治理主体、组织、制度、法律、体制、机制等多个要素②。随着时代的变迁和治理实践的演变，国家治理体系中的要素也会随之发生变化，如治理主体由单一向多元转变、社会风险高度复杂且不确定、治理价值体系的转型等。研究者聚焦国家治理现代化语境中的行政治理责任分配、科层组织关系、主体协同等问题展开讨论，尝试从结构层面回答国家治理体系中的两大问题，即"治理主体是谁"和"治理主体之间的关系如何"，从而回应国家治理体系的功能问题，即"治理体系发挥着怎样的作用"。近年来，研究者关注到治理体系中的多种要素的变化，如将"善治"作为解释国家治理体系与民心政治的合法性工具③、将"人民的幸福"作为国家治理体系和能力现代化的价值旨归④，体现出国家治理体系中治理工具、治理价值等要素的演变。

国家治理体系植根于社会政治和治理实践，从制度视角出发，薛澜等人指出国家治理体系涉及治理内容、治理主体、治理资源以及正式与非正式制度关系⑤，国家治理的管理制度、法律法规和程序是其重要体现⑥，央地关系（中央与地方关系）就是国家治理体

---

① 习近平：《切实把思想统一到党的十八届三中全会精神上来》，《人民日报》2014年1月1日第2版。

② 王浦劬：《全面准确深入把握全面深化改革的总目标》，《中国高校社会科学》2014年第1期。

③ 张艺川、杨峻岭：《民心政治：国家治理体系顶层设计的善治基点》，《河南师范大学学报》（哲学社会科学版）2023年第50期。

④ 徐秦法、赖远妮：《国家治理体系和治理能力现代化的价值旨归》，《行政论坛》2020年第27期。

⑤ 薛澜、张帆、武沐瑶：《国家治理体系与治理能力研究：回顾与前瞻》，《公共管理学报》2015年第12期。

⑥ 杨立华、唐权：《论中国特色社会主义国家治理体系》，《重庆大学学报》（社会科学版）2017年第23期。

系中重要的、基础性的制度安排①。从制度层面来看，制度建构是国家治理体系和治理能力现代化的前提和基础，其背后其实是系统的逻辑延伸，包含"制度建构—制度权威—制度执行—制度自信"共四个环节②，国家治理体系的优势持续将制度优势转换为国家治理效能。

与之有所不同，部分研究者指出国家治理体系不能简单地等同于制度体系，国家治理体系是围绕国家治理活动所形成的完整系统③，系统里包含政治权力系统、市场经济系统、思想文化系统④等在内。国家治理体系作为具有整体性、层次性、协同性的系统，该系统中有硬件要素，如资源禀赋、权力配置、制度结构等，同时还包括治理体系运行优化、治理效能输出、子系统之间的衔接等内容⑤，可以从制度、体制和机制等层面对国家治理体系进行全面的系统分析。

（二）国家治理体系的构成

国家治理体系和治理能力，是国家制度和制度执行力的集中体现，对国家治理体系的剖析分解可以从多个角度出发，与治理主体、治理方式、治理内容等息息相关。当前关于国家治理体系的讨论集中在以下几个方面。

一是"谁来治理"，明确国家治理体系中的治理主体。正如何增科指出，国家治理体系是一个以价值体系为基础的结构性功能系统，核心价值体系包括可持续的发展、民生和民权的改善、可持续的稳定，同时体系内共包括11类主体，如执政党、民意代表机关、政府行政系统、市场和企业、协商参议机关、国际行动者等，主体及塑造其行动的制度支柱共同构成治理体系⑥。

---

① 朱旭峰、朱亚鹏：《专栏导语：国家治理体系中的央地关系研究》，《公共行政评论》2023年第16期。
② 黄建军：《中国国家治理体系和治理能力现代化的制度逻辑》，《马克思主义研究》2020年第8期。
③ 丁志刚：《如何理解国家治理与国家治理体系》，《学术界》2014年第2期。
④ 许耀桐、刘祺：《当代中国国家治理体系分析》，《理论探索》2014年第1期。
⑤ 张树华、王阳亮：《制度、体制与机制：对国家治理体系的系统分析》，《管理世界》2022年第38期。
⑥ 何增科：《国家治理及其现代化探微》，《国家行政学院学报》2014年第4期。

二是"治理什么",回应国家治理体系中有关治理对象的问题。正如俞可平等人提出中国治理评估框架,从公民参与、人权与公民权、党内民主、法治、合法性、社会公正、社会稳定、政务公开、行政效益、政府责任、公共服务、廉政等治理目标出发,致力于搭建一个有关中国治理的评估框架[1]。

三是"怎样治理",回答治理方式和治理手段的问题。从制度层面出发,燕继荣通过剖析制度的不同层级来分解国家治理体系,将其划分为基础制度、基本制度和具体制度[2]。从治理结构出发,徐湘林将国家治理看作是结构性的、动态的、均衡的调试过程,将国家治理体系划分为核心价值体系、权威决策体系、行政执行体系、经济发展体系、社会保证体系、政治互动机制共六个部分,各部分之间形成有机平衡,保证了结构的相对稳定[3]。

近年来,我国在国家治理的指数化评估领域拥有众多的成果,部分治理指标体系的设计一定程度上反映出治理对象的构成。例如,包国宪等人构建"中国公共治理绩效评价指标体系",分别从法治、参与、透明度、责任、效能、公平、可持续性等共七个维度评价治理的整体水平[4]。此外,更多研究者呼吁从正当性和有效性两个方面构建国家治理的综合评估指标体系[5],国家治理评估指标体系的设计侧面反映出国家治理体系的构成,为国家治理体系的构建和治理能力的提升提供路径指导。

二 国家治理能力

(一) 国家治理能力的提升

国家治理能力现代化是党和国家提出的政治理念和发展方向,全面提升国家治理能力对于国家发展而言至关重要。如何全面理解国家

---

[1] 俞可平:《中国治理评估框架》,《经济社会体制比较》2008年第6期。

[2] 燕继荣:《现代国家治理与制度建设》,《中国行政管理》2014年第5期。

[3] 徐湘林:《"国家治理"的理论内涵》,《人民论坛》2014年第10期。

[4] 包国宪、周云飞:《中国公共治理评价的几个问题》,《中国行政管理》2009年第2期。

[5] 欧阳康:《国家治理研究的问题域、价值取向和支撑体系》,《华中科技大学学报》(社会科学版)2014年第28期。

治理能力现代化、如何实现"治理有效",探索高效能治理的发展路径成为值得关注的重点问题。

国家治理能力可追溯到对于国家能力的有关研究。王绍光将国家能力划分为专断性国家能力和基础性国家能力,其中基础性国家能力包括强制能力、汲取能力、孵化能力、国家认证能力、规管能力、统领能力、再分配能力、吸纳和整合能力①,与当前国家治理能力的划分有相近之处。

国家的兴衰与国家治理能力紧密相关,当前大部分研究将国家治理能力的本质解释为国家制度供给的能力。有学者将其定义为运用国家制度管理社会各方面事务的能力②。同时探究治理体系现代化和治理能力现代化二者之间的关系,强调两者是结构和功能的关系、硬件和软件的关系。推动治理能力现代化建设的关键点在于处理好政府、市场和社会三者之间的关系③。

此外,大数据技术作为新兴的、重要的治理资源,为国家治理能力建设提供重要的运用空间和发展前景,如利用大数据等技术可以有效提升辅助决策能力、精细服务能力、风险治理能力等④。然而,大数据时代犹如"玻璃房"一样存在潜在的安全风险,为国家治理和社会治理带来系列全新挑战。面临大数据时代的全新机遇和挑战,治理能力现代化建设有以下几个关键点:执政党和政府主导是关键、市场运作是必然要求、社会和公民参与是基本保证⑤。

(二)基层治理能力的提升

基层治理是国家治理的基石,国家治理能力的提升离不开基层治理能力现代化的建设。2021年,《中共中央、国务院关于加强基层治

---

① 王绍光:《国家治理与基础性国家能力》,《华中科技大学学报》(社会科学版)2014年第28期。

② 彭莹莹、燕继荣:《从治理到国家治理:治理研究的中国化》,《治理研究》2018年第34期。

③ 高小平:《国家治理体系与治理能力现代化的实现路径》,《中国行政管理》2014年第1期。

④ 郭建锦、郭建平:《大数据背景下的国家治理能力建设研究》,《中国行政管理》2015年第6期。

⑤ 唐皇凤、陶建武:《大数据时代的中国国家治理能力建设》,《探索与争鸣》2014年第10期。

理体系和治理能力现代化建设的意见》从基层治理角度为实现治理体系和治理能力现代化的基础工程指明方向，再次强调基层治理作为国家治理根基的重大意义。

当前国家和社会之间的关系呈现模糊性和动态性的特征[1]，具体表现为行政吸纳社会、行政吸纳服务、行政与社会合作等。部分学者从国家与社会关系视角出发，探究基层治理现代化的发展路径。基层治理能力现代化建设需要相应的制度和机制进行保障，如打造共商共建共享共治的多中心治理网络[2]、形成基本共识[3]、强化人民本位的价值旨归、关注社会治理共同体的过程重造[4]、筑牢数字治理的技术支撑[5]。

推动基层治理体系和治理能力现代化，打造共建共治共享的社会治理共同体是重要路径，而社区则是建设社会治理共同体的前沿阵地和关键环节。相关研究从治理理念、组织体系、治理机制等层面展开讨论。社区治理理念层面，坚持党建引领，推动公共服务下沉与合作供给、社会自我调节与居民自治[6]；社区治理组织体系层面，以紧密利益共同体自治为基本形式，构建多层次治理体系[7]；社区治理机制层面，强调科技支撑[8]，通过网格化治理实现"横向到边，纵向到底"，推动精准化、精细化、无缝隙地治理，运用技术化手段提升治

---

[1] 王名、张雪：《双向嵌入：社会组织参与社区治理自主性的一个分析框架》，《南通大学学报》（社会科学版）2019 年第 35 期。

[2] 江国华、刘文君：《习近平"共建共治共享"治理理念的理论释读》，《求索》2018 年第 1 期。

[3] 韩福国、蔡樱华：《"组织化嵌入"超越"结构化割裂"——现代城市基层开放式治理的结构性要素》，《西安交通大学学报》（社会科学版）2018 年第 38 期。

[4] 范逢春、张天：《国家治理场域中的社会治理共同体：理论谱系、建构逻辑与实现机制》，《上海行政学院学报》2020 年第 21 期。

[5] 徐顽强：《社会治理共同体的系统审视与构建路径》，《求索》2020 年第 1 期。

[6] 曹海军、鲍操：《社区治理共同体建设——新时代社区治理制度化的理论逻辑与实现路径》，《理论探讨》2020 年第 1 期。

[7] 卢宪英：《紧密利益共同体自治：基层社区治理的另一种思路——来自 H 省移民新村社会治理机制创新效果的启示》，《中国农村观察》2018 年第 6 期。

[8] 任克强、胡鹏辉：《社会治理共同体视角下社区治理体系的建构》，《河海大学学报》（哲学社会科学版）2020 年第 22 期。

理水平和效能，调整权力结构以重建公共秩序①。

第二节 政府治理效能评估研究

政府治理作为国家治理的子范畴，是国家治理体系的重要组成部分。政府治理体系是国家制度优势转化为治理效能的行政载体，是国家治理体系和治理能力现代化的关键环节。在新的时代背景下，大数据技术的发展为政府治理现代化转型与创新带来了挑战与机遇。而高质量发展的提出正是政府治理现代化体系的结构优化、制度体系能力巩固与效能落实的面向②，同时也为当前政府治理体系和治理能力现代化建设提供目标和指引。因此，如何评估政府治理的效能以及如何提高政府治理效能值得深思。

一 政府绩效评估

当人们把视线从投入导向转向产出导向，自然就会关注政府的绩效问题。绩效最初在企业里应用，后来被应用到公共部门，这对于公共部门效率提升和程序规范都有着重要意义，但公共部门在目标导向、成本收益等方面与私人部门存在明显差异。政府绩效即行政绩效，是指政府行政机关实施行政管理、向公众提供有效服务所耗费的社会资源与获得的组织效果和社会效果之间的比率，表现为政府能力及运用这种能力施政的综合成果，包括服务数量、服务质量、服务态度等③。绩效评估是对政府综合治理能力的测评，能够有效促进政府部门全面履行职能、促使行政管理实现优化和完善，从而提高管理效率和效能，提高服务质量。政府绩效评估是对公共部门的工作进行评估，能够衡量政府工作的投入、产出和效果，对于政府建立责任意识和提高行政效率具有较强的促进作用。

国内学者对于政府治理绩效评估的研究工作日趋完善，理论研究

---

① 毛寿龙、李玉文：《权力重构、行政吸纳与秩序再生产：网格化治理的逻辑——基于溪口镇的经验探讨》，《河南社会科学》2018年第26期。

② 马雪松、冯修青：《国家治理现代化视域下高质量发展的内在机理与实现路径》，《云南社会科学》2022年第1期。

③ 郭小聪：《行政管理学》，《中国人民大学出版社》2016年版。

成果也愈发丰富，随着治理情境的变化，政府治理绩效评估也呈现出相应的变化。政府绩效评估肇始于实践领域，起源于政府部门开展内部工作评测所形成的政府工作评价标准或参数，如《全国文明城市测评体系（试行）》《国家基本公共服务标准化试点实施细则（试行）》以及高质量发展考核等，考核过程中涉及工作绩效评价的指标构建问题，同时侧面反映出工作的目标设定和结果导向。

国家人事部于2004年开展中国政府绩效评价研究，该评价体系立足工作特点和政府职能，构建政府工作绩效评价指标体系，该指标体系共设置3个一级指标、11个二级指标、33个三级指标，指标内容包括经济建设、市场监管、人口与环境控制、政府工作效率等，从宏观层面出发尝试评估政府工作效率。倪星、李晓庆从政治、经济和社会三个层面出发，选取国民经济、人民生活、科教文卫、生态环境、社会治安、其他指标来衡量政府绩效评估，侧面反映出政府绩效评估的价值标准[1]。

与之类似，范柏乃等同样采取按照领域进行划分的原则，选取行政管理、社会稳定、经济发展、科技教育、生活质量以及生态环境共六个领域，搭建涵盖66个指标所形成的地方政府绩效评价体系[2]。彭国甫等人从绩效维度、层次特征、样本属性共三个维度设计出逻辑框架，尝试设计出科学、立体、合理的评估体系。

组织内部管理是绩效评价的重要方面，此外研究者逐渐关注到外部因素对于政府绩效评估的反馈作用，衍生出多种政府绩效评估模型。如吴建南等人运用逻辑模型分析，提出利益相关者满意、关键议题解决、组织管理状况是当前绩效管理评价的三个维度，如若能够形成整合三个维度的绩效评价模式，则可以更加全面评估地方政府的绩效[3]。在评估模式构建上，卓越提出政府绩效评估模式需要包含的几

---

[1] 倪星、李晓庆：《试论政府绩效评估的价值标准与指标体系》，《科技进步与对策》2004年第9期。

[2] 范柏乃、朱华：《我国地方政府绩效评价体系的构建和实际测度》，《政治学研究》2005年第1期。

[3] 吴建南、杨宇谦、阎波：《政府绩效评价：指标设计与模式构建》，《西安交通大学学报》（社会科学版）2007年第5期。

方面内容，包括类指标、评估维度、评估指标、指标要素和技术指标等①。

政府绩效评估是政府内部管理和流程控制中普遍采用的一项重要工具，绩效评估指标的设定直接影响政府绩效评估的结果和发展导向。因此，完善政府绩效评估，确定好"谁来评估"和"评估什么"至关重要。当前有关政府绩效评估的研究，理论界和实务界进行长期探索，评估主体从内部为主走向多元化，评估技术日渐成熟，评估指标逐渐科学多样；但同时也存在地方政府治理过程与绩效评估内容脱节②、考核指标定性与定量设置不合理③、分层分类不足等问题，政府治理绩效评估仍需在实践过程中不断改进。

表 7-1 部分政府治理绩效评估指标

年份	学者	指标体系	来源
2004	倪星，李晓庆	国民经济、人民生活、科教文卫、生态环境、社会治安、其他指标	《试论政府绩效评估的价值标准与指标体系》，《科技进步与对策》2004 年第 9 期
2005	彭国甫	地方政府公共事业管理业绩指标、地方政府公共事业管理成本指标、地方政府公共事业内部管理指标 3 个一级指标，13 个二级指标	《地方政府公共事业管理绩效评价指标体系研究》，《湘潭大学学报》（哲学社会科学版）2005 年第 3 期
2005	范柏乃，朱华	行政管理、社会稳定、经济发展、科技教育、生活质量以及生态环境 6 个一级指标，66 个三级指标	《我国地方政府绩效评价体系的构建和实际测度》，《政治学研究》2005 年第 1 期
2009	中国地方政府绩效评估体系研究课题组	影响指标、职能指标、潜力指标 3 个一级指标，11 个二级指标和 33 个三级指标	《中国政府绩效评估研究》报告

---

① 卓越：《政府绩效评估的模式建构》，《政治学研究》2005 年第 2 期。
② 倪星：《中国地方政府治理绩效评估研究的发展方向》，《政治学研究》2007 年第 4 期。
③ 赵晖：《我国地方政府绩效考核指标要素分析》，《南京师大学报》（社会科学版）2010 年第 6 期。

续表

年份	学者	指标体系	来源
2018	魏丽莎	管理开支与效益、政府内部自身建设、服务对象、改革创新能力5个一级指标,22个二级指标和111个三级指标	《政府绩效评价指标体系构建研究——基于电子政务环境下的区县级政府》,《辽宁大学学报》(哲学社会科学版)2018年第1期
2018	贠杰	从政府对外管理职能和内部管理职能绩效,以及经济发展、市场监管、社会管理、公共服务、平衡发展绩效和依法行政、政府效能、行政廉洁、行政成本、行政公开绩效等方面展开评估	政府绩效评估蓝皮书:中国地方政府绩效评估报告NO.1:实验性评估
2019	臧兴杰、樊哲	中山市政务服务标准体系包含4个子体系,分别为:政务服务通用基础标准体系、政务服务保障标准体系、政务服务提供标准体系、政务服务监督管理标准体系	《中山市政务服务标准体系建设和服务质量评价研究》,《标准科学》2019年第5期

二 政府治理效能评估

政府治理效能是当前行政改革中的重要研究课题,政府治理效能的高低与治理体系、治理水平、治理能力直接相关。当前政府在治理过程中着力探索提升政府治理效能的路径,如以数字技术赋能政府治理、以数字政府建设加快提升治理效能、优化机制催生治理效能等。"治理效能"一词在政府发展目标中较多地被提及,对于政府治理效能的评估也是大势所趋,符合时代发展的潮流。

效能包括两层含义,即绩效和能力[①]。与政府绩效评估不同,在关注政府治理产出的同时,政府治理绩效评估对于政府治理能力有更深入的讨论和思考。吴建南长期关注政府效能,从结构角度出发,在

---

① 吴建南、马亮、杨宇谦:《比较视角下的效能建设:绩效改进、创新与服务型政府》,《中国行政管理》2011年第3期。

"3E"的基础上加上公平性（equity），构成"4E"①。赵如松等认为，绩效管理容易误导政府将工作侧重点转移到制造政绩工程；而效能建设在原有基础上更加引导其重视施政行为所发挥的有利作用②。上述研究表明，从内涵上来看，效能包含绩效，政府通过绩效管理和能力建设提高其行政效能。关于政府效能建设的研究主要聚焦于效能建设的措施、方法和途径。吴建南等对福建、浙江等六省份文件进行文本分析，将效能建设举措总结为三个方面的十项举措，包括权力制约（制度建设、政务公开、行政审批改革、规范行政行为）、能力建设（转变工作作风、加强行政队伍建设、信息技术支持、组织建设）和激励问责（绩效评估和民主监督）。

有关实证研究主要体现于对基层政府③、地方政府④和普适的政府效能的建设及改革方式⑤。周敏以株洲市为例，讨论了"互联网+政务服务"提升政府公共服务效能的方式和途径⑥。李少惠等人通过对甘肃天水市麦积区政府效能的调查，从效能型政府建设的价值起点、提升政府能力的根本途径、行政效能建设的社会化基础和体制保障四个维度构建了政府效能建设的实现方法⑦。王芳等人基于大数据应用的背景，基于VFT价值焦点思考法尝试构建相应的绩效评价指标体系，在该指标体系过程中涵盖治理绩效、治理能力、制度保障、公众参与共4个一级指标⑧。

---

① 吴建南：《公共部门绩效评估：理论与实践》，《中国科学基金》2009年第23期。
② 赵如松、陈素萍、刘莹、尚凤梅、陈洁：《政府效能评估指标体系初探》，《政府法制研究（2017年合订本）》2017年。
③ 张飞霞：《"互联网+行政审批"对基层政府治理的效能分析》，《科教导刊》（中旬刊）2017年第23期。
④ 张桔、钟晟、宗妍、王深：《地方政府行政效能提升研究》，《中共南昌市委党校学报》2016年第14期。
⑤ 陈宏彩：《"最多跑一次"改革：新时代的政府效能革命》，《治理研究》2018年第34期。
⑥ 周敏：《"互联网+政务服务"提升政府公共服务效能研究——以株洲市为例》，《湖南工程学院学报》（社会科学版）2018年第28期。
⑦ 李少惠、曹爱军、王峥嵘：《系统论视野下政府效能建设的几个维度——甘肃省天水市麦积区政府效能建设的调查启示》，《甘肃社会科学》2007年第1期。
⑧ 王芳、张百慧、杨灵芝等：《基于大数据应用的政府治理效能评价指标体系构建研究》，《信息资源管理学报》2020年第10期。

表 7-2　　　　　　有关政府治理效能评估指标资料

年份	学者	指标体系	来源
2007	何平平等	政府公共服务、政府公共提供、政府规模、社会保障、居民福利 5 个一级指标，12 个二级指标和 46 个三级指标	《我国省级政府效率综合评价指标体系设计与评估》，《湖南大学学报》（社会科学版）2007 年第 5 期
2013	丁刚	区域创新环境、区域知识创造能力、区域企业技术创新能力、区域创新协同能力、区域创新绩效	《基于 BGWR 模型的区域创新能力建设中政府效能测评》，《技术经济》2013 年第 4 期
2017	赵如松等	基础管理健全度、职能职责履行度、行政权力行使规范度、行政服务和公共服务供给度 4 个一级指标，20 个二级指标	《政府效能评估指标体系初探》，《政府法制研究》（2017 年合订本），上海市行政法制研究所，2017 年
2020	王芳等	治理绩效、治理能力、制度保障、公众参与 4 个一级指标，19 个二级指标和 25 个三级指标	《基于大数据应用的政府治理效能评价指标体系构建研究》，《信息资源管理学报》，2020 年第 2 期
2021	段易含	投入、管理、产出、影响 4 个一级指标，11 个二级指标和 28 个三级指标	《地方政府治理效能评价中的营商政务环境指标：文献回顾与指标设计》，《行政与法》2021 年第 4 期
2021	谢守祥，田孟明	宏观经济、支持环境、基础设施、政府效能四个层面建立 13 个一级指标和 30 个二级指标	《"双循环"格局下营商环境评价指标体系构建——以沿海省份为例》，《商业经济研究》2021 年第 8 期

第三节　数字政府建设评估研究

在大数据时代背景下，为实现数字化转型与政府治理理念、治理结构、治理能力等多元素深度融合，国内外学者围绕电子政务、数字政府、政府数字化转型等相关概念的研究成果十分丰硕。这些研究不仅涵盖了宏观层面的理论探讨，还涉及微观主题下的定量分析，得出了一系列指标化、科学化的结果描述，同时也对数字政府建设中存在的问题进行了深入剖析，提出了有针对性的对策思考，对未来发展趋势进行了预测以及对理想政府的构建提出了设想。

一 电子政务服务绩效评估

电子政务服务（e‑Government Services）在现代社会中扮演着越来越重要的角色，为公民、企业和政府提供了高效便捷的信息和服务交流平台。随着电子政务服务的快速发展，评估其绩效成为学术界和政府机构关注的焦点之一。在评估运行模式方面，电子政务绩效评估趋向领域专业化和主体多元化。

领域专业化表现在对特定领域的关注，如政府信息公开/政务公开、政府网站建设与应用[1]，以及电子化政府公共服务系统建设与应用。特别值得注意的是，政府业务领域主管部门或第三方机构普遍组织电子政务专题业务绩效评估活动。例如，由国务院办公厅电子政务办公室、中央党校（国家行政学院）发布的《省级政府网上政务服务能力评估》，从服务成效度、办理成熟度、方式完备度、事项覆盖度、指南准确度来评估省级政务服务能力建设现状；中国社会科学院法学所发布的《中国政府透明度评估》，从财政信息、审批信息和环保信息等维度展开评价，以及中国软件评测中心发布《中国政府网站绩效评估》，以信息公开、政策解读、政务服务等维度衡量政府绩效。

主体多元化则体现在从政府内部评估和外部评估两个方面进行。内部组织评估是指在政府内部进行的对电子政务服务的绩效评估。它通常由政府机构内部的专业团队或者独立的绩效评估机构负责，旨在了解和评估电子政务服务的运作情况，为改进和优化提供依据，评估维度主要涉及组织管理体制、运行机制、基础设施建设、工作效率等方面[2]。外部评估则是由外部机构独立开展测评或政府机构委托测评，常见的第三方机构有国际组织、学术团体、咨询机构等[3]，着重以公民为中心的电子政务绩效评估方法，通过公民满意度、便利性和参与度等指标来衡量电子政务服务的绩效，使评估更加客观和全面。电子

---

[1] 张敏、吴郁松、霍朝光：《我国电子政务的研究热点与研究趋势分析》，《情报科学》2015年第34期。

[2] 刘伟：《我国电子政务绩效评估方案的综合研究》，《中国行政管理》2013第2期。

[3] 于施洋、杨道玲：《电子政务绩效评估的再认识：国际视角》，《电子政务》2007年第7期。

政务向数字政府的发展方向是在现有电子政务基础上，进一步整合和应用前沿的数字技术，实现政府的数字化转型。数字政府是政府利用先进的信息和通信技术来优化政府治理、提供公共服务和加强与公民、企业以及其他政府机构之间的互动的现代化形态，呈现出数据驱动决策、开放数据和开放政府、跨部门协同整合等状态的发展进程[1][2]。

表7-3　　　　　　　　相关主题指标文献资料1

类别	年份	学者	题目	指标体系
有关电子政府服务绩效评估指标资料	2007	唐重振	《试论电子政务信息服务绩效评估体系构建》，《情报杂志》2007年第7期	从政府电子政务信息公开、电子政务在线服务、电子政务公众参与三个模块来构建电子政务信息服务绩效评估指标体系
	2009—2016	中国社会科学院法学所	中国政府透明度评估	从信息公开、规范文件、财政信息、行政审批信息、环保信息等维度展开评价
	2016	陈民	《基于IT治理的电子政务绩效评估体系研究》，《上海信息化》2016年第1期	通过构建平衡计分卡模型，从组织基础、业务流程、公共效益、用户满意等维度展开
	2016	联合国	联合国电子政务发展指数（EDGI）	国际电信联盟（ITU）提供的电信基础设施指数（TII）、联合国教科文组织（UNESCO）提供的人力资本指数（HCI）、独立在线服务调查（OSQ）问卷所收集的在线服务指数（OSI）
	2018—2021	中央党校（国家行政学院）	省级政府网上政务服务能力评估	从服务成效度、办理成熟度、方式完备度、事项覆盖度、指南准确度来评估省级政务服务能力建设现状
	2022	清华大学等	2022年中国政府网站绩效评估报告	从信息公开、政策解读、在线服务、互动交流、展现标识、政务新媒体、传播应用、监督管理等维度展开

---

① 王璟璇、杨道玲：《国际电子政务发展趋势及经验借鉴》，《电子政务》2015年第4期。

② 王益民：《全球电子政务发展现状、特点趋势及对中国的启示——<2016年联合国电子政务调查报告>解读》，《电子政务》2016年第9期。

二 数字政府绩效评估

1. 研究方法

在探索数字政府绩效评估之前,以"大数据+政府治理"为主题,初步探索当前有关领域的研究,并借助在科学计量学术界备受青睐的 CiteSpace 数据挖掘和信息可视化软件进行阐释,其融合了聚类分析、社会网络分析等多种方法,可以探测学科研究特征及演变趋势,以及研究主题之间的交叉互动关系等。本文基础文献资料数据来源于中国知网(CNKI),具体检索截止时间为 2022 年 8 月 31 日。检索主题词设定为"大数据""数字化转型""数字赋权""数字政府""互联网"并含"政府治理""政府技术治理"等关键词,并人为剔除不相关文献(如会议综述、书评类等研究),重点关注大数据层面的政府治理直接相关研究成果。最终从 CSSCI 期刊中整理出 2011—2022 年共计 426 条文献记录作为研究分析样本,从大数据视角剖析我国政府治理研究数量分布、研究脉络和主题。

2. 研究数量分布

我国大数据时代背景下政府治理研究论文数量分布如图 7-1 所示,其大致经历酝酿、繁荣与深耕三个阶段。2011 年,学者基于第 19 次互联网报告对我国数字鸿沟现状的分析,对政府治理的方案和对策提出可供参考的意见,自此学术界关于我国数字政府治理研究开始进入缓慢零星增长的研究阶段,相关学者的研究处于不断调试和寻找研究方向的阶段;直到 2016 年,在政府工作报告中首次提出"互联网+政务服务"的概念,中国数字政府发展迎来新的转折点和新的契机,政务服务数据化、数字化改革正式拉开序幕,数字政府治理现实及相关研究进入全新的快速发展期;2020 年,"十四五"规划提出"将数字技术广泛应用于政府管理服务,推动政府治理流程再造和模式优化,不断提高决策科学性和服务效率"以及全国各省市逐步推进落实"数字政府"建设,开启了数字政府建设时代,从公共服务到行政审批,每个环节都赋予了智慧技术的附加能量,政府治理数字化转型实践和理论研究都进入内容深耕阶段。

大数据时代视角下政府治理研究共发表156种南大核心期刊，《电子政务》《中国行政管理》《行政论坛》《情报理论与实践》是政府治理数字转型化研究成果发表的主要学术阵地，大学学报，管理类期刊在数字政府治理研究中亦有较大影响，如《东北大学学报》（哲学社会科学版）、《甘肃行政学院学报》《行政管理改革》等。

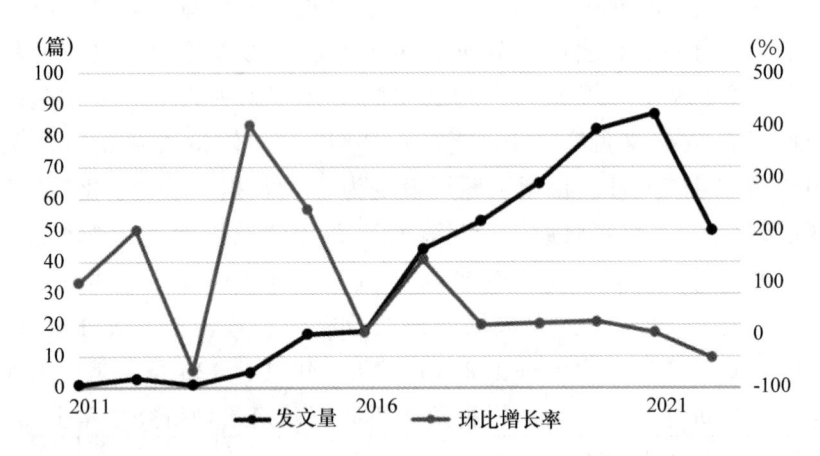

图7-1 2001—2022年南大核心期刊大数据背景下
政府治理相关论文分布

3. 热门关键词分析

为了分析2011年以来大数据时代背景下我国政府治理研究特点，本文运用关键词共现分析得出政府治理研究关键词聚类图谱（图7-2）。相关研究大致聚焦于大数据、政府治理电子政务、数据治理、治理转型、数字治理等。除与大数据、政府治理直接相关的关键词外，"治理能力""治理效能""公共服务""社会治理""信息共享"等也呈现出较高的研究热度。

当涉及数字政府的研究成果时，学者们通过深入探讨，将其归纳为四个主要宏观议题。

首先，关于数字政府建设研究方面，学者们对区块链技术在数字政府建设和政府数据治理中的应用进行了广泛研究。区块链技术作为一种去中心化、去信任、可追溯、透明、安全的新兴互联网技术，为当前数字政府建设和数据治理提供了丰富经验。根据各地实

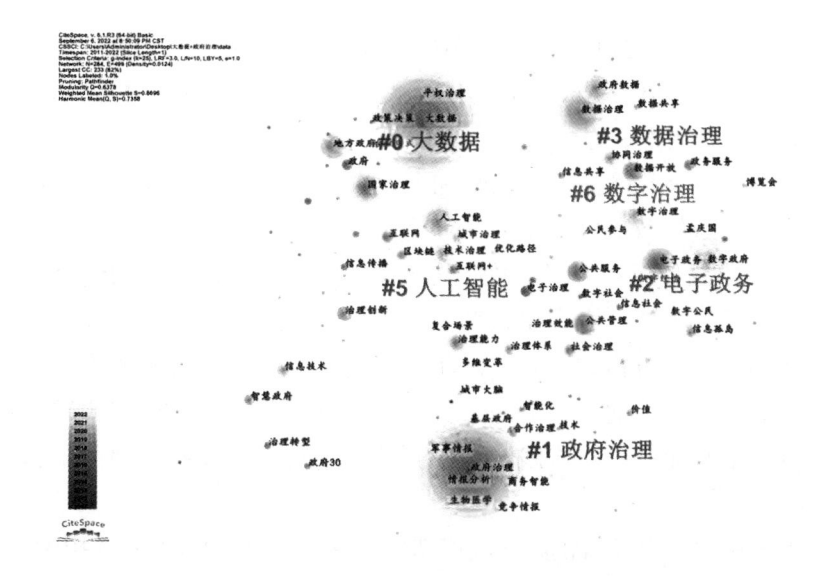

图 7-2　大数据时代背景下我国政府治理
研究关键词聚类图谱

践，学者们发现区块链技术能够有效提高政府数据的安全性和可信度，推动数据共享与互联互通。此外，数字技术的快速迭代与普及也为政府数字化转型提供了强大的科技驱动力。通过技术赋能和技术赋权的双重机制，数字政府建设能够更好地服务公众、推进政府治理的现代化。

其次，数字政府应用研究方面，学者们着重研究了数字技术在政府治理各个层面的广泛应用。危机治理、基层治理、城市治理、机关事务治理、社会治理等领域都体现了数字政府的应用性。例如，在基层治理方面，数字政府的应用使得基层政府能够更好地进行信息共享和协调合作，从而提高基层治理的效果和居民的满意度。杭州以数字经济、平台经济为依托，通过数字化技术有效护民、便民、安民、聚民，形成了有益的数字治理经验，为其他地区的基层治理数字化转型提供了积极探索。

再者，政府数据开放研究方面，学者们对政府数据开放的法制、隐私保护以及机制等方面进行了深入研究。数据开放对于提高政府透明度和数据利用率具有重要意义。然而，目前研究大多停留在理论层面,缺乏对实际数据开放共享行为的深入分析。学者们强调必须深入实际,以了解政府数据开放的实际效果和问题所在,以便更好地引导政府数据开放的发展方向。

最后,数字政府治理转型研究方面关注数字技术与政府治理结合的影响。数字政府推动了"最多跑一次""不见面审批""一网统管"等模式创新。然而,数字技术与传统政府治理模式的结合也带来了一系列挑战。学者们强调,政府治理模式、决策模式和公共服务供给模式等方面都需要作出相应的转变。各地方政府的成功实践案例,如浙江、北京、上海、贵州等,验证了政府治理模式转变的可能性。理论探讨与实践的良性互动将推动数字政府治理的不断进步。

综上所述,学者们在数字政府研究领域开展了广泛深入的探索,学术界通过对数字技术应用、政府数据开放和政府数字治理的研究,为推进数字政府建设和现代化治理提供了宝贵的思想和实践经验,通过学术界和实践领域不断的研究和探索将进一步推动数字政府的发展,以更好地服务于人民、促进社会进步。

4. 关键词突现及研究重点演进

突现词是在较短的时间内出现或使用频率较高的词汇,可以作为判断某研究领域前沿和趋势发展的证据。大数据背景下我国政府治理研究的突变词始于2011年,以"数字鸿沟"等关键词为代表;2016年后,"政务服务""技术赋能""政府效能""数据共享"等突现词出现;2020年至今,"数字政府"突现强度最高(11.44),这一研究形态或将是未来一段时间内的研究前沿。

本文通过总结分析和结合时空演进特征,将我国数字政府治理研究划分为2011—2015年、2016—2019年、2020—2022年三个时期,对比各时期频率最高的前20位关键词,梳理出我国大数据背景下政府治理研究重点变化趋势(见图7-3)。总体来看,"技术赋能""数据开发"受到学术界较多的关注和研究,在2016—2020年与2020—2022年间的关键词变化较大。2020年以来,数字政府治理进入改革发展新纪元,相关学者开始对"风险治理""数据共享""治理体系""政府效能""绩效评估"等新概念予以关注。

序号	关键词	频数	序号	关键词	频数	序号	关键词	频数
1	政府治理	13	1	地方政府	10	1	大数据	39
2	电子政务	5	2	电子政务	7	2	技术赋能	5
3	电子治理	4	3	公共管理	5	3	区块链	4
4	数字社会	2	4	政务服务	4	4	公共价值	4
5	公共服务	2	5	治理模式	3	5	风险治理	3
6	公共管理	2	6	政府决策	3	6	法律规制	3
7	国家治理	2	7	网络治理	2	7	治理体系	2
8	政府	2	8	顶层设计	2	8	模式创新	2
9	数字鸿沟	1	9	社会治理	2	9	智能治理	2
10	信息政策	1	10	政府	2	10	数据共享	2
11	社会观感	1	11	智慧	2	11	制度创新	2
12	资源优势	1	12	网络社会	2	12	政府效能	2
13	社会管理	1	13	启示	1	13	数据开发	2
14	军事情报	1	14	电子治理	1	14	法治政府	2
15	信息社会	1	15	政府传播	1	15	地方政府	2
16	政府决策	1	16	治理转型	1	16	困境	2
17	竞争情报	1	17	多元价值	1	17	绩效评估	2
18	生物医学	1	18	政策执行	1	18	治理机制	2
19	情报分析	1	19	技术赋能	1	19	多元共治	2
20	透明政府	1	20	数据开发	1	20	数据开放	2
	2011-2015年			2016-2019年			2020-2022年	

图 7-3　大数据背景下我国政府治理研究重点变化

5. 数字政府建设评估指标研究

当谈及数字政府建设评估指标时，学者们在国内外都展开了广泛的探讨。数字政府建设作为现代政府转型的重要组成部分，其评估指标研究具有重要的背景和意义。为了全面了解数字政府建设的成效和发展情况，学者们将评估指标划分为技术、服务、治理和社会效果四大类，以便系统评估其进展和存在的问题。

技术指标作为数字政府建设评估的基础，关注数字化技术在政府机构中的应用程度和技术支撑能力。政府数字化程度、信息系统稳定性、数据安全性、网络带宽和互联互通等方面是评估指标中的重要内容。同时，服务指标则着重考察数字政府在公众服务方面的表现。政府服务的便捷性、响应速度和服务体验等对公众的满意度起着重要作用。另外，治理指标则关注政府机构内部的管理效率和决策能力。政府信息公开程度、政策执行情况和政务数据共享水平等都是体现治理指标的重要方面。最后，社会效果指标作为终极目标，涉及数字政府建设对经济发展、社会稳定和民生改善的影响。数字政府建设在提高政府服务效率、降低社会管理成本、推动产业升级等方面对社会的贡献将成为评估的重要依据。

在国内外研究现状方面，发达国家早已建立了较为完善的数字政府建设评估体系。澳大利亚"信息经济办公室指数"、韩国"信息化指数"等都在数字政府建设评估指标方面取得了丰富经验。然而，国内数字政府建设评估指标的研究起步较晚，目前仍处于初步探索阶段。尽管一些城市和地区已开展了数字政府建设评估实践，如 IDC 的信息社会指数[1]、城市信息化水平[2][3]、数字城市建设绩效评价体系[4][5]，但仍缺乏统一的评估标准和体系。

当前数字政府建设评估指标研究仍面临一些挑战，缺乏统一的评估标准导致各地评估指标缺乏可比性。现有评估指标大多偏重技术和服务方面，对于治理和社会效果的研究还相对薄弱。数字政府建设是一个复杂系统工程，需要综合考虑多个方面的指标，构建完整的评估体系。

因此，未来数字政府建设评估指标研究应朝着建立完善的评估体系的方向发展。全面考虑技术、服务、治理和社会效果等多个维度，将是评估指标研究的重要方向。同时，可以借鉴国际先进经验，加强学习和交流，推动数字政府建设评估指标的不断优化和提升。通过深入研究和实践，为数字政府建设的持续发展和优化提供有力支持，推动政府治理向更加高效化、智能化和便民化的方向迈进。

---

[1] 周江明、吕斌、邱允生：《信息化综合发展指数（IDI）——对 132 个国家或地区（经济体）的测度分析》，《图书情报工作》2011 年第 55 期。

[2] 李晨光、王春新：《基于群决策方法的城市信息化发展水平评估模型》，《情报杂志》2009 年第 28 期。

[3] 王远桂：《我国城市信息化指标构建及实证分析——以北京、上海、天津、重庆为例》，《生态经济》2014 年第 30 期。

[4] 周波、邹凯：《基于直觉模糊的数字城市建设绩效评价研究》，《科技管理研究》2015 年第 35 期。

[5] 李莉、周宏：《模糊综合评价在数字城市管理中的应用》，《电子政务》2008 年第 10 期。

表7-4　　　　　　　　　相关主题指标文献资料2

类别	年份	来源	题目	指标体系
有关数字政府绩效的评估指标资料	2016	联合国	联合国电子政务发展指数（EDGI）	国际电信联盟（ITU）提供的电信基础设施指数（TII）、联合国教科文组织（UNESCO）提供的人力资本指数（HCI）、独立在线服务调查（OSQ）问卷所收集的在线服务指数（OSI）
	2016	欧盟	欧盟电子政务基准框架	包括用户为中心、透明度、主要赋能者、跨境流动4个一级指标、14个二级指标
	2018	美国总务管理局	21世纪综合数字体验法案	包括数字治理、现代化、共享服务、用户体验、实践社区的能力建设、可及性、报告功能、集约性（网站设计合理化）、政务文档数字化共9个一级指标
	2020	新加坡	数字政府蓝图（2020）	包括利益相关者满意度、端到端的数字化解决方案、端到端的数字交易、数字化能力、数字化转型项目、人工智能，大数据与数据分析、商业云迁移7个一级指标及15个二级指标
	2021	张丽，陈宇	《基于公共价值的数字政府绩效评估：理论综述与概念框架》，《电子政务》2021年第7期	从公众满意度、公共服务质量、政府组织的有效性、社会质量的提升构建数字政府公共价值测量指标
	2022	联合国	数字政府能力评估：地方和国家政府能力发展手册	从领导力、行动战略、治理、法律、技术、职业和劳动力发展6大维度、20个子纬度着眼构建数字政府能力评估体系
	2022	赵金旭，赵娟，孟天广	《数字政府发展的理论框架与评估体系研究——基于31个省级行政单位和101个大中城市的实证分析》，《中国行政管理》2022年第6期	从组织机构、制度体系、治理能力和治理效果四个维度构建数字政府评估指标体系

第八章

江苏数字政府治理效能评价体系构建与分析

党的十九届五中全会提出"加强数字社会、数字政府建设,提升公共服务、社会治理等数字化智能化水平"。近年来,数字政府建设作为"十四五"重点专项规划,推进政府数字化转型,取得了良好成效。政府利用数字化技术改变信息的汇集和分析能力,实现跨部门、跨层级业务协同和精准服务。与此同时,提升政府治理效能是推进国家治理体系和治理能力现代化的重要内容,也受到了我国政府的重视。政府治理效能提升。"政府治理效能"一词频繁地出现于党政高端会议、中央政策文件、领导人讲话中,充分表明了政府治理效能提升已经成为我国政府改革与发展的重要方向。新中国成立以来,中共中央及地方各级政府部门通过多种手段提升政府治理效能,已经取得了巨大的进步。学术界对政府治理效能展开广泛的讨论,并逐渐尝试应用科学化的手段对政府治理效能加以衡量,已有研究以治理绩效、治理能力、制度保障和公众满意度为四个评价维度构建"大数据应用的政府治理效能评价指标体系"[1],但已有研究多是基于理论层面,缺少与实践的结合。

当前,数字政府建设成为实现政府数字化转型、驱动经济社会高质量创新发展、推进国家治理体系和治理能力现代化的关键抓手。因此,如何增强数字政府治理效能、在大数据时代创新政府治理模式、推进政府治理体系和治理能力现代化成为当前亟须解决的关键问题。

---

[1] 王芳、张百慧、杨灵芝等:《基于大数据应用的政府治理效能评价指标体系构建研究》,《信息资源管理学报》2020年第2期。

本研究旨在搭建科学合理的评估指标体系，通过专家函询评估指标重要性程度，以层次分析法测度指标权重，加强数字政府建设，为推动省域政府治理体系与治理能力现代化探索良策。

第一节 评估指标构建基础

构建数字政府治理效能评估指标体系是依托于一定的评价方法、标准、原则与量化指标，对政府部门实现数字化转型进程中确立的与治理效能提升有关目标的实现程度，以及对执行这一绩效目标的实现结果进行综合性评价。

一 评估指标构建目标与方法

一般而言，评估指标体系是基于评估目标衍生而来的[1]，因此，明确构建目标、原则与方法是推动评估目标实现的动力机制，为构建科学合理的数字政府效能评价指标体系奠定理论基础。

（一）构建目标

加强数字政府建设是适应新一轮科技革命和产业变革趋势、引领驱动数字经济发展和数字社会建设、营造良好数字生态、加快数字化发展的必然要求，是建设网络强国、数字中国的基础性和先导性工程，是创新政府治理理念和方式、形成数字治理新格局、推进国家治理体系和治理能力现代化的重要举措，对加快转变政府职能，建设法治政府、廉洁政府和服务型政府意义重大[2]。数字政府建设要坚持"服务导向"，不断提高政务服务质量与社会治理效能，破解堵点难点、响应民众需求，基于互联网设计原则、数字服务标准和技术实施准则为用户提供稳定可靠的政府数字服务体验。因此，如何提升大数据时代政府治理体系和治理能力俨然成为实践领域和学术界的研究热点。

因此，本研究聚焦数字政府治理效能的关键场域及其构成要素，

---

[1] Anke Valentin J. H., "A Guide to Community Sustainability Indicators", *Environmental Impact Assessment Review*, Vol. 3, No. 20, 2000, pp. 381–392.

[2] 国务院：《国务院关于加强数字政府建设的指导意见》，2022-06-06。

以治理效能测评为抓手,坚持问题导向和效用导向,利用客观统计数据,通过构建科学可操作的大数据时代数字政府效能评价指标体系,评价某一地方政府为增进数字治理效能提供的基础条件与支撑,在理论结合实际的基础上,提出制度与技术相融合的路径,进而为统筹推进数字政府建设、省域治理现代化特色发展等工作提供决策参考。

(二) 构建思路

基于文献研究的结果,本书评估指标体系的建构确立以问题导向和效用导向为基本构建思路,依托评估目标衍生出可操作化、科学化的评估指标体系。当前评估指标体系制定的方式主要以自上而下、自下而上和综合式三种形式[1]。本研究构建指标体系过程中采用综合性模式,将指标选取划分为两种类别:可计量的评估指标和公众的主观感受等过程性因素,征询政府部门和专家团队的开放式意见,构建以问题和效用为导向的评估指标体系。

在具体指标的选取中综合定性与定量相结合的研究方法,实施科学化和可操作化的研究方法,从文献研究、政策分析、实地调研和专家咨询中确立数字政府治理效能评价指标体系,在指标初步筛选阶段采用定性分析,主要从评估目标和原则出发,课题组和专家团队从主观层面确定指标结构和具体指标;在指标完善过程中采用定量方法,通过专家咨询法、层次分析法和实地调研等一系列检验,使指标体系更加科学合理。

在前期指标筛选中,一方面是政策文本分析,选取国家和江苏省层面的"十四五"数字政府建设规划、大数据发展战略规划文本作为分析对象,对江苏省数字政府建设的政策进行深度分析,归纳总结江苏省数字政府建设的重点指标。另一方面是文献研究,查阅政府效能评价、社会治理评价、政府绩效评价等有关文献资料,总结政府治理效能评价相关研究中的二级、三级指标,作为政策分析结果的细化补充,确定了包括治理能力、治理绩效、治理结构和治理技术在内的一级指标。

---

[1] Evan D., Fraser A., "Bottom up and top down: Analysis of participatory processes for sustainability indicator identification as a pathway to community empowerment and sustainable environmental management", *Journal of Environmental Management*, Vol. 78, No. 2, 2006, pp. 14–127.

在指标完善阶段中，结合调研访谈法、专家咨询法和层次分析法相结合的方式，通过两至三轮专家咨询的模式，逐步确定各指标的有关意见和重要性评价，并通过实地访谈政府部门有关工作人员、部分公众与企业对于评估指标和数字政府建设的相关问题和修改建议，在多轮指标修正过程后以层次分析法确定各指标有关权重，并结合实例对数字政府治理效能发展路径提出相关发展建议。

（三）研究方法

当前学术界关于指标体系的研究方法主要聚焦于调查研究法、目标分解法、多元统计法等进行指标体系的构建和具体指标权重的确定。本文从调查研究法的角度出发，通过数字政府相关文件、理论文献与实践报告，以数字政府治理效能为主题，收集并设计评估指标体系，进而采用德尔菲法和层次分析法，将所设计的评价指标体系经过两至三轮的专家咨询后，形成最终的评价指标体系和权重的确定。

1. 访谈法

采取实地访谈的方式，走访安徽省、江苏省等省市的政务服务管理机构、大数据管理机构、地级市大数据管理机构，以及邀请高校和实务界有关专家开展多次专家研讨会等。通过对安徽省、江苏省等省市大数据治理相关顶层设计、组织体制、运行机制等方面进行深度访谈，了解当前数字政府治理体系建设现状、存在的问题并进行成因分析，并在调研中获取贴合数字政府发展实际需求的相关数据，作为本研究筛选和构建评价指标的选取来源。

2. 问卷法

基于构建数字政府治理效能指标体系的实际研究需要，严格按照科学程序设计一套合理的调查问卷，并在小样本预调查的基础上对问卷进行调整、修正。为保证问卷质量和回收顺利，调查将采取邮件联系、线上问卷、电话访谈等多种形式进行。本研究中主要将问卷调查法运用于以下三个方面：第一层是用于调研理论专家和实务专家对大数据时代数字政府建设评价指标的意见、评估与判别各维度指标的合理性及其重要程度；第二层是用来调查数字政府建设过程中的典型案例，包含组织体制、管理机制、数据共享等维度的创新案例；第三层是对数字政府研究领域具有丰富研究经验的专家进行调查，根据专家群体对各个评价指标的相对重要程度判断确定各级指标的权重。

3. 统计分析法

（1）德尔菲（Delphi）法

德尔菲（Delphi）法是一种依靠专家的知识经验和判断能力，通过匿名问卷的形式请专家对事物进行判断评价，以获取客观可靠的意见与信息的方法。在本研究中，选择了共计45位数字政府领域内的理论专家和实务专家，其中包括来自北京大学、上海交通大学等单位的专家。以下是具体的操作步骤。

第一步是收集整理相关资料，筛选出与数字政府建设评估相关的初始指标，设计并发放第一轮专家调查问卷，请专家对这些指标的重要程度进行打分，并提供修改意见。

第二步是对第一轮调查中专家提出的修改意见进行统计和汇总，对相关指标进行修正，并将修正后的指标与专家反馈的修改意见进行再次反馈。接着设计并发放第二轮专家问卷，再次请专家对修改后各指标提出修改意见和对重要程度打分。

第三步是汇总第二轮专家提出的修改意见，并对指标进行再次修正。随后，与专家讨论是否还存在异议以及判断是否需要进行第三轮专家问卷的发放。

通过德尔菲法的多轮反馈和专家之间的讨论，本研究旨在逐步收集意见，确保最终得到客观可信的结果，以用于数字政府建设评估。

（2）层次分析法（AHP）

层次分析法（Analytic Hierarchy Process，AHP）是一种多准则决策分析方法，由美国运筹学家 Thomas L. Saaty[①] 于1970年提出，并在之后的发展中逐渐成为一种经典的决策支持工具。AHP 的主要目标是帮助决策者在面对复杂多准则决策问题时，将不同的准则和选择按照其相对重要性进行排序和评估，从而作出合理的决策。在 AHP 中，决策问题通常被构建为一个层次结构，包含准则层、子准则层和方案层。准则层代表整体目标，子准则层是实现目标所需的关键因素，而方案层则是具体的决策选项。通过构建这样的层次结构，本书可以将

---

① Thomas L. Saaty, "The analytic hierarchy process—what it is and how it is used", *Mathematical Modelling*. Vol. 9, No. 3, 1987, pp. 161–176.

复杂的数字政府治理效能评估体系分解成更容易理解和处理的部分，同时考虑到各层次之间的相互关系，有益于理清数字政府治理效能评估的有关问题。

二 评估指标构建的理论基础

指标体系是由相互联系的若干指标所构成的有机体，是指对一个观点或事物进行评论、评述，指出优点、缺点，并给予总体表态，是认识过程中的一个阶段[①②]，是完整认识社会经济现象的一项重要手段和创新机制，因其完整化和科学化的构建目标对社会经济统计理论和实践操作提出更为严格的要求。因此，为了更好地认识数字政府治理效能的构成要素、内在机理以及外在表现形式，需要建构具备科学性、合理性的评估指标体系。

数字政府治理效能评估指标作为调查和测量地方政府数字化转型的治理效能水平的概念性框架，是一项庞大的系统工程和一个复杂的多准则决策问题，需要综合考虑公共管理、信息技术、公共价值、创新变革和可持续发展等多个方面的理论要素，以便量化政府数字化转型的绩效和效果。因此，在借鉴国内外有关数字政府建设评估、政府治理效能评估的经验和理论基础上，系统探索数字政府治理效能评估指标体系构建的指标设置、选取原则和具体指标拟定，这有助于增进数字政府建设评估理论研究、政府治理绩效评估、数字政府治理效能评估的知识积累，进而对指导数字政府建设实践、提升数字政府治理效能、推进数字政府治理创新等具有重要的实践意义。

（一）治理与评估：国内外理论基础

数字政府治理效能评估聚焦于以指标评估的模式推进数字政府建设、管理和服务，为推动省域政府治理体系与治理能力现代化探索良策。因此，本研究的评估指标体系将依据理论驱动和数据驱动的规律来构建。

---

① 李鉴、胡佳澍、黄海燕：《新时代体育发展综合评价体系构建及实证研究》，《体育科学》2020年第40期。

② 赵海燕、马松、曹秀玲等：《大型体育场馆环境质量主观评价指标体系构建与实证研究》，《首都体育学院学报》2016年第28期。

公共管理理论涵盖了政府机构的组织结构、决策过程、政策执行和公共服务的管理原理。公共管理理论的目标是优化政府的绩效和效率，提高公共服务的质量和响应性，增强政府机构的透明度和责任性。在数字政府评估中，这些理论可用于分析数字化转型对政府机构的内部运作和外部服务的影响，如可从公共服务效率、政策宣贯的速度和公民满意度等方面来考察数字化转型的成效。

统计指标理论是用以研究选择、构建和分析统计指标的原则和方法，统计指标通常是用来度量、衡量或描述某种现象或特征的数值化表示。在面对复杂的现象和多样的指标时，综合分析能够提供更全面的认识和判断，因此，在构建指标体系时，需要权衡不同指标之间的关系和重要性，避免指标冗余和重复。在数字政府评估中，该理论可用于帮助选取恰当的指标，确保指标体系的可靠性和有效性，确保评估结果全面而不是局限于单一指标。

政府绩效评估理论是研究政府机构、公共服务和政策执行绩效的重要理论之一，可用于确定评估指标的重要性和优先级，通过借助理论中所蕴含的逻辑框架、成本效益分析、结果链等方法和工具，可以帮助政府机构明确政策目标，识别政策成效的关键影响因素，并评估政策和服务的绩效。政府机构和公共组织普遍采用绩效评估来监测和管理其工作，以持续提高服务水平和执行效能。

（二）技术与制度：国内数字政府建设理念

数字政府是推进国家治理体系与治理能力现代化的重要举措[1]，代表着我国政府对社会演进到数字时代的自我适应和改变[2]，在技术层面上数字政府借助数字技术来改进信息传递和处理的效率，在组织层面上则基于数字基础设施对组织结构和治理模式进行赋能、协同与重构[3]。

数字政府的技术建设应该以服务数字政府的目标为导向，确保技术与治理目标相一致，避免将技术作为单纯的手段而脱离了目标。在

---

[1] 周文彰：《数字政府和国家治理现代化》，《行政管理改革》2020 年第 2 期。
[2] 戴长征、鲍静：《数字政府治理：基于社会形态演变进程的考察》，《中国行政管理》2017 年第 9 期。
[3] 黄璜：《数字政府：政策、特征与概念》，《治理研究》2020 年第 36 期。

技术治理中，技术与数据虽然是基础，但真正保障良性技术治理的关键在于对数据与技术的有效管理。虽然当前学者们普遍认识到技术理性的缺陷，并从制度和组织结构等方面提出了改进建议，以组织层面建设克服科层制系统封闭的缺陷，打破技术与治理的二元困境。因此，我们需要进一步思考如何真正找到技术与治理的平衡点，实现技术与治理的有机结合。

数字政府建设既涉及技术嵌入，也涉及制度的变迁。技术融合到政府中形成平台型政府，除了具有推动构建开放型政府、提高行政效率等正向作用，也可能带来反向作用，如不当的技术嵌入可能导致政府目标偏离，全面技术理性主导政府工作流程。为了合理利用技术，避免目的与手段的错位，数字政府应该以人为本，注重与民众的互动和参与，构建扁平化、开放式的政府结构，推动政府与民众之间的沟通更加顺畅，使政府的决策更加符合人民的利益。在理论结合实际的基础上，指标体系的构建将以制度与技术相融合为前提，为统筹推进我国数字政府建设和省域治理现代化特色发展等工作提供决策参考。

三 评估指标设置与选取原则

坚持指标体系与评估目标一致性原则。评估指标准确地反映出评估目标所追求的内容和维度，是获得准确、有效的评估结果，以支持和改进决策的根本前提。因此，数字政府建设的评估目标应确保明确定义，并且与政府机构的整体战略和愿景相一致。本研究遵守价值焦点思考法，从国家和省级层面的数字政府建设政策文件中，获取与数字政府治理效能提升相关的目标并转化为评估指标。

坚持时效性与灵活性相结合原则。数字政府建设是一个动态的过程，技术和需求都在不断发展变化。评估指标需要具备时效性，能够及时反映数字化转型的最新情况；另一方面，需要具备一定的灵活性，从分析和透视数字政府管理和服务的实际现状出发，以适应不断变化的环境。

坚持客观性和可衡量性相结合原则。指标体系要能够提供客观、准确的评估结果，为政府决策和数字化转型提供有力支持，同时，公众和利益相关者也可以对政府治理情况有更全面、客观的认识。指标体系中的指标应该是可以量化和测量的,即能够通过收集数据和信息来计算指标的数值,可衡量性确保指标具有准确性和可验证性,能够为数字政府建设提供确凿的证据和数据支持。

第二节 评估指标设置的内涵与阐释

数字政府建设是一项全方位、多层次、宽领域的系统性变革,具有整体性、复杂性和长期性的特点。数字政府治理效能评估在指标设置上需要体现实操性、前瞻性和科学性,同时符合江苏数字政府建设的特点和规律。数字政府治理效能评估离不开数字化转型、数字技术等有关的基础分析框架,对于数字技术发展及转型等概念的深入剖析有助于全面理解数字政府建设的本质和内核。基于此,本研究关注到数字化转型的概念、OPEC 理论框架和 TOE 分析框架。

首先,数字化转型(Digital Transformation,DT)概念是由维亚尔提出。这一概念关注到数字化转型的四个属性,即目标实体(受数字化转型影响的分析单位)、范围(目标实体属性内发生变化的程度)、方式(在目标实体内产生变化所涉及的技术)和预期结果(数字化转型的结果)[1]。其次,是聚焦数字政府发展所提出的 OPCE 理论框架,该框架关注到数字政府建设所涉及的四个维度,分别是组织机构、制度体系、治理能力、治理效果[2]。最后,TOE 分析框架立足影响技术应用的三类条件,分别是技术条件、组织条件以及环境条件。技术条件指的是数字技术的自身特征及其组织发展的关系[3];组织条件则关注技术应用对组织发展的影响,如组织规模大小、组织内部制度安排、组织资源等[4];环境条件包括组织所处的市场结构、外部政

---

[1] Gregory Vial., "Understanding digital transformation: A review and a research agenda". *The Journal of Strategic Information Systems*, Vol. 28, No. 2, 2017, p. 16.

[2] 赵金旭、赵娟、孟天广:《数字政府发展的理论框架与评估体系研究——基于31个省级行政单位和101个大中城市的实证分析》,《中国行政管理》2022年第6期。

[3] Chau K., Tam Y., "Factors Affecting the Adoption of Open Systems: An Exploratory Study", *MIS Quarterly*, Vol. 21, No. 1, 1997, pp. 1 – 24.

[4] Walker, R., "Internal and External Antecedents of Process Innovation: A Review and Extension", *Public Management Review*, Vol. 16, No. 1, 2014, pp. 21 – 44.

府的管制政策等方面①。

本研究结合以上理论和模型,提出"能力、绩效、结构和技术(Capacity-Performance-Structure-Technology,CPST)"理论框架,尝试以该框架来阐释江苏治理情境下数字政府的构成要素和内涵维度。治理能力、治理绩效、治理结构和治理技术与当前数字政府建设的总体方向和规划相适应,符合TOE、DOI等经典模型揭示的内在逻辑。此外,该框架兼顾供给和需求的衡量,在关注数字政府发展方向的同时兼顾需求侧对数字政府建设的反馈。

结合政府治理体系能力现代化的有关概念以及数字政府建设有关文件,总结提炼为4个一级指标,分别是治理能力、治理绩效、治理结构和治理技术;同时,4个一级指标分别对应功能、产出、结构和技术四个角度,对应社会治理导向、公共服务导向、组织变革导向和数字赋能导向四大导向,体现理念、价值、组织和工具四大要素。

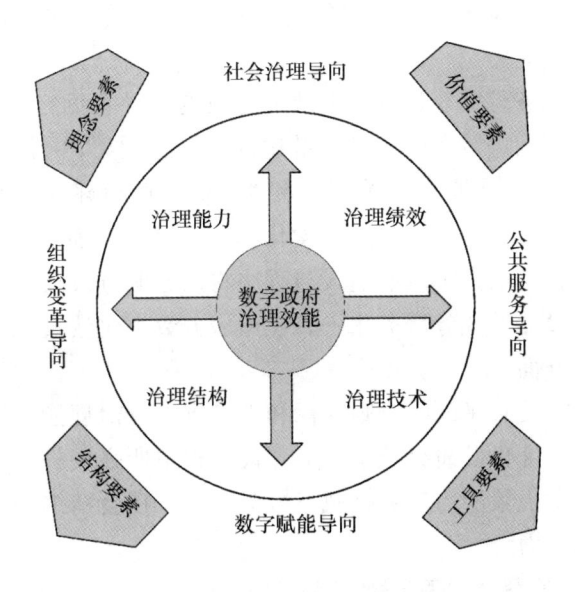

图 8-1 CPST 理论框架理念内涵

---

① Oliveir T., Martins M., "Literature Review of Information Technology Adoption Models at Firm Level", *Electronic Jour*, Vol. 14, No. 2, 2011, pp. 312 – 323.

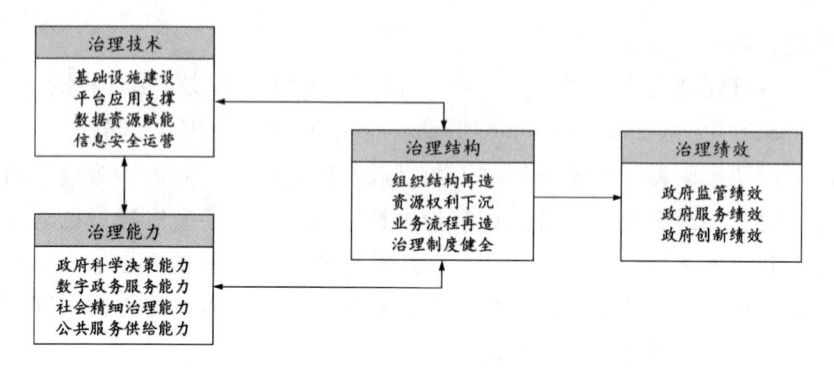

图 8-2　CPST 理论框架

一　治理能力

治理能力（A）与政府的治理领域、治理目标密切相关，是政府治理效能中的重要组成方面，与治理绩效所关注的结果导向有所不同，治理能力侧重于关注政府治理过程中的能力导向，即"数字政府建设过程中政府应该具备何种能力"或"数字政府建设过程中应当突出关注哪种能力"。

结合《国务院关于加强数字政府建设的指导意见》《江苏省政府关于加快统筹推进数字政府高质量建设的实施意见》《江苏省数字政府建设2022年工作要点》等有关文件，数字政府建设的基本原则和建设目标可以总结为政府决策科学化、社会治理精细化、公共服务高效化。此外，当前数字政府建设过程中将政务服务发展作为重点，以数字政府建设提升政务服务水平，政务服务数字化建设成为数字政府建设的重要方面。

综合数字政府建设的原则目标和工作重点，治理能力维度侧重于从功能性的角度出发研究数字政府建设过程中所强调的各种能力，分别为政府科学决策能力、数字政务服务能力、社会精细治理能力和公共服务供给能力。

（一）政府科学决策能力（A1）

地方政府政策决策过程主要包括五个阶段，分别是政策议程设置、政策规划、政策采纳、政策执行、政策评估[1]，数字化技术的应

---

[1] 孙涛、付雪梅：《地方政府决策过程创新研究》，《科技管理研究》2009年第29期。

用使得决策流程发生相应的变化。

一是走向科学化决策。与以往经验性决策不同，大数据的应用通过数据分析、技术应用等，通过"让数据说话"有效提升决策的科学水平。二是走向开放式决策。与封闭决策有所区别，数字技术的应用使得决策过程中的信息公开和监督更加透明，"大数据思维"能够有效提升政府治理的透明度。三是走向主动式参与。与以往被动式参与有所区别，大数据技术的应用通过互联网、APP、社交平台等搜集大量的信息数据，掌握决策的动态发展和实时走向，同时公众凭借大数据平台参与到决策过程中来，辅助性决策、主动式参与有助于提升政府决策的民主性和科学性。

综上，政府科学决策能力（A1）设置4个三级指标，即城市感知能力、辅助决策能力、精准施策能力、诊断评估能力[①]。

（二）数字政务服务能力（A2）

政务服务作为连接政府治理和民生服务的重要窗口，是打通便民利企"最后一公里"的重要桥梁。当前，政务服务逐渐从政府供给导向转向群众需求导向，各地区的数字政务建设成为激发政务服务新动能的重要路径，通过数字政务服务让群众享受"数字红利"已成为各地数字惠民理念的关键部分。

根据中央党校（国家行政学院）电子政务研究中心省级政府和重点城市一体化政务服务能力（政务服务"好差评"）从服务成效度、办理成熟度、方式完备度、事项覆盖度来衡量政务服务能力总体指数，结合《国务院关于加快推进政务服务标准化规范化便利化的指导意见》文件的出台，总结政务服务的几个重要方面，包括政务服务的标准化、便利化、数字化等。

综上，数字政务服务能力（A2）设置4个三级指标，分别是标准化建设程度、政务事项覆盖度、政务服务成熟度、服务便利化程度。

（三）社会精细治理能力（A3）

社会治理精细化是治理体系和治理能力现代化的内在要求，是数字政府建设的重要目标，是坚持"以人民为中心"治理理念的重要体现。与传统的粗放式管理思维有所区别，新时代背景下的社会治理愈发突出

---

① 孟天广、黄种滨、张小劲：《政务热线驱动的超大城市社会治理创新——以北京市"接诉即办"改革为例》，《公共管理学报》2021年第18期。

精细化治理理念，从政策制定、政策执行突出社会治理的精细化导向。

根据江苏省"十四五"数字政府建设规划有关文件，从一类事统办、基层治理数字化两个维度来考察社会治理精细化水平，包括基层治理、民政管理、公共安全、应急管理、生态治理、交通管理、医疗卫生、综合监管等重点领域。社会精细治理能力（A3）这一指标结合数字政府建设的工作重点，从领域出发进行划分设置4个三级指标，包括基层治理数字化、城市治理数字化、应急管理数字化、生态治理数字化。

（四）公共服务供给能力（A4）

公共服务具有公平性、可及性和基础性的特点，政府治理过程中公共服务供给能力直接影响到民众的幸福感和获得感。因此，数字政府建设过程中同样关注到公共服务的质量和水平。数字政府建设的本质内核，是通过数字技术的应用实现多个领域公共服务方式的创新，以此来改进公共服务信息和公共服务供给，提升公共服务供给的水平和质量[1]。

综上，研究参考戴建华、郑跃平和熊光清的数字政府建设与治理能力的有关文献，结合《江苏省"十四五"公共服务规划》等政策文件，公共服务供给能力（A4）设置3个三级指标，分别是资源配置效率[2]、反馈响应速度[3]、公共服务供给量[4]。

二 治理绩效

投入产出是衡量政府治理成效的重要标准，而绩效评估是衡量政府治理产出成果的关键维度。治理绩效（B）是治理效能的重要衡量指标，与政府的治理理念、治理对象密切相关。因此，数字政府治理绩效需要兼顾内部和外部等要素，从政府监管绩效、政府服务绩效和政府创新绩效展开研究，即"数字政府建设监管的效果如何"或"数字政府

---

[1] Gil-Garcia. , Dawes. , Pardo. , "Digital government and public management research: finding the crossroads", *Public Management Review*, Vol. 20, No. 5, 2018, p. 633 – 646.

[2] 郑跃平、孔楚利、邓羽茜、李楚昭、廖宸婕、杨学敏：《需求导向下的数字政府建设图景：认知、使用和评价》，《电子政务》2022年第6期。

[3] 戴建华：《智慧政府视野下的治理能力现代化》，《理论与改革》2020年第4期。

[4] 熊光清：《大数据技术的运用与政府治理能力的提升》，《当代世界与社会主义》2019年第2期。

建设服务的效果如何""数字政府建设过程中的创新如何"。

(一) 政府监管绩效 (B1)

加快发展数字经济,是立足新发展阶段、贯彻新发展理念、构建新发展格局、推动高质量发展的内在要求。数字经济建设与当前数字政府建设密切相关,也是当前地方政府在治理过程中的重点工作。结合数字经济发展趋势和优化营商环境的最新动态,政府监管成为重要的影响因素,"政府监管的参与度如何""市场监管的绩效如何"成为需要考虑的关键问题。

综上,政府监管绩效(B1)设置2个三级指标,即监管参与绩效、市场监管绩效。

(二) 政府服务绩效 (B2)

数字政府建设坚持"以人民为中心"的理念,因此数字政府建设过程中需求侧的反馈具有指导性意义。数字政府建设过程中需求端的使用频次如何、需求端的使用体验如何、需求端的满意度如何,以上反馈均可反映出数字政府建设过程中的服务绩效。

综上,综合考虑用户的使用程度和满意度,结合美国顾客满意度指数模型(ACSI)[①] 和大数据背景下政府治理的实践,政府服务绩效(B2)设置3个三级指标,即政民互动程度、公众满意程度、数字渗透程度。

(三) 政府创新绩效 (B3)

数字政府建设目前处于飞速发展阶段,各地涌现出大批数字政府建设的创新实践案例,因此数字政府建设过程中的创新案例侧面体现出地方政府在数字政府建设过程中的产出,对数字政府建设未来的发展具有一定的借鉴意义。正如"数字政府优秀实践案例"从服务可达、治理运行、数据体系、用户满意、保障支撑等五个领域构建特色评选体系,对于地方政府在数字政府建设过程中多个维度的创新进行评选。

综上,结合当前数字政府建设的创新实际,将治理特色创新作为重要衡量指标,来考量地方政府在数字政府建设过程中在业务、技术等方面的创新,如治理运行创新、数字技术创新等;同时结合当前政企合作实际,将合作生产能力作为重要指标。政府创新绩效(B3)

---

① ACSI 模型中共包含七个因素(潜变量):超市形象、质量期望、质量感知、感知价值、顾客满意、顾客抱怨、顾客忠诚。

设置 2 个三级指标，即治理特色创新和合作生产能力。

三　治理结构

数字政府建设不仅会对社会治理的各个领域带来一定程度的影响，同时也会催生治理结构的转型和变革，如数字政府建设涉及治理环节的多次转型，随之而来的是参与主体释放、治理结构多元、内部流程再造、管理结构优化等。

因此，治理结构（C）主要是从参与结构和权力结构[①]来进行考虑，侧重于研究大数据时代背景下政府治理体系转型过程中技术赋能所引起的组织变革、流程再造等现象。从职能、流程[②]和资源权力三个角度出发，共设置 4 个三级指标，分别是组织结构再造、资源能力下沉、业务流程再造[③]、治理制度健全。

（一）组织结构再造（C1）

数字化转型，是指数字技术所引发组织的战略反应，能够改变其价值创造路径，同时对组织的结构变革过程产生一定的影响，"应当体现数字化技术的应用和组织深刻改变两个明显特征"[④]。

正如，随着数字政府建设的推进，技术化手段和智能化应用会使得参与主体从单一化走向多元化；同时技术媒介参与的途径逐渐多元，而对于政府组织结构内部来讲，纵向层次也会发生相应的变化。综上，组织结构再造（C1）从参与主体多元化、参与途径多元化、组织结构扁平化三个层面进行衡量。

（二）资源权力下沉（C2）

组织赋权的三种方式，即结构赋权、心理赋权和资源赋权。数字政府建设对于政府组织内部而言，引起服务机构设置的变化、财权事权的变化以及技术系统的下沉等。正如当前五级政务服务体系的构建

---

① 邱泽奇、李由君、徐婉婷：《数字化与乡村治理结构变迁》，《西安交通大学学报》（社会科学版）2022 年第 42 期。

② 顾平安：《"互联网+政务服务"流程再造的路径》，《中国行政管理》2017 年第 9 期。

③ 刘晓洋：《思维与技术：大数据支持下的政府流程再造》，《新疆师范大学学报》（哲学社会科学版）2016 年第 37 期。

④ Gregory Vial. , "Understanding digital transformation: A review and a research agenda", *Journal of Strategic Information Systems*, Vol. 28, No. 2, 2019, pp. 118 – 144.

等，技术作为一项重要的资源，促进各项资源和权力的下沉。

综上，资源权力下沉（C2）从服务机构下沉、部门事权下沉和技术系统下沉三个层面考虑①。

（三）业务流程再造（C3）

流程再造，是指在政府部门的发展目标、治理模式的再造基础上，对政府业务流程进行重新思考和设计，从而引发原有组织结构、服务流程等发生相应的变化，甚至是彻底的重组。当前，数字政府建设如火如荼，地方政府将数字政府建设作为重点工程推进，结合地区实际开展数字政府建设，将理顺体制机制作为开展数字政府建设的重点工作，由此可见数字政府建设势必会引起有关业务流程再造的反思或讨论。

综上，业务流程再造（C3）作为重要的衡量指标，可以从数字政府对组织内部的影响进行讨论，将其划分为进行跨部门协同能力、政务服务精简化、政府办公高效化。

（四）治理制度健全（C4）

数字技术从来不是单独存在的，数字技术与制度之间相互交互、相互作用、相互影响。数字技术影响政府制度，一是革新政府与市场间的制度体系，二是革新政府与社会间的制度体系，三是在具体领域的制度体系层面进行革新，甚至对于制度和运行机制产生重塑作用②。

因此，聚焦狭义上的治理制度，治理制度健全（C4）重点关注数字政府建设过程中的制度设置，分别从组织体系保障、管理规范制度、标准规范运作三个层面进行考虑。

四 治理技术

治理技术（D）侧重于数字政府建设过程中技术工具的应用以及所引起的改变。结合有关报告与数字政府"十四五"规划建设的有关内容，分为基础设施建设、平台应用支撑、数据资源赋能、信息安全运营四个部分。

---

① 张新文、戴芬园：《权力下沉、流程再造与农村公共服务网格化供给——基于浙东"全科网格"的个案考察》，《浙江社会科学》2018年第8期。

② 赵金旭、赵娟、孟天广：《数字政府发展的理论框架与评估体系研究——基于31个省级行政单位和101个大中城市的实证分析》，《中国行政管理》2022年第6期。

(一) 基础设施建设 (D1)

基础设施建设对于数字政府具有底座支撑作用。数字化转型是技术与科层组织的互构过程，组织、网络、制度等要素影响技术的应用结果[①]。

因此，基础设施建设作为数字政府建设的"基石"是重要的衡量指标，结合江苏数字政府建设的工作要点，可以从政务云网平台建设、政府门户网站建设进行衡量。

(二) 平台应用支撑 (D2)

"以提升基础支撑平台服务能力和共性应用平台支撑能力为重点"，是各地数字政府建设过程中所强调的重点。平台应用支撑是数字政府建设的有力保障，是政府数字化转型的基础平台。构建集成、简约、高效的平台支撑，是未来数字政府建设的"数字机床"，也是智能化数字政府新形态的前提条件。

因此，平台应用支撑是数字政府建设治理技术中的重点工程。该研究中的平台应用支撑 (D2) 重点从主干应用平台建设、服务前端建设、业务应用建设共三个层面进行衡量。

(三) 数据资源赋能 (D3)

党的二十届二中全会作出组建国家数据局的重要部署，是数字政府建设的新契机和关键转折点，同时数据资源作为重要资源又一次引发关注。建立安全可控、弹性包容的数据要素治理制度，高质量推进公共数据开发利用，让数字动能与服务效能同频同步、释放红利成为关键焦点。

数据赋能强调通过利用各种技术、平台、渠道对主体进行提升，从而实现效能提升和价值创造[②]。本研究结合《"十四五"时期数字政府建设的主要指标和预期目标》和《数字政府2.0》，数据资源赋能 (D3) 主要从数据归集水平、数据共享水平和数据应用水平来进行衡量。

(四) 信息安全运营 (D4)

信息安全是数字政府发展的"安全线"，数字政府建设过程中应当关注数字政府建设的安全问题，基于政府网络和信息安全的建设经

---

① Fountain J. E., *Building the virtual state: Information technology and institutional chang*, Brookings Institution Press, 2004, p. 11.

② 孙新波、苏钟海：《数据赋能驱动制造业企业实现敏捷制造案例研究》，《管理科学》2018年第5期。

验，防患于未然，建立数字政府全方位的安全保障体系，筑牢数字政府的安全底线。

表 8-1　　江苏数字政府治理效能评价指标体系

一级指标	二级指标（15个）	三级指标（44个）	指标来源
治理能力	A_1 政府科学决策能力	A_{11} 城市感知能力	《国务院关于加强数字政府建设的指导意见》、中国人工智能城市感受力指数
		A_{12} 辅助决策能力	《江苏省人民政府办公厅关于印发江苏省"十四五"数字政府建设规划的通知》
		A_{13} 诊断评估能力	孟天广、黄种滨、张小劲：《政务热线驱动的超大城市社会治理创新——以北京市"接诉即办"改革为例》，《公共管理学报》2021年第2期
		A_{14} 精准施策能力	
	A_2 数字政务服务能力	A_{21} 标准化建设程度	《江苏省人民政府办公厅关于印发江苏省"十四五"数字政府建设规划的通知》
		A_{22} 政务事项覆盖度	
		A_{23} 政务服务成熟度	
		A_{24} 服务便利化程度	《国务院关于加强数字政府建设的指导意见》（国发〔2022〕14号）、王芳、张百慧、杨灵芝、李晓阳、刘汪洋、张建光、赵洪：《基于大数据应用的政府治理效能评价指标体系构建研究》，《信息资源管理学报》2020年第2期
	A_3 社会精细治理能力	A_{31} 基层治理数字化	《江苏省人民政府办公厅关于印发江苏省"十四五"数字政府建设规划的通知》
		A_{32} 城市治理数字化	《省政府办公厅关于印发江苏省"十四五"城乡社区服务体系建设规划的通知》
		A_{33} 应急管理数字化	《省政府办公厅关于印发江苏省"十四五"数字政府建设规划的通知》
		A_{34} 生态治理数字化	《省政府办公厅关于进一步优化政务服务便民热线的实施意见》
	A_4 公共服务供给能力	A_{41} 资源配置效率	蒋桔红、朱仲鑫：《医疗健康大数据在我国基本公共卫生服务慢病管理中的应用》，《中医药管理杂志》2022年第14期
		A_{42} 反馈响应速度	贺晶晶、刘钊：《大数据背景下地方政府公共服务能力绩效评价研究》，《价值工程》2020年第2期
		A_{43} 公共服务供给量	赵萌、郑发鸿：《信息技术在环境保护中的应用研究》，《安全与环境工程》2007年第2期

续表

一级指标	二级指标（15个）	三级指标（44个）	指标来源
治理绩效	B_1 政府监管绩效	B_{11} 监管参与绩效	刘飞、王欣亮：《政府数字化转型与地方治理绩效：治理环境作用下的异质性分析》，《中国行政管理》2021年第11期
		B_{12} 市场监管绩效	
	B_2 政府服务绩效	B_{21} 政民互动程度	王学军、陈友倩：《数字政府治理绩效生成路径：公共价值视角下的定性比较分析》，《电子政务》2021年第8期
		B_{22} 公众满意程度	
		B_{23} 数字渗透程度	
	B_3 政府创新绩效	B_{31} 治理特色创新	数字政府创新实践案例
		B_{32} 合作生产能力	
治理结构	C_1 组织结构再造	C_{11} 参与主体多元化	《江苏省人民政府办公厅关于印发江苏省"十四五"数字政府建设规划的通知》
		C_{12} 参与途径多元化	
		C_{13} 组织结构扁平化	
	C_2 资源权力下沉	C_{21} 服务机构下沉	《江苏省人民政府办公厅关于建立完善基层"互联网+政务服务"体系的指导意见》
		C_{22} 部门事权下沉	《江苏省人民政府办公厅关于印发江苏省"十四五"城乡社区服务体系建设规划的通知》
		C_{23} 技术系统下沉	《江苏省人民政府关于大力推进标准化规范化便利化加快建设现代政务服务体系的实施意见》
	C_3 业务流程再造	C_{31} 跨部门协同能力	张建锋：《数字政府2.0——数据智能助力治理现代化》，中信出版集团2019年版，第266—269页
		C_{32} 政务服务精简化	《江苏省人民政府办公厅关于印发江苏省"十四五"数字政府建设规划的通知》
		C_{23} 政府办公高效化	
	C_4 治理制度健全	C_{41} 组织体系保障	江苏省数字政府建设有关政策文件
		C_{42} 管理规范制度	
		C_{43} 标准规范运作	

续表

一级指标	二级指标（15个）	三级指标（44个）	指标来源
治理技术	D_1 基础设施建设	D_{11} 政府云网平台建设	"十四五"时期江苏省数字政府建设的主要指标和预期目标
		D_{12} 政府门户网站建设	《2021年中国政府网站绩效评估报告》
	D_2 平台应用支撑	D_{21} 主干应用平台建设	"十四五"时期江苏省数字政府建设的主要指标和预期目标
		D_{22} 服务前端建设	
		D_{23} 业务应用建设	
	D_3 数据资源赋能	D_{31} 数据归集水平	张建锋：《数字政府2.0——数据智能助力治理现代化》，中信出版集团2019年版，第266—269页
		D_{32} 数据共享水平	
		D_{33} 数据应用水平	
	D_4 信息安全运营	D_{41} 数据安全管理	《2021年广东省数字政府网络安全指数评估报告》
		D_{42} 个人信息保护	《2021年省级移动政务服务能力调查评估报告》

第三节 研究过程与方法应用

在通过前文文献资料和政策文本了解国内外数字政府治理有关发展现状的基础上，本节主要从初步确定数字政府治理效能评估指标体系，通过多轮专家函询确定最终的指标体系，并以层次分析法计算出各级指标权重等三个部分展开说明。

一 评估指标的初步拟定

本书的评估指标是基于前文所介绍的数字政府治理效能评价的建构目标、思路、理论、原则与研究方法，结合对政府相关部门工作的调研情况与政策文本，尤其是基于理论界的国家治理评估、政府治理效能评估、数字政府建设评估三大主题指标体系的研究经验，进而初步拟定本书的具体指标。

治理指标体系的建立结合政府治理体系能力现代化的有关概念和当

前数字政府建设有关文件,总结提炼为治理能力、治理绩效、治理结构、治理技术四个一级指标,分别从功能、产出、结构和技术四个角度,对应社会治理导向、公共服务导向、组织变革导向和数字赋能导向四大导向,体现理念要素、价值要素、组织要素和工具要素四大要素。

二 评估指标的首轮筛选

对于评估指标的首轮筛选,课题组设计了《"数字政府治理效能评估指标体系"专家咨询问卷》,指标的确定取决于专家对评估指标体系的各因素重要程度评价。

(一)评价主体的确定

专家的选择是一个至关重要的步骤,它直接影响评价结果的权威性与科学性。因此,在选择专家时,不仅要确保他们对数字政府建设与改革的基本情况非常熟悉,还要具备扎实的理论功底和丰富的实践经验。为了保证研究的有效性,访谈对象的选取采用了理论抽样的方法。理论抽样是一种基于概念或主题来进行资料收集的方法,旨在从不同地点、人物和事件中收集资料,并最大限度地形成概念或理论的属性和维度。本研究采用典型的理论抽样方法,通过深度访谈那些在公共管理研究领域具有丰富数字政府研究经验的专家学者和实务专家,以满足质性分析的抽样要求。

(二)评价指标筛选与分析

第一轮问卷测评的具体选项中,以专家对指标的重要性程度为测评依据,其对指标的修改建议分别为"非常重要""重要""一般""不重要""非常不重要"五个等级,并采取李克特五点积分法,分别对应5分、4分、3分、2分、1分。在第一轮的指标筛选过程中,主要通过均值、标准差和变异系数来反馈指标的重要程度和专家意见的一致性和稳定性程度。

其中,专家一般资料和积极程度常用问卷回收率表示,回收率大于70%,表明专家对本研究的积极程度较高[1]。专家协调程度采用肯

---

[1] Diamond I., Grant R., Feldman B., et al., "Defining consensus: a systematic review recommends methodologic criteria for reporting of Delphi studies", *Journal of Clinical Epidemiology*, Vol. 67, No. 4, 2014, pp. 401–409.

德尔和谐系数（Kendall's W）和变异系数（Coefficient of Variation，CV）表示，W 数值越大，CV 数值越小，表示专家对指标一致程度越好[1]。标准差常用于探索数据离散程度的量化形式，是反映数据精准度的重要指标，标准差越大意味着数据越离散，专家意见越不统一；反之，标准差越小意味着数据越聚集，专家意见越统一。均值是表示一组数据集中趋势的数量，表明数据中各观测值相对集中较多的中心位置，均值数值越大意味着指标的重要性程度越高。鉴于此，课题组决定将各级指标重要性程度赋值临界值界定为均值 > 3.75，标准差 < 1.0，变异系数 < 0.25，满足三级条件的指标将被保留纳入下一轮指标筛选进程。

1. 专家积极程度

第一轮询函问卷发放于 2022 年 10 月，专家主要涉及相关政府工作人员、数字政府领域研究学者，共发放问卷 45 份，回收 44 份，回收有效问卷 44 份，回收有效率 97.78%；第二轮询函问卷发放于 2023 年 3 月，共计发放 45 份问卷，回收 43 份，有效问卷 39 份，回收有效率 86.67%。两轮询函问卷的回收有效率均 > 70%，表明专家的积极程度相对较高。

2. 专家协调程度

专家协调程度的肯德尔和谐系数统计结果如表 8 - 2 所示，其中第一轮 W 为 0.166，协调程度 P = 0.000 < 0.01，结果显示专家一致性意见较高。

表 8 - 2　　　　　　　肯德尔和谐系数及其显著性检验

指标数	Kendall's W 值	卡方值	P 值
63	0.166	453.614	0.000

变异系数的计算公式为：

---

[1] 赵诗雨、喻姣花、汪欢等：《基于循证构建肠内营养护理质量敏感指标体系》，《中华护理杂志》2019 年第 54 期。

$$CV = \frac{S}{V} \times 100\%$$

其中，S 为标准差，V 为均值。

在各指标的统计结果中，变异系数位于 0.9429 至 0.271 之间，其中指标公共服务供给量、参与主体多元化、组织结构扁平化、服务机构下沉、部门事权下沉、管理规范制度、标准规范运作的变异系数大于 0.25，其余均小于 0.25，表明专家一致性意见较高。

3. 数据统计结果

表 8-3 中分别计算了第一轮专家询函问卷各指标得分的均值、标准差和变异系数，通过对回收问卷的数据进行统计分析，在 63 个初始指标中，有 5 个指标平均得分没有达到 3.75 分或者标准差大于 1，包括"公共服务供给量"（3.840，1.055，0.275）、"参与主体多元化"（4.113，1.082，0.263）、"组织结构扁平化"（3.863，1.047，0.271）、"部门事权下沉"（3.750，1.037，0.277）、"标准规范运作"（4.000，1.034，0.259）、"服务机构下沉"（3.931，0.997，0.254）、"管理规范制度"（3.863，0.978，0.253）。因此，通过首轮的指标筛选，保留了 56 个指标，作为首轮筛选的待定结果。

为了确保问卷结果的可靠性或稳定性，本书运用 SPSS26.0 软件分别检验了本次问卷的内在信度科克隆巴赫系数（Cronbach's Alpha）和分半信度。一般而言，克隆巴赫系数值越高越好，如果问卷信度系数达到 0.8 以上，该测量或量表的信度很好；信度系数在 0.7 以上，是可以接受的；如果在 0.6 以上，则此测量量表仍有价值，但应该对此量表进行修订；如果低于 0.6，则此问卷结果很不可信，则需要重新设计题项。统计分析结果表明，总体的克隆巴赫系数为 0.952，四个维度的克隆巴赫系数也均超过了 0.7，见表 8-4。

第八章 江苏数字政府治理效能评价体系构建与分析　215

表 8-3　首轮指标的筛选结果

一级指标	二级指标(15 个)	均值	标准差	变异系数	三级指标(44 个)	均值	标准差	变异系数
治理能力 A (4.840,0.369)	A_1 政府科学决策能力	4.772	0.475	0.100	A_{11} 城市感知能力	4.386	0.689	0.157
					A_{12} 辅助决策能力	4.386	0.722	0.165
					A_{13} 诊断评估能力	4.636	0.650	0.140
					A_{14} 精准施策能力	4.613	0.654	0.142
	A_2 数字政务服务能力	4.500	0.664	0.148	A_{21} 标准化建设程度	4.613	0.537	0.116
					A_{22} 政务事项覆盖度	4.159	0.745	0.179
					A_{23} 政务服务成熟度	4.409	0.658	0.149
					A_{24} 服务便利化程度	4.477	0.664	0.148
	A_3 社会精细治理能力	4.500	0.664	0.148	A_{31} 基层治理数字化	4.500	0.698	0.155
					A_{32} 城市治理数字化	4.454	0.663	0.149
					A_{33} 应急管理数字化	4.522	0.731	0.162
					A_{34} 生态治理数字化	4.136	0.878	0.212
	A_4 公共服务供给能力	4.500	0.665	0.148	A_{41} 资源配置效率	4.136	0.978	0.236
					A_{42} 反馈响应速度	4.409	0.756	0.171
					A_{43} 公共服务供给量	3.840	1.055	0.275

续表

一级指标	二级指标（15个）	均值	标准差	变异系数	三级指标（44个）	均值	标准差	变异系数
治理绩效 B (4.750, 0.488)	B_1 政府监管绩效	4.454	0.729	0.164	B_{11} 监管参与绩效	4.295	0.701	0.163
					B_{12} 市场监管绩效	4.181	0.755	0.181
	B_2 政府服务绩效	4.522	0.698	0.154	B_{21} 政民互动程度	4.454	0.729	0.164
					B_{22} 公众满意程度	4.454	0.663	0.149
					B_{23} 数字渗透程度	3.931	0.846	0.215
	B_3 政府创新绩效	4.113	0.753	0.183	B_{31} 治理特色创新	4.113	0.920	0.224
					B_{32} 合作生产能力	3.750	0.750	0.200
治理结构 C (4.340, 0.680)	C_1 组织结构再造	4.318	0.770	0.178	C_{11} 参与主体多元化	4.113	1.082	0.263
					C_{12} 参与途径多元化	4.000	0.806	0.202
					C_{13} 组织结构扁平化	3.863	1.047	0.271
	C_2 资源权力下沉	4.022	0.762	0.189	C_{21} 服务机构下沉	3.931	0.997	0.254
					C_{22} 部门事权下沉	3.750	1.037	0.277
					C_{23} 技术系统下沉	3.954	0.888	0.225
	C_3 业务流程再造	4.431	0.695	0.157	C_{31} 跨部门协同能力	4.545	0.697	0.153
					C_{32} 政务服务精简化	4.477	0.762	0.170
					C_{23} 政府办公高效化	4.318	0.909	0.211
	C_4 治理制度健全	4.068	0.949	0.233	C_{41} 组织体系保障	4.182	0.922	0.220
					C_{42} 管理规范制度	3.863	0.978	0.253
					C_{43} 标准规范运作	4.000	1.034	0.259

续表

一级指标	二级指标(15个)	均值	标准差	变异系数	三级指标(44个)	均值	标准差	变异系数
治理技术 D (4.295, 0.701)	D_1 基础设施建设	4.250	0.838	0.197	D_{11} 政府云网平台建设	4.272	0.727	0.170
					D_{12} 政府门户网站建设	3.931	0.925	0.235
	D_2 平台应用支撑	4.386	0.618	0.141	D_{21} 主干应用平台建设	4.295	0.851	0.198
					D_{22} 服务前端应用建设	4.113	0.841	0.204
					D_{23} 业务应用建设	3.954	0.834	0.211
	D_3 数据资源赋能	4.568	0.695	0.152	D_{31} 数据归集水平	4.545	0.791	0.174
					D_{32} 数据共享水平	4.636	0.532	0.115
					D_{33} 数据应用水平	4.318	0.770	0.178
	D_4 信息安全运营	4.613	0.784	0.170	D_{41} 数据安全管理	4.772	0.475	0.100
					D_{42} 个人信息保护	4.681	0.561	0.120

表 8-4　　　　　数字政府治理效能评估量表信度

变量名	题项数	克隆巴赫 Alpha 系数
治理能力	15	0.879
治理绩效	7	0.779
治理结构	12	0.915
治理技术	10	0.846

折半信度法则将测量分卷对等分为两半，计算二者的相关系数，最后将分半信度系数代入斯皮尔曼－布朗（Spearman-Brown）公式判断整个量表的信度。具体的运算公式如下：

$$r = \frac{N\sum XY - \sum X \sum Y}{\sqrt{[N\sum X^2 - (\sum X)^2] \cdot [N\sum Y^2 - (\sum Y)^2]}}$$

$$a_u = \frac{2r}{1+r}$$

该测量问卷量表共 44 题，使用折半信度计算信度时，计算结果如表 8-5，其中，两个部分均为 22 题，其中第一部分 α 信度值为 0.908，第二部分 α 信度值为 0.916，可计算出问卷的折半信度值为 0.922，在 0.8 以上，表明数字政府治理效能评估量表的信度较好。由此可见，通过两种方法得到问卷的信度系数均大于 0.8，表明此次问卷的内部一致性很好，问卷具有稳定性和可靠性。

表 8-5　　　　　数字政府治理效能评估量表折半信度

克隆巴赫 Alpha		斯皮尔曼－布朗系数
第一部分（22 题）	第二部分（22 题）	
0.908	0.916	0.922

三　评估指标的最终确定

对第一轮专家意见进行集中整理和修改后，课题组再次请专家从整体系统的角度对评价指标存在的问题提出修改意见并进行文字的校订以进一步明确指标涵盖范围后，课题组开展研讨工作，对保留下来的 56 个指标进行仔细斟酌。课题组综合专家意见认为,随着数字化技术的嵌入赋予政府组织结构以整体性、协同性和扁平化的特征,因此"组织结构扁平化"指标应当是测评数字政府治理效能的重要因素之一;《国务院关于加强数字政府建设的指导意见》中明确建立健全数据治理制度和标准体系,以数字化转型推进政府职能转变的基本原则,所以课题组将"组织结构扁平化""服务机构下沉""管理规范制度"指标重新纳入数字政府治理效能评估模型。最终确定由 4 个一级指标,15 个二级指标,40 个三级指标,构成数字政府治理效能评估模型具体见表 8 – 6。

表 8 – 6　　　　　　数字政府治理效能评估量表

一级指标(4 个)	二级指标(15 个)	三级指标(40 个)
治理能力 A	A_1 政府科学决策能力	A_{11} 城市感知能力
		A_{12} 辅助决策能力
		A_{13} 诊断评估能力
		A_{14} 精准施策能力
	A_2 数字政务服务能力	A_{21} 标准化建设程度
		A_{22} 政务事项覆盖度
		A_{23} 政务服务成熟度
		A_{24} 服务便利化程度
	A_3 社会精细治理能力	A_{31} 基层治理数字化
		A_{32} 城市治理数字化
		A_{33} 应急管理数字化
		A_{34} 生态治理数字化
	A_4 公共服务供给能力	A_{41} 资源配置效率
		A_{42} 反馈响应速度
治理绩效 B	B_1 政府监管绩效	B_{11} 监管参与绩效
		B_{12} 市场监管绩效
	B_2 政府服务绩效	B_{21} 政民互动程度
		B_{22} 公众满意程度
		B_{23} 数字渗透程度
	B_3 政府创新绩效	B_{31} 治理特色创新
		B_{32} 合作生产能力

续表

一级指标（4个）	二级指标（15个）	三级指标（40个）
治理结构 C	C_1 组织结构再造	C_{12} 参与途径多元化
		C_{13} 组织结构扁平化
	C_2 资源权力下沉	C_{21} 服务机构下沉
		C_{23} 技术系统下沉
	C_3 业务流程再造	C_{31} 跨部门协同能力
		C_{32} 政务服务精简化
		C_{23} 政府办公高效化
	C_4 治理制度健全	C_{41} 组织体系保障
		C_{42} 管理规范制度
治理技术 D	D_1 基础设施建设	D_{11} 政府云网平台建设
		D_{12} 政府门户网站建设
	D_2 平台应用支撑	D_{21} 主干应用平台建设
		D_{22} 服务前端建设
		D_{23} 业务应用建设
	D_3 数据资源赋能	D_{31} 数据归集水平
		D_{32} 数据共享水平
		D_{33} 数据应用水平
	D_4 信息安全运营	D_{41} 数据安全管理
		D_{42} 个人信息保护

四　评估指标权重的确定

在前文深入分析数字政府治理效能的本质、影响因素及其内在关系的基础上，接下来需要对于每个指标的重要性决定优劣次序，从而为更精确地评估数字政府治理效能的发展状况提供决策方法。层次分析法是一种层次权重决策分析方法，通过将决策总目标分解为多个子目标或准则，以定性指标模糊量化方法计算层次中各评价指标的权重，并依据权数大小进行排序确定决策目标的总体评价。它通过每层指标再进行两两比较的方法获得每个指标的相对重要性，现有 Yaahp 软件可实现对指标进行建模，生成判断矩阵，导入专家数据，进行结果计算，Yaahp 软件为本指标的权重确定带来了极大的方便。

（一）构建层次结构模型

层次分析法的建立层次结构模型包含 3 至 5 个层次，其中目标层、准则层和方案层为必备的层次结构。本书按照数字政府治理效能评估体系构建层次结构模型，以数字政府治理效能评估体系为决策议题，将评估指标体系分解为三个层次：目标层——数字政府治理效能评估体系；准则层包含两个部分，即准则层Ⅰ为 4 个一级指标、准则层Ⅱ为 15 个二级指标；决策层为 40 个三级指标。

（二）构建两两比较矩阵

判断矩阵的构造通常采用成对比较矩阵，无需对所有要素一同进行比较，以层次结构模型的某一准则所属的要素进行两两比较，并由专家对其重要性程度进行评定打分，打分规则通常遵循 1-9 尺度法，将重要性程度划分为 9 个等级，1-9 尺度法准则如表 8-7 所示。依据专家打分结果集结后得出 20 个判断矩阵，如表 8-8 至表 8-27 所示。

表 8-7　　　　　　　　1-9 标度法各级标度的含义

标度	含义
1	表示两个因素相比，两个因素同等重要
3	表示两个因素相比，因素一与因素二相比略微重要
5	表示两个因素相比，因素一与因素二相比明显重要
7	表示两个因素相比，因素一与因素二相比特别重要
9	表示两个因素相比，因素一与因素二相比极其重要
2, 4, 6, 8	表示两个因素相比，因素一与因素二相比重要性在相邻标度之间
倒数	比较因素交换，与上述含义相反

（三）层次分析法的结果

调查问卷依据层次分析法（AHP）的形式设计，于 2023 年 3 月发放第二轮问卷，专家主要涉及相关政府工作人员、数字政府领域研究学者，共计发放 45 份问卷，回收 43 份，成功回收率 95.56%。具体来说，通过 Yaahp（versio12.10）层次分析软件构建层次模型，将 43 位专家的数据录入至判断矩阵，建立 860 个两两对比的判断矩阵，并计算出各指标权重和排序优劣，最终有 4 位专家的数据未通过一致性检验，以下分析结果由 39 位专家的判断结果计算得出。

1. 判断矩阵 $T-T_i$（相对于数字政府治理效能评估总目标而言，4 个评估维度之间相对重要性比较）

表 8 - 8　　　　　$T-T_i$ 的判断矩阵（i = A，B，C，D）

T	A	B	C	D	Wi
A	1	2.2841	1.8227	2.7390	0.4119
B	0.4378	1	1.5546	2.3387	0.2528
C	0.5486	0.6433	1	2.6190	0.2231
D	0.3651	0.4276	0.3818	1	0.1122

注：一致性比例：0.0356；λmax：4.0949。

2. 判断矩阵 A - Ai（相对于治理能力而言，4 个评估维度之间相对重要性比较）

表 8 - 9　　　　　$A-A_i$ 的判断矩阵（i = 1，2，3，4）

A	A_1	A_2	A_3	A_4	Wi
A_1	1	2.7581	2.7524	2.3622	0.4632
A_2	0.3626	1	1.3993	1.0058	0.1914
A_3	0.3633	0.7146	1	1.2562	0.1728
A_4	0.4233	0.9943	0.7961	1	0.1726

注：一致性比例：0.0140；λmax：4.0375。

（1）判断矩阵 $A_1 - A_{1i}$（相对于政府科学决策能力而言，4 个评估维度之间相对重要性比较）

表 8 - 10　　　　　$A_1 - A_{1i}$ 的判断矩阵（i = 1，2，3，4）

A_1	A_{11}	A_{12}	A_{13}	A_{14}	Wi
A_{11}	1	1.7707	1.4241	1.0691	0.3161
A_{12}	0.5647	1	1.3476	0.8794	0.223
A_{13}	0.7022	0.742	1	0.7598	0.1948
A_{14}	0.9354	1.1372	1.3161	1	0.2661

注：一致性比例：0.0101；λmax：4.0271。

(2) 判断矩阵 $A_2 - A_{2i}$（相对于数字政务服务能力而言，4个评估维度之间相对重要性比较）

表8-11　　$A_2 - A_{2i}$ 的判断矩阵（i=1, 2, 3, 4）

A_2	A_{21}	A_{22}	A_{23}	A_{24}	Wi
A_{21}	1	1.2441	1.03	1.2199	0.2780
A_{22}	0.8038	1	1.4105	1.2272	0.2710
A_{23}	0.9709	0.709	1	1.2314	0.2388
A_{24}	0.8198	0.8149	0.8121	1	0.2122

注：一致性比例：0.0107；λmax：4.0287。

(3) 判断矩阵 $A_3 - A_{3i}$（相对于社会精细治理能力而言，4个评估维度之间相对重要性比较）

表8-12　　$A_3 - A_{3i}$ 的判断矩阵（i=1, 2, 3, 4）

A3	A_{31}	A_{32}	A_{33}	A_{34}	Wi
A_{31}	1	1.0698	1.1288	1.6943	0.2888
A_{32}	0.9348	1	1.4124	1.8829	0.3039
A_{33}	0.8859	0.7080	1	1.9190	0.2537
A_{34}	0.5902	0.5311	0.5211	1	0.1537

注：一致性比例：0.0072；λmax：4.0193。

(4) 判断矩阵 $A_4 - A_{4i}$（相对于公共服务供给能力而言，2个评估维度之间相对重要性比较）

表8-13　　$A_4 - A_{4i}$ 的判断矩阵（i=1, 2）

A_4	A_{41}	A_{42}	Wi
A_{41}	1	2.3091	0.6978
A_{42}	0.4331	1	0.3022

注：一致性比例：0.0000；λmax：2.0000。

3. 判断矩阵 B-B$_i$（相对于治理绩效而言，3 个评估维度之间相对重要性比较）

表 8-14　　　　B-B$_i$ 的判断矩阵（i=1, 2, 3）

B	B$_1$	B$_2$	B$_3$	Wi
B$_1$	1	1.0043	1.7037	0.3738
B$_2$	0.9957	1	2.8214	0.4400
B$_3$	0.5870	0.3544	1	0.1862

注：一致性比例：0.0277；λmax：3.0288。

（1）判断矩阵 B$_1$-B$_{1i}$（相对于政府监管绩效而言，2 个评估维度之间相对重要性比较）

表 8-15　　　　B$_1$-B$_{1i}$ 的判断矩阵（i=1, 2）

B$_1$	B$_{11}$	B$_{12}$	Wi
B$_{11}$	1	0.7546	0.4301
B$_{12}$	1.3253	1	0.5699

注：一致性比例：0.0000；λmax：2.0000。

（2）判断矩阵 B$_2$-B$_{2i}$（相对于政府服务绩效而言，3 个评估维度之间相对重要性比较）

表 8-16　　　　B$_2$-B$_{2i}$ 的判断矩阵（i=1, 2, 3）

B$_2$	B$_{21}$	B$_{22}$	B$_{23}$	Wi
B$_{21}$	1	0.5327	1.2710	0.2682
B$_{22}$	1.8772	1	2.819	0.5322
B$_{23}$	0.7868	0.3547	1	0.1996

注：一致性比例：0.0030；λmax：3.0031。

（3）判断矩阵 B$_3$-B$_{3i}$（相对于政府创新绩效而言，2 个评估维度之间相对重要性比较）

表8-17　　　　$B_3 - B_{3i}$的判断矩阵（i=1, 2）

B_3	B_{31}	B_{32}	Wi
B_{31}	1	0.9935	0.4984
B_{32}	1.0066	1	0.5016

注：一致性比例：0.0000；λmax：2.0000。

4. 判断矩阵 $C - C_i$（相对于治理结构而言，4个评估维度之间相对重要性比较）

表8-18　　　　$C - C_i$的判断矩阵（i=1, 2, 3, 4）

C	C_1	C_2	C_3	C_4	Wi
C_1	1	2.6217	2.1757	1.3708	0.39841
C_2	0.3814	1	1.7219	1.0158	0.2162
C_3	0.4596	0.5808	1	0.932	0.1685
C_4	0.7295	0.9844	1.0729	1	0.2212

注：一致性比例：0.0315；λmax：4.0842。

（1）判断矩阵 $C_1 - C_{1i}$（相对于组织结构再造而言，2个评估维度之间相对重要性比较）

表8-19　　　　$C_1 - C_{1i}$的判断矩阵（i=1, 2）

C_1	C_{11}	C_{12}	Wi
C_{11}	1	1.3265	0.5702
C_{12}	0.7538	1	0.4298

注：一致性比例：0.0000；λmax：2.0000。

（2）判断矩阵 $C_2 - C_{2i}$（相对于资源权力下沉而言，2个评估维度之间相对重要性比较）

表8-20　　　　　$C_2 - C_{2i}$ 的判断矩阵（i=1, 2）

C_2	C_{21}	C_{22}	Wi
C_{21}	1	1.7434	0.6355
C_{22}	0.5736	1	0.3645

注：一致性比例：0.0000；λmax：2.0000。

（3）判断矩阵 $C_3 - C_{3i}$（相对于业务流程再造而言，3个评估维度之间相对重要性比较）

表8-21　　　　　$C_3 - C_{3i}$ 的判断矩阵（i=1, 2, 3）

C_3	C_{31}	C_{32}	C_3 3	Wi
C_{31}	1	1.0694	0.7792	0.3132
C_{32}	0.9351	1	1.0391	0.3297
C_{33}	1.2834	0.9624	1	0.3571

注：一致性比例：0.0135；λmax：3.0140。

（4）判断矩阵 $C_4 - C_{4i}$（相对于治理制度健全而言，2个评估维度之间相对重要性比较）

表8-22　　　　　$C_4 - C_{4i}$ 的判断矩阵（i=1, 2）

C_4	C_{41}	C_{42}	Wi
C_{41}	1	1.2596	0.5574
C_{42}	0.7939	1	0.4426

注：一致性比例：0.0000；λmax：2.0000。

5. 判断矩阵 $D - D_i$（相对于治理技术而言，4个评估维度之间相对重要性比较）

表8-23　　　　　$D - D_i$ 的判断矩阵（i=1, 2, 3, 4）

D	D_1	D_2	D_3	D_4	Wi
D_1	1	1.2338	1.6412	1.7774	0.3274

续表

D	D_1	D_2	D_3	D_4	Wi
D_2	0.8105	1	1.641	2.2194	0.3099
D_3	0.6093	0.6094	1	1.8562	0.2169
D_4	0.5626	0.4506	0.5387	1	0.1458

注：一致性比例：0.0146；λmax：4.0390。

（1）判断矩阵 $D_1 - D_{1i}$（相对于基础设施建设而言，2个评估维度之间相对重要性比较）

表 8-24　　　　$D_1 - D_{1i}$ 的判断矩阵（i=1, 2）

D_1	D_{11}	D_{12}	Wi
D_{11}	1	1.7244	0.6329
D_{12}	0.5799	1	0.3671

注：一致性比例：0.0000；λmax：2.0000。

（2）判断矩阵 $D_2 - D_{2i}$（相对于平台应用支撑而言，3个评估维度之间相对重要性比较）

表 8-25　　　　$D_2 - D_{2i}$ 的判断矩阵（i=1, 2, 3）

D_2	D_{21}	D_{22}	D_{23}	Wi
D_{21}	1	1.0780	1.2072	0.3611
D_{22}	0.9277	1	1.4238	0.3629
D_{23}	0.8284	0.7023	1	0.2761

注：一致性比例：0.0062；λmax：3.0064。

（3）判断矩阵 $D_3 - D_{3i}$（相对于数据资源赋能而言，3个评估维度之间相对重要性比较）

表 8-26　　　　$D_3 - D_{3i}$ 的判断矩阵（i=1, 2, 3）

D_3	D_{31}	D_{32}	D_{33}	Wi
D_{31}	1	0.7380	0.5687	0.2445

续表

D_3	D_{31}	D_{32}	D_{33}	Wi
D_{32}	1.3550	1	1.0124	0.3629
D_{33}	1.7584	0.9878	1	0.3926

注：一致性比例：0.0080；λmax：3.0083。

（4）判断矩阵 $D_4 - D_{4i}$（相对于信息安全运营而言，2 个评估维度之间相对重要性比较）

表 8-27　　　　　　$D_4 - D_{4i}$ 的判断矩阵（i=1,2）

D_4	D_{41}	D_{42}	Wi
D_{41}	1	0.7955	0.4430
D_{42}	1.2571	1	0.5570

注：一致性比例：0.0000；λmax：2.0000。

（四）计算权重

下面以 $T - T_i$ 的判断矩阵为例，得出权重向量。

（1）建立比较矩阵 T

$$T = \begin{Bmatrix} 1 & 2.2841 & 1.8227 & 2.7390 \\ 0.4378 & 1 & 1.5546 & 2.3387 \\ 0.5486 & 0.6433 & 1 & 2.6190 \\ 0.3651 & 0.4276 & 0.3818 & 1 \end{Bmatrix}$$

（2）将矩阵 T 按列归一化，得到矩阵 T_1

$$T_1 = \begin{Bmatrix} 0.4252 & 0.5245 & 0.3830 & 0.3149 \\ 0.1862 & 0.2296 & 0.3267 & 0.2689 \\ 0.2333 & 0.1477 & 0.2101 & 0.3012 \\ 0.1553 & 0.0982 & 0.0802 & 0.1150 \end{Bmatrix}$$

(3) 将矩阵 T_1 按行求和再归一化,得到矩阵 T_2

$$T_2 = \begin{Bmatrix} 1.6476 \\ 1.0114 \\ 0.8923 \\ 0.4487 \end{Bmatrix} \rightarrow \begin{Bmatrix} 0.4119 \\ 0.2528 \\ 0.2231 \\ 0.1122 \end{Bmatrix}$$

得到矩阵 $T - T_i$ 的权重向量分别为 0.4119,0.2528,0.2231,0.1122,具体含义为治理能力占数字治理效能评估总目标权重为0.4119,治理绩效占总目标权重为0.2528,治理结构占总目标权重为0.2231,治理技术占总目标权重为0.1122。

(五) 判断矩阵一致性

鉴于矩阵构建采用的是专家打分法,不同专家对调查问卷题项、打分细则、判断标准存在多样性和片面性的主观认知,为确保判断矩阵赋分数值的一致性和协调性,故须对判断矩阵进行一致性检验,检查各因素的重要性程度之间是否存在矛盾,因此需要计算它的一致性指标 CI,定义为:

$$\lambda_{max} = \sum_{i=1}^{n} \left(\frac{(AW)_i}{n W_i} \right), \quad CI = \frac{\lambda_{max} - n}{n - 1}$$

当 CI = 0,则判断矩阵具有完全一致性;CI 越接近于 0,判断矩阵有满意的一致性;CI 越大,判断矩阵的不一致性越严重。为了更好地衡量 CI 的大小及避免构建判断矩阵时的逻辑差错,需要通过随机一致性指标 RI 与一致性指标 CI 进行比较,检验不同阶数的矩阵是否具有一致性。常用的 RI 取值见表 8-28。

表 8-28　　　　　平均一致性随机指标 RI 的取值

n	1	2	3	4	5	6	7	8	9	10
RI	0	0	0.52	0.89	1.12	1.26	1.36	1.41	1.46	1.49

因此,判断矩阵的一致性比率 CR 的计算公式如下:

$$CR = \sum_{i=1}^{n} \frac{a_i CI_i}{\sum_{i=1}^{n} a_i RI_i}$$

其中，CI_i 为 B_i 单序列的一致性指标，RI_i 为相应的平均随机一致性指标。

如果判断矩阵的一致性比率 CR = CI/RI < 0.1 时，则此判断矩阵的不一致性在容许范围内，矩阵具有满意的一致性，通过一致性检验；反之，若判断矩阵的一致性比率 CR = CI/RI > 0.1，则说明未通过一致性检验，需要重新调整矩阵的重要性程度判断数值，或者重新调整纳入分析结果的专家个案。通过对表 8-8 至表 8-27 的计算可得出：本评估指标体系的 20 个判断矩阵一致性指标 CI 有较为满意的一致性，且一致性比率 CR 均小于 0.1，均通过一致性检验。

同时，为了评价层次总排序计算结果的一致性，也需要进行一致性检验。

CR = 0.4119 × 0.0125 + 0.2528 × 0.0144 + 0.2231 × 0.2807 + 0.1122 × 0.0130/0.4119 × 0.89 + 0.2528 × 0.58 + 0.2231 × 0.89 + 0.1122 × 0.89 = 0.0898 < 0.1，认为层次总排序具有满意一致性，通过一致性检验。

（六）数字政府治理效能评估指标权重分配结果

通过 Yaahp 软件对一级指标权重、二级指标环节内权重和三级指标环节内权重进行合成，可得到三个层级指标对决策目标的权重，即一级指标的 4 个要素、二级指标的 15 个要素、三级指标的 44 个要素分别对"数字政府治理效能"这一目标的权重分配和优劣次序，汇总见表 8-29。

表 8-29 指标权重的分配结果

一级指标	权重	权重排序	二级指标(15个)	维度内权重	全体权重	权重排序	三级指标(44个)	维度内权重	全体权重	权重排序
治理能力 A	0.4119	1	A₁ 政府科学决策能力	0.4632	0.1158	1	A₁₁ 城市感知能力	0.2012	0.0134	37
							A₁₂ 辅助决策能力	0.1922	0.0128	40
							A₁₃ 诊断评估能力	0.2233	0.0149	34
							A₁₄ 精准施策能力	0.3833	0.0256	18
			A₂ 数字政务服务能力	0.1914	0.0478	10	A₂₁ 标准化建设程度	0.2075	0.0138	36
							A₂₂ 政务事项覆盖度	0.1934	0.0129	39
							A₂₃ 政务服务成熟度	0.2452	0.0163	32
							A₂₄ 服务便利化程度	0.3539	0.0236	21
			A₃ 社会精细治理能力	0.1728	0.0432	12	A₃₁ 基层治理数字化	0.2497	0.0166	31
							A₃₂ 城市治理数字化	0.2600	0.0173	28
							A₃₃ 应急管理数字化	0.2763	0.0184	27
							A₃₄ 生态治理数字化	0.2141	0.0143	35
			A₄ 公共服务供给能力	0.1726	0.0431	13	A₄₁ 资源配置效率	0.4583	0.0306	14
							A₄₂ 反馈响应速度	0.5417	0.0361	5

续表

一级指标	权重	权重排序	二级指标(15个)	维度内权重	全体权重	权重排序	三级指标(44个)	维度内权重	全体权重	权重排序
治理绩效 B	0.2528	2	B_1 政府监管绩效	0.3738	0.0935	4	B_{11} 监管参与绩效	0.3345	0.0223	24
							B_{12} 市场监管绩效	0.6655	0.0444	1
			B_2 政府服务绩效	0.4400	0.1100	2	B_{21} 政民互动程度	0.2258	0.0151	33
							B_{22} 公众满意程度	0.5225	0.0348	9
							B_{23} 数字渗透程度	0.2518	0.0168	30
			B_3 政府创新绩效	0.1862	0.0466	11	B_{31} 治理特色创新	0.3955	0.0264	17
							B_{32} 合作生产能力	0.6045	0.0403	3
治理结构 C	0.2231	3	C_1 组织结构再造	0.3941	0.0985	3	C_{12} 参与途径多元化	0.463	0.0309	12
							C_{13} 组织结构扁平化	0.5370	0.0358	7
			C_2 资源权力下沉	0.2162	0.0540	9	C_{21} 服务机构下沉	0.5590	0.0373	4
							C_{23} 技术系统下沉	0.4410	0.0294	16
			C_3 业务流程再造	0.1685	0.0421	14	C_{31} 跨部门协同能力	0.2541	0.0169	29
							C_{32} 政务服务精简化	0.2883	0.0192	25
							C_{23} 政府办公高效化	0.4575	0.0305	15
			C_4 治理制度健全	0.2212	0.0553	7	C_{41} 组织体系保障	0.4621	0.0308	13
							C_{42} 管理规范制度	0.5379	0.0359	6

第八章 江苏数字政府治理效能评价体系构建与分析　233

续表

一级指标	权重	权重排序	二级指标（15个）	维度内权重	全体权重	权重排序	三级指标（44个）	维度内权重	全体权重	权重排序
治理技术 D	0.1122	4	D₁ 基础设施建设	0.3274	0.0819	5	D₁₁ 政府云网平台建设	0.5301	0.0353	8
							D₁₂ 政府门户网站建设	0.4699	0.0313	10
			D₂ 平台应用支撑	0.3099	0.0775	6	D₂₁ 主干应用平台建设	0.2787	0.0186	26
							D₂₂ 服务前端建设	0.3397	0.0226	22
							D₂₃ 业务应用建设	0.3815	0.0254	19
			D₃ 数据资源赋能	0.2169	0.0542	8	D₃₁ 数据归集水平	0.1968	0.0131	38
							D₃₂ 数据共享水平	0.3384	0.0226	23
							D₃₃ 数据应用水平	0.4648	0.0310	11
			D₄ 信息安全运营	0.1458	0.0365	15	D₄₁ 数据安全管理	0.3713	0.0248	20
							D₄₂ 个人信息保护	0.6287	0.0419	2

第四节　江苏数字政府治理效能评价体系分析

通过上述数据处理和分析，对于指标体系的建构已有基本的说明，本章主要对江苏数字政府治理效能评估体系进行进一步说明，深入分析评估指标权重结果及其研究中存在的不足与下一步改进方向。

一　评估指标的解释说明

党的二十大对网络强国、数字中国建设作出新的更高要求和指示，政府数字化转型作为建设数字中国的基础性和先导性工程，已经成为大势所趋，数字政府建设也进入快车道。无论是从深入贯彻中央大政方针的要求，还是从支撑江苏高质量发展的需求来看，推动政府数字化转型意义深远，如何衡量江苏数字政府的治理绩效对于数字政府未来的发展方向而言至关重要。

数字政府建设是政府为适应和推动数字化转型，对政府治理理念、责任边界、组织形态以及治理手段进行系统发展和变革的过程。能力层面，数字政府通过理念转变、技术变革等实现治理能力的更新，通过提升多项治理能力促进社会治理的精细化、智能化；技术层面，数字政府基于数字技术、数据资源获取海量的信息，通过技术手段实现数据资源的充分利用和高效分配；组织层面，政府基于数字基础设施的赋能、协同与重构，能够有效推进政务服务、政府监管、决策支撑和政治传播。技术、组织、能力层面的交互，使得数字政府建设在社会治理、公共服务供给等领域有了产出，体现为治理绩效。本研究从治理能力、治理绩效、治理结构和治理技术四个维度出发，确定4个一级指标、15个二级指标和44个三级指标。

治理能力所占比重最高，体现了国家治理体系和治理能力现代化的时代背景下对于"治理能力"的重点关注。随着数字政府建设工作的不断推进，数字政府所引起的治理能力变革给受众带来较深的体验，如大数据辅助政府决策、数字化政务服务、精准化精细化社会治理等。数据赋能下的治理能力正在以全新的面貌让社会治理焕发新的生机。治理能力到底是哪些方面的能力，这一发问成为各级政府在社会治理过程中的重要导向，同时也成为提升公众幸福感和获得感的重要来源，也是数字政府建设的最终面向。

治理绩效是数字政府治理效能最直接的产出。治理绩效是在传统绩效评估基础上发展而来，通过治理绩效的感知、政府工作效果评估等，从多个维度反映数字政府建设过程中的绩效产出，数字政府建设中对于各主体的监管如何、数字政府提供给需求端的服务如何、数字政府建设过程中有无特色创新，多个角度综合反映出地方政府在数字政府建设过程中的实际产出。

治理结构指的是数字政府建设过程中的治理结构的转变，数字政府建设过程中势必会引起政府内部形态的变化，如组织结构会发生相应的变化、以服务机构和技术系统为代表的资源权力逐步下沉、业务流程再造等，数字政府所引发的治理结构变革对于组织变革而言意义深远。

治理技术是数字政府建设过程中的关键支撑，数字政府建设需要制度和技术的双轮驱动。数字政府建设过程是业务和技术深度融合的过程，这一过程有助于提升政府履职效能，促进数字政府高效协同运转。此外，数字政府建设过程中如何建立起高效共享的数据要素市场、发挥数据资源的高效能也成为治理技术所关注的要点。数字政府建设过程中的技术应用，与当前数字治理、数据治理等研究趋势相符合，深刻体现大数据时代政府治理工具的转型、制度和技术的双向赋能。

二 评估指标权重的结果分析

通过以上步骤，本书确定了数字政府治理效能评估的4个一级指标、15个二级指标、40个三级指标以及相应的指标权重，以下对此结果进行简要分析。

（一）一级指标权重分析

从层次分析法得到的数字政府治理效能评估指标权重可以看出，一级指标权重结果（见表8-29）所示，治理能力（0.4119）和治理绩效（0.2528）在数字政府治理绩效的评估中起到关键性作用，其次是治理结构（0.2231）和治理技术（0.1122）。

治理能力是数字政府治理效能评估的重要因素之一，相较于电子政务发展历程中专注于单纯的信息技术实践，数字政府时代更重视标准范式构建，从而推动提升数字政府治理能力与治理效率[①]。

治理绩效是数字政府治理成效与水平的直接反映[②]，体现着政府依托大数据和信息技术推进政府数字化转型的主导角色过程中，所产出的成绩和所获得的效益，因此，对数字政府治理效能评估这一总目标而言占比较大。

治理结构[③]是数字技术嵌入科层制的重要变革维度之一，对于数字政府治理效能评估的治理结构维度而言，是检验对技术发展相匹配所进行的适应性调整情况。

但相比而言，治理技术的权重系数较低，主要原因是以治理技术考量数字政府治理效能的评估成果，容易引发"技术迷信"现象，如若更注重通过评估考核、排名等"产出端"表现倒逼"投入端"进行制度更新的做法，使得组织容易被技术所"俘房"，产生"指尖上的形式主义"等问题[④][⑤]。

（二）二级指标权重分析

二级指标权重结果（见表8-29）显示，排在前五位的分别是：政府科学决策能力（0.1158）、政府服务绩效（0.1100）、组织结构再造（0.0985）、政府监管绩效（0.0935）、基础设施建设（0.0819）。

前5项中排第一位的是政府科学决策能力，进一步诠释了治理能力的重要性，对于实现我国政府数字化转型和推进治理能力和治理效能现代化建设而言，其根本路径和必由之路是建设政府决策科学化、

---

① Milakovich, *Digital governance: new technologies for improving public service and Participation*, London: Routledge, 2012.

② 冯朝睿、赵倩莹：《中国政府数字治理能力指标体系构建与测度研究——基于熵权TOPSIS方法的实证分析》，《云南财经大学学报》2023年第3期。

③ 赵娟、孟天广：《数字政府的纵向治理逻辑：分层体系与协同治理》，《学海》2021年第2期。

④ 于君博、戴鹏飞：《打开中国地方政府的数字治理能力"黑箱"——一个比较案例分析》，《中国行政管理》2021年第1期。

⑤ 赵玉林、任莹、周悦：《指尖上的形式主义：压力型体制下的基层数字治理——基于30个案例的经验分析》，《电子政务》2020年第3期。

社会治理精细化、政务服务高效化的数字政府[1]。

排序第二位、第三位的是政府服务绩效和政府监管绩效，隶属于治理绩效维度，政府服务绩效是以公共服务为中心的绩效评估维度，政府监管绩效反映着政府顺应市场机制、维护有序竞争能力的发展情况[2]，在政府社会市场理论中，政府服务绩效、监管绩效和行政绩效是政府治理绩效的重要组成部分，能够有效推进组织内部运行、公共服务供给和市场平稳运转等能力建设。

组织结构再造是地方政府以数字化技术打破自上而下层级制、集权式的组织结构，推动信息在全方位、全时空、多层次的组织治理网络中传递，有助于政府的决策管理和服务供给实现敏捷化、高效化、科学化[3]。

基础设施建设是数字政府建设的重要支撑，是推进数据资源整合和共享应用的数字底座。因此，建设健全的基础设施是优化数字政府治理效能的根基。

(三) 三级指标权重分析

从三级指标权重结果（见表8-29）可知，在治理能力评估维度中，权重排序前三的分别是：反馈响应速度（0.5417）、资源配置效率（0.4583）、精准施策能力（0.3833）。地方政府运用数字技术可以优化信息和服务供给、生产和管理方式，准确把握市场需求导向以提升精准施策能力，以技术创新驱动资源配置效率和反馈响应速度的提升。伴随着类 ChatGPT 时代的到来，将更进一步推动数字政府决策向智能化、科学化的进程迈进。

在治理绩效评估维度内，权重排序前三的分别是：市场监管绩效（0.6655）、合作生产能力（0.6045）、公众满意程度（0.5225）。市场监管绩效能够反映政府顺应市场机制，维护有序竞争的能力，已有研究表明伴随着行政、服务与监管绩效的提升，数字政府治理绩效也

---

[1] 黄禾、陈加友：《数字政府建设的内在机理、现实困境与推进策略》，《改革》2022年第11期。

[2] 刘飞、王欣亮：《政府数字化转型与地方治理绩效：治理环境作用下的异质性分析》，《中国行政管理》2021年第11期。

[3] 臧雷振、刘超：《数字政府、治理能力与外资流入——来自全球188个国家（地区）的面板数据的经验证据》，《太平洋学报》2023年第31期。

随之提升。数字时代为构建开放式合作环境、社会主体互动参与提出新的路径，培育合作生产能力能够有效克服相互竞争的价值之间的冲突①，推动各主体协同建设数字政府。公共价值是数字政府治理的基本准则和治理绩效的判断标准②，已有研究发现将公众参与程度和公众满意度纳入评估体系能够有效提升数字政府治理绩效③。因此，在治理绩效中，发展以市场监管的职能作用，推动建设多主体合作生产和公众满意的数字政府，对于提升数字治理效能具有显著作用。

在治理结构评估维度内，权重排序前三的分别是：服务机构下沉（0.5590）、管理规范制度（0.5379）、组织结构扁平化（0.5370），组织结构扁平化和服务机构下沉以精简层级和部门的形式，赋能组织传递效率和消弭部门组织边界，管理规范制度则以制度创新和保障重塑政府运行机制，推进政府部门内外协同，进而以规范有序运用新技术手段赋能管理服务，是数字政府由"技术治理"转向"规则之治"的重要保证④。

在治理技术评估维度内，权重排序前三的分别是：个人信息保护（0.6287）、政府云网平台建设（0.5301）、政府门户网站平台建设（0.4699），相较于私人部门，公共部门因其公共利益优越性的特征，完善个人信息保护制度是建构数字法治政府的必由之路和时代命题。政府云平台和门户网站建设有效推动技术和数据汇集至平台，能够有效链接供给和需求，是数字政府建设的有效保障。

三　结论与讨论

党的二十大报告指出，要加快建设网络强国、数字中国。数字政府作为连接贯通数字经济、数字社会的"核心引擎"，对于推进数字

---

① Pang M., Lee G., Delone W., "IT resources, organizational capabilities, and value creation in public sector organizations: A public-value management perspective", *Journal of Information Technology*, 2014.
② 王学军、陈友倩:《数字政府治理绩效生成路径：公共价值视角下的定性比较分析》,《电子政务》2021年第8期。
③ 吴克昌、闫心瑶:《数字治理驱动与公共服务供给模式变革——基于广东省的实践》,《电子政务》2020年第1期。
④ 刘祺:《技术赋能、结构重塑与制度创新：基层数字政府改革的逻辑》,《中共天津市委党校学报》2022年第24期。

化全面转型、提升数字化治理能力、培育经济发展新动能、构建"数智图景"具有重要引领作用。各地将数字政府建设作为重点工作推进，数字政府建设迎来了新契机和关键转折点。加快推进江苏数字政府高质量发展走在前列，对于全面贯彻新发展理念、构建现代化经济体系、构筑竞争新优势意义重大。

数字政府建设，不是简单将信息技术在政府履职领域进行简单堆砌，更不是单纯的技术应用问题，而是一场全方位、多领域的自我革命。数字政府建设过程中面临大数据时代背景下地方政府的多种转型，需要打破"单兵作战"格局转向"多方协同"，克服纵向结构和科层制的壁垒，破除"信息孤岛"和"信息壁垒"。因此，数字政府建设过程中需要全方位多层次共同发力，一是多维度构建治理体系，构建良治之基；二是多途径提升治理能力，实现善治；三是多方位重塑治理结构，实现共治；四是多架构善用治理技术，实现智治。

本研究运用文献分析法、德尔菲法和层次分析法等研究方法，通过指标体系构建、指标筛选、权重赋值等主要步骤，尝试构建出数字政府治理效能评估体系。该研究旨在建立具有江苏特色，具备引领性、科学性和前瞻性的江苏数字政府治理评价指标体系，从而对于数字政府建设思路提供具有指导意义的对策建议。

第一，坚持点面结合，评估内容兼具全面性和重点性。全面性是指在治理能力维度中采取按照领域划分的形式兼顾数字政府建设所涉及的多个领域，重点性在于在治理技术、治理结构中突出数字政府建设的关键要点，如数据资源赋能、政府创新绩效等特殊性。

第二，坚持系统思维，过程与结果并重。不同于单纯的结果导向，在数字政府绩效评估过程中，除最直接的绩效产出之外，将治理能力、治理结构、治理技术等数字政府建设过程中的要素纳入指标体系内，体现出过程与结果并重、产出效益和未来发展并重的特点。

第三，坚持客观思维，量化与非量化并重。一方面，评估过程中指标的设定充分考虑到数字政府建设实践及其可测量性，方便后续的测量应用；另一方面设置"治理特色创新"等非量化指标，通过治理特色创新案例等形式来反映数字政府建设绩效，尝试搭建混合的、全面的测评体系。

本研究还存在一些不足。第一，数字政府建设处于飞速上升时期，对于数字政府内涵的把握、发展方向等，当前学界观点不一。本研究立足江苏省数字政府建设现状，从省级层面出发对于数字政府建设进行效能评估，不同地域、不同时期、不同层级政府所开展的数字政府建设具有一定的差异性和特殊性。第二，指标筛选阶段，由于德尔菲法自身存在易忽视少数人的意见、存在组织者主观影响等缺点，研究方法的缺陷在研究过程中难以避免。第三，在指标赋权重方面，专家所处的环境不同、价值偏好不同，对指标体系的赋权重会产生一定的影响。课题组通过增加专家群体数量来提升指标体系的科学性，但是人员分布、个体差异等问题均会影响到最终结果。

第四编

推进大数据时代政府治理转型的路径选择

第九章

各省市数字政府建设的主要做法

当前,数字政府建设已成为各地区加速推进新时代基层治理体系和治理能力现代化的重要抓手,浙江省、上海市、广东省、贵州省、福建省等省市已探索出了较为成熟的发展模式,在以数字政府建设引领社会治理效能提升方面取得了显著的成效,走在了全国前列。其中,浙江省通过"最多跑一次"工程带动政府数字化转型,上海市以"一网通办"开展数字政府的探索与实践,广东省通过"管运分离"创新数字政府运作模式,贵州省推行"云网一体化"构建数字政府创新体系,福建省将"数字福建"建设作为新世纪的一项重大战略工程持续推进。以上先行省市的主要做法措施,为国内相关地区推进数字政府建设提供了可复制、可借鉴的经验做法和实践参考。

第一节 浙江省:"最多跑一次"推动政府数字化转型

浙江省积极推进数字政府建设,将重点放在实现"最多跑一次"事项标准化省域内全覆盖的目标上,并为此专门编制并出台了《浙江省公共数据和电子政务管理办法》,浙江省通过加快完善一体化在线政务服务平台建设,打造"前台综合受理、后台分类审批、综合窗口出件"政务服务新模式来实现"最多跑一次"的目标。浙江省"最多跑一次"的实现得益于"集成服务""一窗办理""一次办结"的创新性服务模式,旨在满足群众"一次办好"的实际需求[①]。总的来

---

① 《推动"最多跑一次"改革不断前行》,《浙江日报》2018年4月20日第6版。

说,"最多跑一次"是政府对社会的一种承诺,更是一次"刀刃向内",面向政府内部的自我革命,是对传统政务服务模式的改进和优化。

一 发展历程

浙江省的"最多跑一次"改革是以公众需求为导向的,通过优化审批流程切入来构建人民满意的服务型政府,进而实现促进治理体系和治理能力现代化的目标。浙江省的数字政府建设可以大致划分为三个阶段,并推出了一系列相关政策文件,具体如表 10-1 所示:

表 10-1　　浙江省数字政府建设相关政策文件文件名称

	发布日期	发文文号
《浙江省人民政府关于印发加快推进"最多跑一次"改革实施方案的通知》	2017 年 2 月	浙政发〔2017〕6 号
《浙江省公共数据和电子政务管理办法》	2017 年 3 月	浙江省政府令第 354 号
《浙江省人民政府关于印发浙江省数字政府建设"十四五"规划的通知》	2021 年 6 月	浙政发〔2021〕13 号
《浙江省人民政府关于深化数字政府建设的实施意见》	2022 年 7 月	浙政发〔2022〕20 号

萌芽期:国务院于 2015 年 5 月首次提出"放管服"改革的目标,2016 年提出以互联网赋能政务服务的理念。浙江省在贯彻落实目标要求的过程中,归纳了"四张清单一张网"政务服务改革经验,优化了行政审批制度。2017 年,浙江省成立"最多跑一次"改革专题组,办公室设在省编办,并写入省政府工作报告,作为重点任务在全省全面推进。同年,浙江省将"最多跑一次"工程列为省政府第一项重点改革任务,编制出台《浙江省人民政府关于印发加快推进"最多跑一次"改革实施方案的通知》,明确改革完成的时间节点、任务明细及具体路径,为浙江省级层面至县级层面推行"最多跑一次"改革提供了行动指南。

发展期:2018 年 1 月,习近平总书记主持召开的中央深改领导小组第二次会议，审议并肯定了《浙江省"最多跑一次"改革调研报告》，3月，"最多跑一次"被写入国务院《政府工作报告》。同年6月，浙江省社会科学院联合省统计局，对参与"最多跑一次"事项的群众进行随机电话调查结果显示满意率接近95%，实现率接近89%，8月，省、设区市、县（区市）纳入"最多跑一次"工程的具体事项占总体事项的比例均超过99%。浙江省的改革得到了中央和社会各界的高度肯定，各省市也开始学习借鉴其先进经验和做法。截至2018年8月，全国有28个省市自治区根据自身特色，在学习浙江经验的基础上制定了不同的改革方案。

成熟期：在已取得成效基础上，浙江还持续优化和创新"最多跑一次"改革。2020年，浙江省进一步加速"最多跑一次"改革再提速，实现了一般企业投资项目在80天内完成。具体来说，新赋码项目在50天内完成开工前审批，在30天内完成竣工验收阶段审批。2022年，温岭首家"全程监管极简审批"危化品建设项目成功落地，实现了从"最多跑一次"到"一次都不跑"的跨越。

二 主要做法

（一）推进"最多跑一次"事项标准化全覆盖

浙江省持续推进行政许可事项精简化办公，逐步缩减待政府核准的投资项目清单。除涉及国家安全、国家重大战略布局、重大生产力布局、重大公共利益、战略性资源开发之外的企业投资类项目，均无需审批核准，一律实行备案制管理。优化并全面使用企业投资项目在线审批监管平台，探索实行企业投资项目承诺制，建立模拟审批、容缺预审、联合办理机制，推动行政审批标准化、中介服务规范化，开展相对行政集中许可权改革试点。深化商事制度改革，降低市场准入门槛、完善企业登记制度、推进工商登记全过程电子化试点、推行证照联办。

（二）加快完善一体化在线政务服务平台

浙江省已发布《浙江省公共数据和电子政务管理办法》，规定构建省级政务服务平台，为各类政务数字化应用提供标准化的开发组件。此外，浙江省政府还致力于打造浙江政务服务网、"浙里办"

APP，推进政务服务全程网上办理和快递送达，大力推进掌上办事，推行"一证通办"。按照受办分离的原则，政府推动各级政府及其部门政务服务事项全面接入"一窗受理"。按照"一件事、一个系统、一个项目库"的要求，还致力于构建浙江省省级企业投资项目在线审批监管平台3.0版。此外，还推动了工商登记全程电子化，实现商事登记证照联办。还致力于构建浙江政加快数字"单一窗口"建设，提升跨境贸易便利化水平。在不动产登记，公积金管理、社保服务、户籍查询、车辆和驾驶人管理、出入境办理等领域，浙江省政府也深化了网上便民服务。

（三）推进"一窗受理、集成服务"

为了优化大厅窗口布局、提高服务容量以及改善工作流程，浙江省整合现有资源，设立一窗通办的综合服务窗口，改变各窗口分别受理、独立办理且业务分散的现状，以构建"前台综合受理、后台分类办理、统一窗口出件"的服务模式。以群众和企业办事"最多跑一次"为理念，全面梳理行政审批、公共服务事项，进一步整合窗口业务，简化办事手续，优化审批流程，做到群众办事只需提供一次材料、只跑一次路、只排一次队，切实提高群众满意度和获得感。全力打造"前台综合受理、后台分类审批、综合窗口出件"的政务服务模式，打破部门之间的壁垒。

（四）以数字化改革提升医疗领域服务能效

为解决城市机动车保有量的不断增长所导致的就医"停车难""接送难"问题，浙江省卫生健康委以数字化改革为牵引，在"浙里办"APP上正式推出了"就医停车"应用。该应用为用户提供医院周边车位查询、停车引导服务，同时与杭州"城市大脑"所共享的医院周边停车场车位信息进行了集成，实现了看病就医场景与智慧停车场景的深度融合，实时共享车位动态，引导患者合理选择出行方式、科学规划停车方案，赋能城市治理。同时，该应用还与预约挂号应用联动进行了深度集成，当用户成功预约挂号后，系统会立即推送医院周边停车位信息，方便用户随时按需查看并进行停车规划[①]。

[①] 《"浙里办"上线了一个新应用让看病停车更便捷》，《杭州日报》2021年10月8日第4版。

第二节　上海市："一网通办"改革的探索与实践

"一网通办"是指一个网上系统可以处理所有事务，该系统将不同部门的信息系统打通，群众只需操作一个办事系统，就可以完成多个领域的事项，解决手续繁琐、盖章频繁、路程遥远等"关键小事"[①]。上海市在推动数字政府的建设过程中，注重转变基层治理理念，号召广大干部化身服务企业和群众的"店小二"，打通与群众间的"最后一公里"，建立以用户评价为导向的"好差评"制度，根据群众反馈意见找出问题短板，聚焦政府内部流程再造，全面推进综合窗口改革，为群众提供"一站式"服务。

一　发展历程

上海市数字政府建设可以大致划分为三个阶段，出台的部分相关文件如表10-2所示：

表10-2　上海市数字政府建设相关政策文件文件名称

	出台日期	发文文号
《中共上海市委办公厅上海市人民政府办公厅关于印发〈全面推进"一网通办"加快建设智慧政府工作方案〉的通知》	2018年4月	沪委办发〔2018〕14号
《上海市公共数据和一网通办管理办法》	2018年9月	上海市人民政府令第9号
《上海市人民政府办公厅关于印发〈建立"一网通办"政务服务"好差评"制度工作方案〉的通知》	2019年7月	沪府办发〔2019〕20号
《2022年上海市全面深化"一网通办"改革工作要点》	2022年1月	沪府办发〔2022〕1号

萌芽期：2018年4月，上海市人民政府发布了《全面推进"一

---

① 《"一网通办"通了还要能办》，《人民日报》2018年4月26日第5版。

网通办"加快建设智慧政府工作方案》，该方案在围绕全面建成"一网通办"总门户、建立高效协同办理机制、推进政务数据互联互通、强化管理资源支撑等方面作出了全面的战略部署。2018年5月，为解决"通"的问题，上海市大数据中心正式揭牌。"一网受理，只跑一次，一次办成"的要求和标准逐步成为上海市各市辖区及市直部门的工作模式。2018年7月1日，上海"一网通办"总门户在"中国上海"网站上线试运行。

发展期：2018年11月1日，上海市正式实施《上海市公共数据和一网通办管理办法》正式施行，该办法旨在促进公共数据的整合应用，全面推进"一网通办"政务服务。截至2019年3月22日，上海市已有超过771万的个人用户在"一网通办"实名建立档案，覆盖人口比例超过30%；189万的企业法人建立企业档案，约占企业设立总数的90%；"随申办市民云"的用户数量已经超过1000万。

成熟期：2021年2月，上海市"一网通办"长者专版正式上线运行。该版本基于老年用户群体的普遍特点，以老年用户群体的实际操作体验为首要考量指标进行优化功能设计与开发，遵循大字体、大图标、高对比度的页面设计及布局方式，以满足老年人的操作使用需求特性。2022年1月，上海市政府发布了《2022年上海市全面深化"一网通办"改革工作要点》，指出将推进三个一批创新服务，重点优化各类用户群体高频事项全流程高效办事体验，预期"一网通办"平台实际办件网办比例达到80%。在此背景下，"随申办"的月活跃用户数已突破1400万。

二 主要做法

"一网通办"改革的目标是要为民众提供如同"网购"一样方便的服务，这并不仅仅意味着提供网上的服务，还需要通过互联网技术不断优化线下服务的方式和流程，实现线上线下的深度融合与同步发展。具体来说，就是要使得民众能够方便地在线下获取整合的公共服务，并通过PC端和手机端在线上获取整合的公共服务，实现"网上办"和"指尖办"。在此过程中，需要在治理理念、治理技术、业务流程、智慧监管等多个方面进行不断努力、持续创新。

（一）推进治理理念转变

"一网通办"改革的成果主要表现为简化办理流程、缩减办理时间，减少企业、群众办事跑腿次数等。改革依托互联网技术，体现以人民为中心的执政理念和服务型政府建设。具体而言，是当好"店小二"2018 年，浦东新区以包容审慎的理念打造新模式、新业态、新产业。2022 年 4 月和 5 月份，上海市实施全域静态管理，宝山区市场监管局和区行政服务中心坚持"店小二"服务，灵活应用"线上申请+线上核准"全程网办，灵活启用"留岗值守+居家办公"办理模式，推行"企业承诺+容缺办理"创新机制，为诸多企业的复工复产创造了条件。

（二）构建评价制度体系

建立以用户评价为导向的"好差评"制度，"一网通办"改革优化了政府与企业、公众的互动交流。"一网通办"办事效率，能切实提升群众和企业的获得感、满意度。2019 年 8 月，上海市政府印发《建立"一网通办"政务服务"好差评"制度工作方案》，按照"利企便民、全面覆盖、统一规范、公开透明"的原则，将接入"一网通办"的所有政务服务事项全部纳入"好差评"评价范围，包括线下实体窗口、线上 PC 端、移动端 APP、微信和支付宝小程序、"12345"热线、自助终端等。被服务人可在完成事务后评价，推动政务服务向"以用户为中心"转变。

（三）坚持业务流程再造

上海市政府积极推进业务流程优化和政府职能转变的自我革命。2018 年 3 月，上海市集合公安、税务、工商等部门共同建立了"一窗通"服务平台，满足了广大企业用户和群众的办事需求，并提供了银行预约开户、社保用工自助办理等便捷服务功能。2022 年，上海市人民政府办公厅发布了《2022 年上海市全面深化"一网通办"改革工作要点》的通知，进一步优化了全流程一体化办事服务流程，目标是全流程一体化办事服务覆盖率不低于 90%、准确率不低于 90%，一次申报通过率不低于 90%。

（四）全面推进综合窗口改革

上海市综合窗口改革旨在解决不同窗口业务办理流量不均衡、工作人员能力不均衡等问题,以"前台综合受理、后台分类审批、窗口统一出件"为原则,推动业务办理的线上线下深度融合。主要模式有分领域综合窗口改革模式和无差别综合窗口改革两种模式。分领域综合窗口改革是按照行业相近程度、业务流程相关程度等划分窗口,已在闵行区行政服务中心实施,将窗口从原来的 72 个减少至 29 个。无差别综合窗口改革则是将事项受理环节与审批环节分离,实现事项标准化和服务标准化,解决办事标准不统一、窗口点位分散、办件过程监管难、网上办理率较低等问题。青浦区已在 2020 年 6 月 10 日开始运行首批 116 项政务服务事项的无差别综合窗口。

第三节　广东省:"管运分离"创新数字政府运作模式

广东作为我国较早开始实施数字政府建设的省份,全面贯彻系统思维,以系统视角统筹推进数字政府建设,从管理、技术、业务三个维度出发,构建了"管运分离、集约共享、整体协同"的运作模式,为政府数字化改革提供了全方位的保障。通过行政理念转变、组织结构变革、数字技术推广三管齐下,建立了"管运分离"式的政企合作模式,提供了全方位的以搭建"四横三纵"的技术架构、规范"数字政府"标准建设体系、健全项目全流程管理制度等措施,优化了"集约共享"式一体化服务流程。其中,"管运分离"作为广东省政府数字化转型的关键一招,成为其数字政府建设过程中的一大特色与亮点。

一　发展历程

广东省数字政府建设大致可以分为三个阶段,出台的部分相关文件如表 10-3 所示:

表 10-3　广东省数字政府建设相关政策文件文件名称

	发布日期	发文文号
《广东省人民政府关于印发广东省"数字政府"建设总体规划(2018—2020 年)的通知》	2018 年 10 月	粤府〔2018〕105 号

续表

	发布日期	发文文号
《广东省人民政府办公厅关于印发广东"数字政府"改革建设工作推进方案的通知》	2018年10月	粤府办〔2018〕9号
《广东省人民政府办公厅关于印发广东省政务数据资源共享管理办法（试行）的通知》	2018年11月	粤府办〔2018〕50号
《广东省人民政府办公厅关于印发广东省数字政府改革建设2020年工作要点的通知》	2020年2月	粤办函〔2020〕20号
《广东省省级政务信息化项目管理办法》	2020年4月	粤府办〔2020〕9号
《广东省人民政府关于印发广东省数字政府改革建设"十四五"规划的通知》	2021年6月	粤府〔2021〕44号

萌芽期：早在2017年10月，广东省、三大运营商、腾讯公司多方合作共同出资成立了广东网络建设有限公司，此举标志着广东省政府正式启动数字化转型战略。2018年9月，"广东政务服务网"正式上线，该网站将省、市、县、镇、村五级政务服务事项汇集于一体。通过办事统一标准化、"互联网+监管"创新服务模式等措施，为企业和群众提供全流程、全天候、全地域的网上政务服务，实现了"上下融合、统一受理、统一出件、分类审批"并构建了"1+N+M"政务云架构，即一个省级政务云平台、N个特色云平台以及M个政务云平台，为各类业务提供信息化基础支撑保障。

发展期：2018年10月，广东省发布《广东省"数字政府"建设总体规划（2018—2020年）》，阐述了对广东省数字政府的建设理念，并提出了以全省大数据中心为基础实现数据的交换与共享的目标。2020年8月1日，由广东省政务服务管理局主导开发的集成即时通信、即时通信、政务办公功能于一体的移动应用程序"粤政易"正式上线。"粤政易"平台专注于日常办公需求，"粤政易"为广东省公务员提供了集即时通信、通讯录、工作台、个人信息四个版块于一体的移动办公平台，集成了粤视会、会议管理、批示速递、广东网院、粤政头条等20项政务应用。

成熟期：2021年7月14日，广东省政府发布了《广东省数字政府改革建设"十四五"规划》，明确提出在 2025 年全面建成"智领粤政、善治为民"的"广东数字政府 2.0"，让改革发展成果能够更广泛地、公平地惠及全体人民。2022 年 10 月 11 日，"粤复用"——广东省数字政府应用超市平台正式上线。作为"粤系列"的一项创新成果，"粤复用"将实现数字政府优秀应用成果的快速推广和复用，各级政府部门可以根据业务需求，在平台上采购所需的优秀应用。截至 2022 年 10 月，该平台已经上架了 253 个优秀应用和 139 个产品，用户可以通过"粤政易""粤商通"和广东省政务服务网进入该应用超市。

二　主要做法

（一）"管运分离"：建立政企合作新模式

广东省转变行政理念，构建多线并进的治理格局，将专业的事交给最专业的人干，破除了人才不足、技术落后等障碍，避免了"信息孤岛"问题。组建专业化国有公司平台作为运营主体，实现"管理者""运营者"相对独立运行的治理架构。同时，广东省政府改变政府管理的思维，培养以用户为核心的互联网思维，打造了"3+3+3"建设模式，开发面向 3 类用户（民众、企业、公务员）、提供 3 大应用（"粤省事"、政务服务网、协同办公平台）、打造 3 大平台（政务云平台、政务大数据中心、公共支撑平台）的产品。此外，广东省推进大部制机构整合，建设整体政府。广东省政府电子政务管理办公室负责全省信息化工作的组织、指挥、管理、监督工作，联合腾讯、华为和三大运营商设立"数字广东有限公司"，打造一系列网上平台，共建新型"政企合作"模式。

（二）"集约共享"：打造高效一体化服务

广东省数字政府建设的技术架构为"四横三纵"的分层架构模型。"四横"即应用层、应用支撑层、数据服务层、基础设施层，"三纵"即安全、标准和运维管理，构建了统一的政务云和大数据平台。广东省重视"数字政府"标准建设体系，包括数据共享标准、数据平台基础建设的标准化和分布式数据库的构建。同时，广东省还规范了"数字政府"的全流程管理制度，出台了包括《广东"数字政府"改革建设工作推进方案》《广东省政务数据资源共享管理办法（试行）》等一系列政策文件以保障项目的顺利实施。

第四节 贵州省："云网一体化"构建数字政府创新体系

贵州省始终坚持以满足群众日常生活及办事需求为导向，以突破传统机制桎梏为关键，积极推动业务流程优化和政务信息共享贯通深度融合，力求实现政务服务的"一网通办"。通过构建"云上贵州一朵云"，有效消除了公共服务面临的"信息孤岛"问题，成功实现了政务数据共享网络的搭建，推动政府治理体系和治理能力现代化进程。同时，通过创建"政务服务一张网"，成功化解了协同平台"条块矛盾"制约，促进了政府工作效率的提升。在这一过程中，贵州省不断推进贵州"聚通用"的转型升级，加速了政府治理体系和治理能力的现代化进程，为广大民众提供了更加便捷、高效的公共服务。

一 发展历程

贵州省数字政府建设大致可以分为四个阶段，出台的部分相关文件如表10-4所示：

表10-4　　贵州省数字政府建设相关政策文件

文件名称	发布日期	发文文号
《贵州省人民政府关于促进大数据云计算人工智能创新发展加快建设数字贵州的意见》	2018年6月	黔府发〔2018〕14号
《贵州省人民政府关于印发贵州省推进政务服务"全省通办、一次办成"改革工作实施方案的通知》	2020年3月	黔府发〔2020〕4号
《贵州省"全省通办、一次办成"事项清单（第一批）》	2020年6月	黔政务通〔2020〕15号

续表

文件名称	发布日期	发文文号
《贵州省大数据发展管理局、贵州省市场监督管理局关于印发〈贵州省大数据标准化体系建设规划（2020—2022年）〉的通知》	2020年6月	黔数〔2020〕22号
《贵州省人民政府办公厅关于印发贵州省加快推进政务服务"跨省通办"工作方案的通知》	2020年11月	黔府办发〔2020〕27号

萌芽阶段：2014年11月，云上贵州大数据产业发展有限公司在贵州省贵安新区市场监督管理局正式登记成立。2015年5月，贵州政务服务网正式投入运行。至2016年底，该平台已覆盖省市县乡村五级，并于2018年按照国家政务服务平台的标准规范进行升级和完善，成功实现了与国家政务服务平台的对接，并与省市56个自建审批系统实现了融通，从而成为全国一体化在线政务服务平台的重要组成部分。

发展阶段：自2016年起，由贵州省大数据发展管理局领导，贵州省信息中心和云上贵州大数据产业发展有限公司作为承办单位，贵州中软云上数据技术服务有限公司作为技术支撑单位共同打造的贵州省政府数据开放服务门户贵州省政府数据开放平台正式上线。同年，贵州省开启了以用户为中心的政府数据"聚通用"攻坚战，成功实现了省市两级481个应用系统迁入"云上贵州"。2017年4月，"云上贵州"移动APP平台在贵州政务服务中心正式上线运行，实现了广大群众可以通过手机登录，轻松获取全省各级政府及政府部门提供的24小时在线政务和民生服务，标志着政务数据"聚通用"的框架基本搭建完成。

成熟阶段：2018年6月，《贵州省人民政府关于促进大数据云计算人工智能创新发展加快建设数字贵州的意见》发布，以大数据战略为依托，开展数字政府建设。2020年6月，《贵州省大数据标准化体系建设规划（2020—2022年）》发布，提出要逐步完善大数据标准化体系，为大数据发展及融合应用提供技术支撑。2020年11月，《贵州省加快推进政务服务"跨省通办"工作方案》出台，致力于全面推进"跨省通办"、先行探索"跨省联办"、拓展深化"全省通办"，进一步深化政务服务改革，不断提升跨区域政务服务水平。

二 主要做法

（一）"云上贵州一朵云"：消除"信息孤岛"的公共服务云端汇聚

贵州省采用云上贵州"一朵云"统揽省市县三级所有政府部门信息系统和数据，提供统一的云服务，支持设区市部署云应用，实现应用和数据大集中。一是推动政务服务数字化。打造"淘宝式"政务服务门户，构建全省一体化政务服务平台，网上办事成为现实，率先推出"身份证一站式掌上办"等便民服务。二是促进执法监督科学化。贵州省建立全国首个全省统一、资源共享"双随机一公开"行政执法信息化平台，解决了多头执法、重复检查等问题，并建立跨地区、跨部门、跨层级联合随机抽查操作流程和运行机制。三是赋能社会治理高效化。贵州省以"社会和云"平台为重点，利用自然语言处理、机器学习等人工智能手段，推动建立党政社企群共同参与的"一核多元"治理体系，实现服务的精准推送、管理的精确高效。

（二）"政务服务一张网"：实现"一网通办"的政务数据共享网络

贵州省为了解决政府部门之间的职责同构问题，构建了覆盖全省各级各部门信息系统互联互通的政务服务"一张网"，这一举措可以实现"数据流动"代替"群众跑腿"，从"繁琐复杂"转向"一次办成"，并推动"一网通办"迈向"一网好办"。贵州省政务服务中心的贵州政务服务网加快了政务服务数据的汇集，医保系统与政务服务一网融通破解了"一窗改革"的问题。2020年3月，贵州省提出要全面推进政务服务流程和方式的系统性重塑，并于2021年发布了《贵州省"全省通办、一次办成"事项清单（第三批）》。此外，贵州省全力打造了"贵人服务"品牌，累计服务超过3.89亿人次并实施了人社服务"快办行动"。

（三）"智能工作一平台"：化解"条块矛盾"的高效协同统一平台

贵州省建设全省统一的政务服务平台、政务数据平台，覆盖省、市、县三级政府审批业务系统的审批中台,实现政务服务改革,政务服务系统全部实现数据互通。平台上架数据资源目录1.4万个,信息项超过23万项,通过建立数据调度机制,实现全省数据资源大调度。贵州省加强组织领导,实行"三级云长制",成立省大数据发展管理局,各地州县级均建立相应的大数据管理处、委或者相关机构。各部门协同开展应用建设,组织全省"观云活动""评云活动",鼓励引导各政务部门和社会企业参与大数据的应用建设和评价。贵州省打造数据开放平台,大力发展资源型数字经济、技术型数字经济、融合型数字经济和服务型数字经济,推动大数据与实体经济融合,开展"千企改造""万企融合"大行动,大数据与实体经济深度融合发展水平达到36.9%。

第五节 福建省:"数字福建"培育发展"新动能"

福建作为信息化的建设先行省份,在推进"数字福建"进程中,采取了"一窗通办、一码通行、一屏通览"等创新措施,旨在通过数字技术驱动政府管理机制的优化与创新,实现网上办事服务一体化的变革,在新的起点上,福建省全力以赴地推动"数字福建"成为"数字中国"的样板区。

一 发展历程

福建省数字政府建设大致可以分为三个阶段,出台的部分相关文件如下表10-5所示:

表10-5　　　　　　福建省数字政府建设相关政策文件

文件名称	发布日期	发文文号
《福建省电子政务建设和应用管理办法》	2015年2月	福建省人民政府令第156号
《福建省人民政府办公厅关于印发福建省进一步加强和推进网上行政审批服务实施方案的通知》	2016年8月	闽政办〔2016〕131号

续表

文件名称	发布日期	发文文号
《福建省政务数据管理办法》	2016年10月	福建省政府令第178号
《福建省人民政府办公厅关于印发推行"马上就办"掌上便民服务实施方案的通知》	2018年9月	闽政办〔2018〕77号
《中共福建省委办公厅福建省人民政府办公厅印发〈关于深入推进审批服务便民化的实施意见〉的通知》	2018年10月	闽委办发〔2018〕18号
《福建省人民政府关于印发福建省"十四五"数字福建专项规划的通知》	2021年11月	闽政〔2021〕25号
《福建省数字福建建设领导小组办公室关于印发〈福建省做大做强做优数字经济行动计划（2022—2025年）〉的通知》	2022年4月	闽数字办数经〔2022〕2号
《福建省人民政府关于印发福建省数字政府改革和建设总体方案的通知》	2022年12月	闽政〔2022〕32号

萌芽期：2002年，福建省电子政务专网在全国范围内率先建成，成为"数字福建"2001年"131"计划的头号工程，实现了全省258个省直单位、各市县乡1万多个部门的互联互通，承载了各级各部门各类电子政务业务；2005年，《福建省政务信息共享管理办法（试行）》正式颁布；2008年，福建省级政务信息资源目录编制工作顺利完成，省市两级政务信息共享平台实现互联互通，全省政务信息资源目录和交换体系基本建成。

发展期：2012年9月，福建省基础地理信息中心和省地质测绘院在福州海联中心签订了合作协议，共同推进福建省数字县域地理空间框架的建设与应用，整合数据资源，构建地理信息公共平台，开展典型应用示范系统建设，致力于推进福建省各县域的数字城市建设。2013年4月，"数字永春"地理空间框架建设项目的设计书通过了专家评审，这标志着继永定县之后福建省第二个数字县城推广建设项目启动。2015年4月，福建省政府将数字档案建设纳入"数字福建"

建设规划，大力支持档案馆和机关档案室开展传统载体档案的数字化工作，为未来的数字档案建设奠定了基础。

成熟期：2016年，《福建省政务数据管理办法》正式颁布，明确政务数据资源属于国家所有，并将其纳入国有资产管理范畴。在此基础上，福建省实施了省级政务数据整合汇聚与共享应用工程，原有的省政务信息共享平台成功升级为省级政务数据汇聚共享平台。2017年4月，福建省电子政务"最强大脑"——数字福建云计算中心（政务云）正式投入使用。2018年，福建省推出了"闽政通APP"，整合福建省市两级政府门户网站、12345便民服务平台和省网上办事大厅的服务资源，目前，该APP推出的高频便民服务事项已拓展至25类超560项。2021年，《福建省"十四五"数字福建专项规划》发布；2022年，《福建省数字政府改革和建设总体方案》发布。

二 主要做法

21世纪初，福建就以电子政务建设为抓手，较大规模地开展"数字福建"建设，先后与蚂蚁金服、腾讯、百度等公司签订了合作协议，推进"马上就办"掌上便民服务数字化转型改革，推动政务服务便民化。2018年底，福建已成为电子证照、无线政务专网、电子政务综合试点、政务信息开放、政务信息系统整合共享应用、健康医疗大数据等六项业务的全国试点省份，电子政务建设全国领先。

（一）数字技术驱动政府管理机制优化创新

一是大数据推动政府管理结构扁平化。福建省制定颁布多份文件，明确电子文件（证照）与纸质的文件同等效力，可以作为法定办事依据和归档材料。同时，每年制定"互联网+政务服务"绩效考核办法，开展网上政务服务考核。二是数据资源互通共享。福建省初步实现全省"一号通认"，为全省各级政务平台提供身份认证支撑服务，对接50个省内政务服务平台，对接公安部网络身份认证系统（eID），生成居民身份码，生成户籍信息、婚育收养和社会保障等15类重要信息二维码，实现个人信息"一人一档，随手可查"。对接财政非税支付缴费平台、多卡融合公共平台、微信支付和支付宝等多个渠道，初步实现聚合支付。

（二）网上办事服务一体化变革

一是规范事项和权力清单，实现办事资源标准化。集中管理五级政府所有已申请事项，形成统一标准，为事项查询、服务导航、业务协同、效能监察提供基础数据和科学依据。二是公众网上申报入口集中，实现服务渠道便捷化。实现全省行政审批"一张网"，推动上下数据共享、业务协同，以及跨层级、跨部门的协同审批业务的网上办理。三是网上预审受理集中，实现业务处理规范化。省市县乡村五级审批机关在同一平台进行网上预审受理，反馈修改意见，公众通过网页、手机短信、移动终端等渠道实时获取信息。四是业务办理移动端集中，提升政务服务便捷性。闽政通 APP 整合政府及第三方可信便民服务事项 25 类 489 项，提供掌上便民服务。

第六节 各省市数字政府建设经验的借鉴与启示

数字政府建设作为我国政府为适应新一轮科技革命和产业变革趋势所作出的新的决策部署，同时也是加快转变政府职能，推动政府治理现代化的重要举措。在全国各地积极探索数字政府建设的背景之下，各地方政府结合实际情况，探索出了具有地方特色的数字政府建设经验。因此，深入研究各地数字政府建设案例，总结其数字政府建设的经验与启示，对于推动我国数字政府建设具有重要意义。其中，数字政府建设过程中的顶层设计布局、基础设施完善、应用场景丰富、制度机制健全等方面的举措具有重要的推广与借鉴价值。

一 构建整体发展框架，系统建设数字政府

目前各省市数字政府建设路径各异，但都形成了独有的整体性发展框架。例如，浙江省"最多跑一次"改革打造全省规划管理数字化平台，广东省政府探索"管运分离"，贵州省形成了大平台共享、大数据慧治、大系统共治的"云上贵州"顶层架构等。建设数字政府要在宏观、中观、微观三个层面有整体化、系统化的发展思路与框架。这些框架的建立，一方面是得益于政策的规划与设计，另一方面

则是得益于实践经验的总结与凝练。因此在过程中数字政府建设要从顶层设计与政策规划入手，改善传统治理模式，实现整体化、协作化。

（一）强化顶层设计，以政策为先导

数字政府建设需要进行顶层设计，需要对相关事宜进行整体统筹安排、统一规划和统筹建设。然而，当前许多地方在数字政府建设中存在一些普遍性的问题，具体表现为：第一，部门间的协作不畅与数据壁垒问题较为突出。在科层体制下，各部门间存在着条块分割的状态，实质上是"权责同构"的，这导致各部门间长期以来将本部门数据视为"私产"，形成了信息的壁垒。尤其是在提出建设数字政府后，数字技术的使用使政府各部门对数据的汇集、分类、共享、利用的需求凸显，亟待打破部门间的藩篱实现数据互联互通。然而，在数字政府建设初期，关于数据共享的规章制度、法律法规、技术条件并不完善，各部门数据共享的意识与理念也尚未成熟，阻碍了数字政府建设的步伐。第二，数字政府建设正处于探索初期，许多"摸石过河"式的做法不断涌现，但并未对这些经验与教训进行系统总结，导致先行部门的经验无法推广至其他部门，甚至出现部分部门为保守"技术创新"而拒绝其他部门模仿学习的现象。第三，各部门对数字政府建设的推动程度参差不齐。目前，许多地区数字政府建设的责任主体尚不明确，各部门对于数字化的接受程度存在差异，对数字技术的应用方式也各有不同。以上数字政府建设过程中的问题多属于横向协同与衔接问题，这些问题的解决不仅仅需要依靠横向部门间的协同联动，还需要通过完善顶层设计、进行高位推动、出台更为完善的法律法规与规章制度来驱动和鼓励数字政府建设形成整体合力，克服"碎片化"困境。以广东省数字政府为例，广东省人民政府印发了《广东省数字政府改革建设2022年工作要点》《广东省数字政府改革建设"十四五"规划》《广东省数字政府省域治理"一网统管"三年行动计划》等文件，从顶层建设完善数字政府建设的方案，制定具体工作要点统筹推动数字政府建设，自上而下制定了较为明确的数字政府建设路径，为基层各部门落实数字政府建设方案提供了政策指引与支撑。

（二）进行全盘布局，强调集约建设

数字政府建设是一项系统性和全局性的工程，需要在全盘布局的基础上进行集约化建设。然而，目前在很多地方，数字政府的建设仍然局限于部分行业与领域，未形成整体的建设合力，各部门之间的数字化水平参差不齐，系统性较弱。财政支持力度较大的部门与单位往往能够通过数字化建设抓取领导注意力，而其他部门的数字化水平仍然较低，数字基础设施较为陈旧。此外，各个部门自行发展数字化平台的做法也导致了各个部门系统不兼容、不协同，以及重复建设、资源浪费等问题。因此，数字政府建设需要解决这些问题，需要拥有一个强有力的领导核心来统筹规划数字政府建设，全面规划以实现协同性，进行集约建设以避免财政浪费。一方面，数字政府建设不仅仅是单一部门的数字化建设，而是涉及政府全局的技术优化与制度革新，需要在政府的各个部门进行相关建设。从目前先行省份的数字政府建设情况来看，这些建设涉及了公安、交通、应急、城管、卫健、旅游、环保、政法等各个领域，呈现了全盘建设的态势。另一方面，数字政府建设需要进行高质量、集约化的建设。数字政府需要以优质可用的数字平台作为其物质载体，要避免重复建设、多套标准，要整合构建结构合理、智能集约的平台支撑体系，适度超前布局相关新型基础设施。目前，对多地的数字政府建设现状而言，统一规划布局、统一采购建设、统一资源共享、统一标准规范、统一监督管理的要求尚未实现，数字平台重复建设、数字存储标准不一、数据共享困难等问题仍然存在。相较之下，先行省份通过政策规划等形式推动数字平台高质量、集约化建设，取得了较好的成效。例如福建省制定《福建省一体化公共数据体系建设方案》《福建省大数据发展条例》等政策文本，夯实平台、数据管理制度规范。广东省构建统一的政务云和大数据平台，对内统一规划建设全省政务云平台，落实"集约共享"平台建设思维，形成"1+N+M"的政务云平台。

二 完善基础设施建设，促进数据交换共享

数字政府建设依赖于基础设施，而完善的基础设施是数字政府建设与发展的基本条件。各先行地区的建设现状显示，已建立成熟的数

字应用平台，形成完备的基础设施体系。如贵州的"云上贵州"APP、浙江杭州的"城市大脑"指挥中心、上海的"一网通办"平台，这些技术平台提供了建设数字政府基本的技术载体，统一的、集约化的平台建设为数据的存储、共享、交换、使用奠定了基础。因此，数字政府建设需要筑牢数字底座，推进数字应用服务普及完善，构建泛在智联的数字基础设施体系，构建区域数字化发展的优势基础环境。

（一）夯实平台支撑，强化设备布局

建设新型基础设施是发展数字政府的基础工作，良好的数字政府建设体系依赖于智慧治理的平台巩固。各先进省市的数字政府建设工作呈现出一种"平台驱动"的数字政府建设现状。显然，数字政府以技术为支撑的政府治理方式，离不开硬件与软件设备的支持。只有在基础设施的质量、数量、布局、设计等方面做到位，才能在数字赋能政府治理方面取得重大突破性成果。首先，应推动数字平台自上而下的体系性建设。在城乡之间发展不平衡的背景下，基层地区的数字化投入与建设水平往往远不如城市。这导致很多数字政府建设的实践中对于基层的影响与作用相对较弱，许多政务服务的体系难以深入到基层社会，基层政务服务的"最后一公里"往往难以打通。因此，数字政府的建设要注重城乡之间的均衡发展、注重基础设施向基层延伸。例如，贵州省推出"身份证一站式掌上办"，率先实现水电燃气缴费业务省市县乡村五级全覆盖，成功地将数字技术推广到基层。再如，"广东政务服务网"将省、市、县、镇、村五级政务服务事项整合在一起，较好地解决了政务服务向基层下沉的问题，对于打通服务群众的最后一公里具有积极意义。其次，持续优化应用支撑。在数字化时代，数字产品的更新换代已成为常态，新技术、新产品的应用不断涌现。作为数字赋能的数字政府建设，也有必要紧跟技术潮流，通过技术的更新换代不断优化政务服务体验、提高政府办事效率。纵观各先进省份的数字政府建设历程，都是经历了一个不断完善的过程，其中包括应用技术的不断更新换代。例如，杭州市城市大脑历经了2016年的杭州城市数据大脑构想、2017年的杭州城市数据大脑1.0版本、2018年的杭州城市数据大脑综合版、2022年的杭州市城市大脑2.0版本，最终将城市大脑打造成了涵盖交通、医疗、体育等领域的综合性城市治理平台。最后，夯实数字政府一体化基座。数字政府建设不仅仅要全盘布局，还需要集中统筹。广东、上海、贵州等地的政务服务都强调了打造"一体化政务平台"的重要性，将数字平台统筹安排、一体布局，更有利于形成数字政府建设的整体框架。

（二）推动数据共享，保障数字安全

数字政府建设的关键在于实现数据的互联、互通、共享，这不仅能简化办事流程，提高政府工作效率，还能提升群众对公共服务的满意度。数据互联互通是数字政府建设的灵魂所在。从案例研究中可以发现，一些先行省份综合利用各种方式打破信息壁垒，推动数据共享。具体表现为：首先，通过数字平台建设破解共享难题。数据共享需要以统一的数字标准、一致的数字接口、统一的平台布局为基础。例如，贵州省通过运用云上贵州"一朵云"，统筹省市县三级所有政府部门信息系统和数据，为全省提供统一的云服务，实现了数据的云端汇聚和全省共享。福建省则通过社会用户实名认证授权平台，为全省各级政务平台提供身份认证支撑服务，已对接50个省内政务服务平台（业务系统）的身份认证，初步实现了全省"一号通认"。其次，以政策法规为支撑推动数据共享。数据共享既是技术问题也是行政问题。如涉密信息、隐私信息共享时，必须有据可依，参照规章制度、法律法规。因此，先行省市通过制定数据共享的相关办法、方案来为数据共享扫清障碍。浙江省制定了《浙江省公共数据和电子政务管理办法》，打破了部门间的信息壁垒，实现信息的互动共享，建设全省统一的政务服务网。贵州省出台了《贵州省政务信息系统整合共享工作方案》，明确数据共享主体责任，提高公共服务水平。最后，通过设立专门机构推动数据共享。许多省份设立了专门的大数据管理机构，负责统筹数据资源建设、管理等一系列工作，如广东省的政务服务数据管理局、贵州省的大数据发展管理局、浙江省的大数据发展管理局、上海市的大数据中心。此外，将众多数据汇聚云端实现共享时，要注意公共数据的安全与使用规范问题。先行地区制定了公共数据的相关政策法规、管理办法，如《广东省公共数据管理办法》《贵州省大数据安全保障条例》《上海市数据条例》等，为公共数据资源的有序流动保驾护航。

三 以实践需求为导向,不断丰富应用场景

习近平总书记强调,必须坚持以人民为中心的发展思想,发展为了人民、发展依靠人民、发展成果由人民共享。数字政府建设的初衷与本意是转变政府职能、提升政府治理能力,最大程度地释放数字技术的赋能效应,以提升人民群众的获得感、幸福感和安全感。这就要求数字政府建设必须注重实效,以满足人民需求、实践需要为导向。在数字政府建设的过程中,一些先行省市根据实践需求,将数字技术广泛应用于多行业、多领域,通过不断升级、普及和完善的技术设备,丰富应用场景,取得了良好的数字政府建设成效。

(一)立足实践需要,满足群众需求

数字政府建设并非简单地将数字技术运用到各个领域,而是需要各地政府基于现实基础,结合当地的实际情况和发展需求,统筹布局和策划数字政府的建设,以实现全方位、全流程、全覆盖的数字化发展目标。这就要求我们在数字政府的发展过程中,始终坚持以人民为中心,努力解决人民群众在日常生活和生产中遇到的各种问题,积极为群众提供各种便捷、高效、优质的人民服务。通过对多个先行地区的数字政府建设案例进行分析发现,尽管各省的数字政府建设路径、框架、方案存在一定的差异,但是其建设成果都是以提升政府治理效能的提升与服务成效为目标,这也说明了数字政府建设的核心目的和价值所在。在浙江省杭州市,城市大脑在交通、医疗和体育等领域均取得了显著的成果。其中,城市大脑在交通领域实现了道路交通的优化,医疗领域则有效缓解了就医过程中的"停车难""接送难"问题。此外,城市大脑在体育领域解决了健身场地如何科学竞争的问题。上海市通过实施"一网通办"改革,不断提升政务服务成效,实现政务服务的"好办""快办""愿办",切实增强了群众的获得感和幸福感。贵州省建设了"一云一网一平台",创新了政务信息化建设新机制,为居民办事提供了便利。广东省打造粤省事、广东政务服务网、粤省事协同办公系统等数字平台惠及民众、企业法人、公务员这三类群体。良好的数字政府建设成果都是立足于实际、瞄准于需求、贴近于民生的。在先行省份的数字政府建设中，之所以取得了较好的成效并成为先进经验，很大程度上归因于满足了现实的需求，并真正地瞄准了人民群众的"急难愁盼"问题。然而，目前许多基层政府在数字化建设过程中出现了"僵尸网站""僵尸应用"的情况，甚至还因强行普及某数字应用平台而引发了"数字负担"现象。事实证明，在建设数字政府的过程中，我们应始终对标现实情况、现实条件、现实需求，只有创造出人民群众真正喜闻乐见的数字应用，数字政府才能够取得实质性的成果。

（二）坚持与时俱进，丰富应用场景

数字政府的建设在政府业务场景中充分发挥信息技术的优势，并通过深度融合以促进系统平台应用的实际效果。这不仅可以为社会公众提供更好的服务，还可以更好地实现政府职能的优化和转型。因此，在数字政府建设过程中，必须将应用场景的拓展纳入整个建设过程中，并以此为基础推动数字政府的进一步发展。通常情况下，数字政府的应用场景拓展主要分为两种类型，一种是向内作用于政府自身的应用场景延伸，这主要涉及政府办公效率的提高和管理水平的提升；另一种是向外作用于服务受众的应用场景延伸，这主要涉及公共服务的优化和提升，以更好地满足社会公众的实际需求。在作用于政府自身的应用场景中，需要通过开发利用数字技术、开发数字平台来辅助政府自身办公，提高政府运行效率，并进一步促进政府决策的科学化、规范化、透明化。同时，也需要在数字政府的建设过程中注重数据的保护和隐私的保护，保障公民权益，提升社会信任度。面向服务受众的应用场景旨在提升社会和市场主体获得的公共产品与服务质量。在数字政府建设过程中，应同时关注这两类应用场景的拓展与延伸，既要增强政府的智慧治理能力，又要通过数字化手段改善民生福祉。观察先行地区的数字政府建设实践，其应用场景建设经过长期积累，已具有一定的规模并向体系化发展。例如，杭州城市大脑已涵盖城市管理、公共交通、社区治理、卫生健康等11大系统48个应用场景。上海市重点推出了27项"免申即享"服务、9个高效办成"一件事"、10项公共服务标杆场景应用。这些案例表明，在数字政府建设过程中先行地区遵循了不断升级、不断优化应用场景的发展路径。

社会在不断发展与进步，人民诉求在不断更新变换，政府也在面临新的治理挑战，坚持"与时俱进、以变应变"，不断丰富应用场景，是数字政府发展的重要现实路径。

四 强化制度规范支撑，创新协同运作机制

数字政府建设是制度性变革，需结合制度变革以发挥最大成效。党的十九届四中全会明确提出推进数字政府建设，加强数据有序共享，依法保护个人信息。新时期数字政府建设改变了过去分散建设、单部门建设模式，重塑组织架构、业务架构、技术架构，对内提升政府治理能力，对外形成人民满意的服务型政府，加快推进国家治理体系与治理能力现代化。建设过程中需重视建立健全制度规范、建立数字应用标准体系，完善运作机制，加大协同力度，促进整体性政府建设。

（一）健全制度规范，建立标准体系

技术赋能是基础，制度规范是保障。对于推动数字政府建设的持续发展，完善制度与建立数字标准体系是重要的保障措施。一些先行地区通过制定完善法律法规、建立健全制度基础和发布标准规范等策略，有效推动了数字政府建设。首先，完善法律法规。各先行地区已陆续出台并实施了电子签名、电子印章、网络安全、信息公开、数据管理、公民参与等方面的法律法规，这些法规为相关主体的行为提供了明确的指引，引导数字化建设有序进行。其次，建立健全制度基础。各先行地区已经出台了适应政府数字治理的基础方案，建立了适应跨界创新要求的管理制度，并制定出台政务信息公开、政务云建设、政府数据共享、数据安全、流通应用等方面的管理办法和规章制度，为数字政府的建设提供了坚实的基础。最后，制定出台标准规范。各先行地区积极推动统一基础建设、权责事项、数据治理、运营运维、监管考评、市场交易、网络安全等重点领域的标准修订，为数字政府的建设提供了坚实的基础。例如，广东省制定了《广东省数字经济促进条例》，该条例明确了厘清行业部门监管职责、数据产权保护、数据交易规则等问题，为数字政府的建设提供了法律规范。浙江省出台《浙江省公共数据条例》，该条例聚焦于解决部门间信息孤

岛、提升数据质量、赋能基层、保障安全等共性难题，推动浙江打造全球数字变革高地。上海市颁布了《上海市数据条例》，该条例关注数据权益保障、数据流通利用、数据安全管理三大环节，促进了数据流通和开发利用，赋能了数字经济和社会发展。贵州省颁布《贵州省大数据发展应用促进条例》和《贵州省政府数据共享开放条例》等法规，对相关的违法违规行为进行了界定，并明确了相关违法违规行为的法律责任，为数据资源的使用提供了法律遵循。福建省出台《福建政务信息共享管理办法》和《福建省政务数据共享管理实施细则》，从完善政务数据汇聚共享管理机制、明确政务数据汇聚共享服务内容及具体实施操作、规范数据回流与应用流程等方面强化政务数据共享管理。

（二）完善运作机制，凝聚建设合力

数字政府建设须以静态的法律法规、制度规范、标准体系为基础，同时需构建和完善动态的运作机制，形成多主体、多领域、多方位的联动机制、合作机制，以打造协同共享的组织体系与运行机制。第一，构建数字政府跨区域协同机制。先行地区通过运用数字平台、数据共享等手段，将政务服务业务拓展到其他省份与地区，满足企业和群众的异地办事需求，从而提升政务服务的便捷度和满意度。例如，贵州省出台《贵州省加快推进政务服务"跨省通办"工作方案》，旨在全面推进"跨省通办"、先行探索"跨省联办"、拓展深化"全省通办"，进一步深化政务服务改革，不断提升跨区域政务服务水平。第二，构建数字政府的跨层级联动体系。应注重数字政府建设的"省—市—县区—镇街"的联动体系建设，加强统筹规划数字平台的布局，推进数字平台的一体化建设与集约化建设。同时，上级部门应发挥牵头作用，打通条块之间的数据及系统，推动各类业务系统的互联互通。以浙江省政务服务平台为例，作为全省统一架构的电子政务平台，浙江政务服务网在省、市、县（市、区）政府部门设有服务窗口，乡镇（街道）、村（社区）设有服务站点，为社会公众提供在线政务服务。第三，构建权责明确的跨部门协作机制。在省级层面设立领导小组，统筹数字政府建设，以高位推动的形式压实各主体责任、明确改革边界，逐步探索权责明晰的跨部门协作机制。例如，

《广东省"数字政府"建设总体规划（2018—2020年）》将"整体协同"的业务协同框架作为数字政府的基本框架之一，以大系统理念，采取统一设计建设、部门一体化使用的方式，推动"整体政府"业务协同。第四，完善政企合作机制，优化数字政府建设运营。目前数字政府建设过程中的技术支撑多由科技企业来提供，因此数字政府建设要关注政企关系，构建政府与企业的良性合作机制。例如，广东省数字政府建设采用"政企合作、管运分离"的建设模式，通过引入信息技术龙头企业优势资源，组建数字广东网络建设有限公司，统一承担数字政府建设运维职责，吸引国内上百家专业力量，共同推进数字政府建设。

第十章

优化数字政府建设的对策研究

在大数据时代的背景下,江苏省以及全国范围内其他省份在数字政府建设方面取得了显著成果,然而,从政府治理现代化和未来政府形态的新要求来看,仍存在一些亟待解决的现实性问题。因此,本书基于江苏省以及其他先进省市的数字政府建设实践经验,针对当前数字政府建设的现状,以及未来政府治理现代化转型对数字政府建设的新要求,从系统顶层设计、体制机制改革、智能集约运行平台搭建、政务数据共建共享等方面提出了具体的优化数字建设的对策建议,以期为不断优化数字政府建设、推动政府治理现代化进程提供参考。

第一节 高位推动系统顶层设计,理清数字政府运行框架

在目前的数字政府建设实践中,江苏省各设区市在数字政府建设顶层设计与具体运行框架等方面存在一定的不足。因此,在未来的数字政府建设进程中,一方面,需要进一步完善数字政府建设的顶层设计,从宏观层面统筹数字政府建设全过程;另一方面,需要不断加强法律法规支撑,强化政策制度层面的保障,并在数字政府建设过程中树立以人民为中心的核心价值理念。

一 完善宏观顶层设计,统筹数字政府建设

在数字政府建设的顶层设计和统筹建设方面,应着重实现以下目标。首先,实现高位统筹的宏观顶层设计,这是数字政府建设的关键

要素之一。具体来说，应以人民为中心的发展理念作为数字政府建设全过程的指导思想，实践中贯彻该理念可确保数字政府整个建设过程符合公众价值与公共利益，满足社会价值层面的现实要求。同时，在数字政府建设过程中，应采用行政区域一盘棋的工作机制，确保政府不同职能部门在政府数字化转型实践中共同协作，共同克服现实性困难，推动数字政府建设取得积极成效，通过部门协同实现数字政府建设提质增效。其次，为进一步推进数字政府建设，实现数字政府建设的可持续发展，应在总体战略层面坚持改革赋能的战略思路，以组织结构改革、职能分配改革为主要依托，为数字政府建设实践中必要的技术融合、业务融合、数据融合提供有力支撑。在此过程中，数字政府建设实践务必要解决政府横向、纵向各职能部门之间数据共享与数据互联互通问题，同时通过协同机制改革打破政府运行层面长期存在的跨领域和跨部门的业务协同壁垒，以确保数字政府建设纵向与横向层面的全面整合。再次，顶层设计和配套制度的完善也是数字政府建设实践至关重要的一环。这需要进一步调整和优化数字政府建设整体架构，同时明确数字政府相关制度改革牵头部门的责任与协同关系，以确保各相关主体能够在建设实践中实现高效协同合作。最后，为实现数字政府形态的全面整合，应在建设全过程特别是建设总体规划时期重点考虑渠道整合、业务整合和公共数据整合等具体方面，以逐步统一移动、PC端与网页端等数字政府服务入口，并以此为基础不断推动数字政务服务、"互联网+监管"、社会治理和数字协同办公等具体领域的网络、系统及数据的多重整合。

在顶层设计之外，多维度的改革创新亦予以重视，并对其进行科学化、规范化和制度化处理。首先，通过数字政府相关制度创新及创新性制度供给，有助于在一定程度上突破长期存在于传统政府部门的体制机制、条块分割以及人才匮乏等现实壁垒，促进高效能数字政府建设所需的技术融合、业务融合和数据融合等。其次，系统互联、业务协同、信息共享及集约建设将因此得以不断地推动。最后，在实践过程中，需在当前存在的相关法律制度和现行治理政策框架内进行创新实践，并在创新过程中注重数字化理念的革新和培育。同时，数字政府建设需注重地域经济社会发展存在的内在差异，要结合不同地方经济社会发展实际、公众需求以及数字技术发展水平，及时总结自身建设与先进地区建设的实践经验，并积极探索建立属于地方的、适应于地方实际情况的数字政府建设规则制度体系，该体系需要突出符合地方治理能力的可操作性和规则性，以推动地方数字政府建设不同领域的制度化、标准化等。

二 加强法律法规支撑，强化政策制度保障

在完善相关法律法规与制度保障方面，一是需要加强法律法规的支撑，这是数字政府规范化建设实践中不可或缺的重要环节。为此，需在多个方面作出努力。首先，需要完善法律法规与政策规章的全过程、全链条管理，为数字政府建设提供良好的法治空间，在法治空间涵盖的范围内确保数字政府建设全过程的合理有序推进。其次，需要着重围绕数字时代政府职能转变的客观要求，加快推进政府生产数据、社会生产数据及其他数据全周期治理、人工智能等新兴技术手段规制以及各类新型数字化平台的有效监管、相对人权利保障等领域的法律规范体系构建，为数字政府建设、政府治理数字化转型升级及社会治理体系与治理能力现代化提供更为完备的法律制度保障。最后，在政府数字化、平台化和智能化转型实践过程中，贯彻依法行政、合理行政、公正政府、开放政府和责任政府等法治政府基本原则和要求是必要一环，在实践中尽力规避数字技术嵌入政府可能产生的多种技术异化风险。在此基础上，还需要注重在数字政府建设实践中通过数字技术的科学合理化运用促进政府更好地依法履行职能与探索新型数字化职能。

二是强调以人民为中心的理念，这一价值观在实践中同样是地方数字政府建设的核心目标。在这方面，需要加强数字技术在政府运行过程中的价值意蕴，确保公众权力得到充分保障。同时积极探索通过数字化、自动化和智能化等方式，不断优化和提升政务服务的能力。此外，持续挖掘数字技术的技术优势，提供更多使人民群众更有获得感和幸福感的数字红利和数字福利。在此基础上，尤其需要重视在政府与公众互动过程中，法治对公众权益的底线保障功能，在保证底线的基础上始终坚持公平、平等、透明、公正的法治政府基本价值目标

和原则要求。另外，数字政府建设实践需要坚守数字人权保护原则，即在数字技术嵌入政府运行过程中，要重视人的主体性价值，特别注意防范针对个人隐私的信息安全问题，缩小数字技术嵌入政府运行实践中可能针对不同身份特质的社会群体造成的数字鸿沟，以及可能出现的基于技术的人工智能算法歧视等数字技术引发的风险问题。最后，需要在传统电子政府建设的基础上进一步加强数字政府关键数据安全风险防范和个人信息数据权益保护，以确保公众在数字政府建设过程中公众的数字生存权、平等权和人格尊严。

第二节 深化管理体制机制改革，提升干部队伍数字素养

数字政府的建设与完善，必然要求进一步深化传统政府管理体制机制的改革，使其体制机制适应于数字政府这一新型政府新形态，同时还需结合数字政府的数字技术特征，不断强化数字人才队伍的储备。具体而言，一是需要进一步加快理顺传统政府治理模式的管理体制，并且不断创新数字政府建设所必需的数据治理机制；二是进一步转变政府工作人员理念，不断提升工作人员参与数字化治理的素养。

一 加快理顺管理体制，创新数据治理机制

在国家治理体系与治理能力现代化的要求下，各地区需深化体制机制改革、创新数字治理机制创新和提升数字人才培养储备。国务院机构改革需聚焦科学技术、金融监管、数据管理、乡村振兴、知识产权、老龄工作等关键领域，不断优化机构职责和转变政府职能，实现机构职责、政府职能与数字化的互相适应。以法治政府建设为驱动力，确保数字政府建设合法性。地方政府需要深化适应地方实际情况的体制机制改革，稳步推进数字政府制度建设，不断创新数字治理机制创新和培养数字化技术人才。具体的措施包括以下两个方面。

一是地方政府需要优化大数据管理体制。近年来，虽然地方政府数据管理体制改革已有成效，但在数据安全、数据开放及数据管理等方面的工作仍需推进，建立规范的公共数据管理体系是有效之策。根

据"上下对应关系、权责明晰、权威高效"的基本原则，理顺省市县三级大数据管理体制，特别是市县两级的大数据管理体制。首先，明确数据权力与数据职能的分配，完善省级大数据管理部门职能。市、县层面需全面设立并完善大数据管理局或大数据管理中心等机构，赋予其行政权力与行政职能。其次，市级大数据管理机构在数字政府建设实践中设计适应数字技术应用的组织结构，实现实体化运作，优化调整内部处室和人员编制结构。市级大数据管理机构需针对承担的技术管理与数据管理等职责和本地实际情况，借鉴国内先进地区的经验做法，优化调整人员编制。最后，设立县（市、区）级大数据管理局时，需明确职能，优化编制，引入高技术人才，配备必要专职人员，省级层面需要指导各设区市按市级大数据管理机构隶属关系，合理设置县（市、区）级大数据管理局。

二是创新政府数据治理机制。在数字时代，需要推动塑造安全可信、包容创新、公平开放、监管有效的数据要素市场环境。省级政府必须采取措施充分发挥政府在有序引导和规范发展数据管理体系与数据要素市场中的作用，并坚守数据安全底线。政府部门需要进一步强化对不同类型数据的政府监管、分行业监管和跨行业协同监管，构建多主体数据联管联治机制，以确保数据流通过程得到规范管理。设立健全容错纠错机制，鼓励创新并容忍数据要素化过程可能出现的错误，建立完善数据要素生产流通使用全过程的合规公正、安全审查等制度，引导不同主体履行数据要素流通安全责任和义务。建立数据流通监管制度，推动制定数据流通和交易负面清单，明确哪些数据项不可交易或需严格限制，以维护数据交易的公平与安全。强化数据相关的反垄断和反不正当竞争工作，依法依规加强经营者集中审查，在已有网络安全等级保护制度的基础上，全面加强数据安全保护工作，构建健全网络和数据安全保护体系，提升全方位防御能力。

二 转变工作人员理念，健全人事管理制度

在工作人员理念数字素养方面，一是转变政府内部工作人员的传统治理理念。在数字化时代，大数据体系建设不应仅仅依赖数字技术直接相关的大数据管理局等部门，而是需要高位推动，推动不同层级

和不同职能政府部门的协同运行。为了实现这一目标，各层级的职能部门应当尽力摒弃传统的政府运行思维，树立并不断强化数字化思维，鼓励政府公务人员充分发挥自身主观能动性，积极探索利用新兴数字技术和信息化建设机遇，在能力范围内不断提升本部门的数字化工作水平和服务水平。同时，各部门需要创新工作方式，适应数字时代的发展，推进政府行政系统工作的数字化和智慧化。只有在思想意识上实现数字化提升，并更好、更快地适应数字时代政府面临的客观环境变化，才能实现政府与数字化社会之间相互协同，共同发展。

二是为实现理念转变等目标，在数字政府建设过程中，地方政府应加强人才配套制度建设和数字化人才培养，以提升数字治理素养。具体而言，这一过程需要从建立健全适应数字化时代要求的人才引进与培养机制出发，引入与培育具备数字化核心能力的专业人才。为实现此目标，地方政府应优化人事制度，以适应数字化思维，通过专业化的数字技术培训和教育，提升现有工作人员的数字化素养及信息化技能。此举不仅要注重内部人才的系统性培养，也要着眼于外部数字化人才的引进与融合，以促进人才队伍的多元化和专业化发展。此外，还需建立激励机制，吸引并留住具备高级信息化与数字化能力的人才，在政府系统内形成强有力的专业化数字化人力资源支持，这对于推动以数字化为核心的数字政府体系的构建和高效运作具有至关重要的作用。

第三节 坚持以人民需求为导向，搭建智能集约运行平台

准确感知人民群众的实际需求是提升数字政府建设的温度以及提高人民群众在数字时代获得感的重要环节。为进一步优化数字政府建设，地方政府在建设实践过程中需要，一是通过多种渠道相较准确地了解公众的办事需求，从而全面提升用户的体验感；二是加大数字平台的支撑力度，以实现数字政府相关业务的协同高效发展。

一 感知公众办事需求，提升用户的体验感

在感知公众办事需求方面，一是要推进智能集约运行平台的建

设，必须准确把握数字化背景下人民群众办事需求，优化数字时代政府公共服务，满足群众需求，政务应用平台应充当政府与民生、公民与公共服务之间的"连接器"。建设"政务一体化平台"等数字化政务应用平台时，需紧密围绕人民群众的实际需求，贴近人民群众的日常生活，依托数字技术多样化、个性化地设计政务应用的内容，应优化工作机制，及时了解和收集民意，听取公众意见，建立有效的"我为公众服务—公众反馈意见—针对意见修正"的循环机制，主动为人民群众提供优质的公共服务。其次，政务应用的互动沟通功能需要得到进一步完善，开设后台对话功能，与用户进行及时沟通，鼓励用户履行对政务应用的监督、反馈义务。此外，数字政务平台的设计要趋向简单易懂，提供多样化的信息形式，江苏省正在不断建设完善的"苏服办"平台正在持续回应这一需求。

二是在政务服务平台建设中，应注重提升用户体验，以增加群众对数字政府建设的认知度。政府部门应明确政务应用的数量和功能定位，并确保硬件设施配备。在"应用程序"本身，需要着力提升用户体验。良好的用户体验包括运行速度快而稳定、用户页面设计人性化等，应当统一服务流程，提高用户界面友好性和易操作性，完善功能设置，以确保界面易操作、功能完备、及时回应。同时，提高用户黏性也是平台关键。例如在功能设置方面，可将所有政务按类型汇总，设置完备功能菜单。政府应注重提升群众对数字政府建设的认知度。可以建设数字政府体验厅、体验馆，开辟专栏、专版、专题，充分利用多种媒体渠道，将操作体验与媒体宣传相结合，提高市民的科技素养和智慧技术应用能力。政府部门各单位应积极向社区居民宣传数字政府的各项应用，让群众亲身体验数字政府带来的便捷体验，提高群众对数字政府建设的认同度，形成政府主导、全社会关心支持、广大人民群众积极参与数字政府建设的良好氛围。

二　强化数字平台支撑，业务协同高效发展

在数字政府的平台建设方面，一是应加强数据资源体系和平台的建设，这是数字政府建设的基石，具有关键性支撑作用。地方政府应建立完善的一体化公共数据基础平台，实现全面覆盖，并统一技术标

准、管理规范和安全标准。通过逻辑集中、物理分散的方式，促进各级公共数据的协同运作，构建政务数据管理总枢纽、流转通道和服务门户，为数字政府建设提供坚实基础。同时，应强化新技术应用，提升数据平台服务能力；建设高速数据传输通道和自动纠错响应机制，加强数据治理，提高数据质量和时效性；构建多租户服务体系，为数据挖掘分析提供支持。此外，还应加强数据向基层的回馈，优化数据共享流程，建立数据直达基层系统，并从国家层面支持协调基层迫切需要的政务数据和公共数据的提供，为基层减负增能、创新政府管理和服务方式提供支持。

二是加大业务系统优化整合力度。需要优化顶层设计，加强云计算和网络支持，整合业务信息系统，建立一体化的数据基础平台，提升数据服务能力。上级部门统筹主导，强化共建意识，加强系统集成，坚持统一设计和部署，提高建设效率，最终实现政务办理的一网通办。借助各地区和部门已建立的数字平台，建设智慧融合的指挥调度平台，实现政务一体化协同办公、监督和决策。同时，加强本地区和本层级的决策指挥能力建设，提升态势感知、决策指挥和监督管理能力，为政策制定、经济运行和公共安全等工作提供科学依据。对政务应用进行精简，删除长期无人使用或低使用率的应用，整合一批应用、关停一批应用、提升一批应用，进行整体部署，建立高水平的政务应用，实现资源集约化利用，降低运营成本，提升便民度，同时减轻基层政府工作人员的负担，确立服务标准，注重用户体验。

第四节 推动平台系统互联互通，加强政务数据共建共享

现阶段，数字政府建设过程中面临的一大问题是各平台之间尚未实现互通，政务数据也未实现高效率的共建共享，针对这一问题，未来的数字政府建设需创新数据治理机制，推动各系统间的互通互认，并进一步完善数字政府建设必要的授权机制，打破长期存在的信息数据孤岛问题。

一 创新数据治理机制，推动系统互通互认

在创新数据治理机制与系统互认方面，一是发挥政府引导调节作用。要加大力度探索建立公共数据资源开放收益合理分享机制，企业可依法依规在保证数据安全的前提下依托公共数据提供公益服务。同时，要创新政府数据治理机制，守住安全底线，明确监管红线，打造安全可信、包容创新、公平开放、监管有效的数据要素市场环境。此外，要建立健全数据流通监管制度，包括制定数据流通和交易负面清单，明确不能交易或严格限制交易的数据项。网络安全等级保护制度也应不断加强，健全网络和数据安全保护体系。

二是打通政府内部业务系统，各政务部门应遵循共享原则，将政务信息资源予以共享，对接各个部门业务系统，真正实现"一网通办"。省级政务服务部门应牵头协调不同层级政府部门自上而下推进相关信息系统及标准化建设。基层政务服务部门应对接本级相关部门，加强业务指导。建立国家、省、市、县（市、区）四级电子政务信息平台，由本级政务管理机构负责运营。各级平台应集成本级部门审批信息系统，交换审批和信用数据，建立公用的审批、评价及企业诚信数据库，完善政务服务平台和各职能单位之间的对接，确保申报材料能够直接切换至办公系统，实现一站式、一机式办理。

三是抓好系统互认问题。《国务院关于加快推进政务服务标准化规范化便利化的指导意见》中提出统筹解决政务移动应用程序（APP）数量多、重复注册等问题。省级层面应推动业务条线数据信息共享或需求推送，解决不同部门间的系统互认问题，避免二次录入甚至多次录入，减轻基层人员负担。为此，省级部门需要统一标准，按照国家和省政务信息资源标准规范进行政务信息资源的采集、存储、交换和共享工作，并坚持"一数一源"、多元校核，并统筹建设全省政务信息资源目录体系和数据共享交换体系。

四是推进数据共享制度建设。逐步完善数据产权界定、数据流通和交易、数据要素收益分配、数据治理等方面的政策及标准，加强数据产权保护、数据要素市场制度建设、数据要素价格形成机制、数据要素收益分配、数据跨境传输、争议解决等方面的理论研究和立法研

究，推动相关法律制度的完善。总结提炼可复制可推广的经验和做法，实现数据基础制度构建方面的新突破。数字经济发展部际联席会议应定期评估数据基础制度建设情况，并进行动态调整，丰富数据基础制度。

二　完善确权授权机制，打破信息数据孤岛

完善确权授权机制和打破信息数据孤岛方面，一是构建全面的政务信息利用生态系统完善信息利用法律法规，对政府开放数据的质量控制和评估。整合社会专业资源参与生态圈，扩大数据应用视域，提升数据应用多维度水平。根据《国务院办公厅关于印发全国一体化政务大数据体系建设指南的通知》，政府部门需要加强数据整合、共享、开放和利用，推动数据依法有序流通。同时，全面推动政务数据平台建设，积极探索制度机构和应用服务创新，提升数字化政府效能，营造健康数字生态，提高数字政府管理水平和服务体验。

二是完善数据共享应用机制。政府部门需要强化标准化工作程序，推动数字政府标准体系建设。收集相关国家标准、行业标准和地方标准的基础上，制定相关标准宣传推广，为数字政府相关标准的有效实施提供动力。同时，规范政务数据共享流程，提升各部门对数据共享工作的认识，鼓励部门间进行数据共享和平台对接，避免资源的重复建设和浪费。在省级层面完善的政府数据共享应用机制，应满足各类数据共享需求，并将已汇聚的省级数据按照分级分类的相关要求，向市、县（市、区）等下级单位进行回流，解决数据壁垒问题，激发数据活力。

三是在企业掌握的"公共数据"治理任务上压实责任，在数字政府建设过程中坚持"宽进严管"的原则。政府部门需要鼓励企业参与到数据要素市场建设，推行以数据商及第三方专业服务机构为对象的数据流通交易声明和承诺制。同时，严格落实相关的法律规定，依法依规推动企业在数据采集汇聚、加工处理、流通交易、共享利用等各个环节承担起应有的责任。规范企业参与政府信息化建设中的政务数据安全管理，以确保有规可循、有序发展、安全可控。建立健全数据要素登记及披露机制，以增强企业的社会责任，打破"数据垄

断",促进公平竞争。

四是应加强信息安全的动态管理。统筹考虑发展与安全两方面,全面实施国家安全观念,将数据安全理念渗透到数据供给、流通、使用的全过程,明确划定监管的基线和红线,包括加强数据分类分级管理,建立并健全政务数据安全审查机制,确保政务数据安全保护措施的实施,明确数据共享和开放的范围、责任边界,并健全管理者、使用者的问责体系。政府部门要严格进行数据采集源头管理,制定和执行数据安全防护机制,加大对数据盗取等不法行为的处罚力度。同时,建立政务数据动态化管理机制,建立数据泄露风险应对机制,提高相关政务数据开放主体的风险应对能力,共同防范和化解数据开放的风险。

第五编

结语：讨论与展望

第十一章

主要研究结论与创新点

总的来说，本书对政府治理现代化实践中数字政府建设的问题进行了系统性研究，并提供了相应的研究结论。同时，本书对"大数据时代政府治理转型"这一主题在研究内容与研究方法方面具有创新性。在研究内容上，相较于以往的研究，本书更加关注大数据时代下政府治理效能的问题；在研究方法上，本书综合采用定性和定量方法，创新构建"大数据时代政府治理效能评价指标体系"。最后，本书在研究创新的基础上也做出了一定理论贡献。

第一节 研究结论

在大数据时代，数字政府是政府运行的最新形态，为社会治理效能的提高带来了前所未有的机遇。在实践中，数字政府建设是政府治理转型在实践层面的集中体现。对地方政府治理转型的实践而言，科学化、系统化、规范化的数字政府建设在未来很长一段时间是推进数字化转型的工作，全面提升数字化治理能力的重要引擎。本书以"大数据时代政府治理转型"为研究主题，主要聚焦"数字政府建设的江苏实践"，具体研究内容包括以下四个问题：第一，大数据时代数字化与政府治理现代化的内在联系问题。第二，政府治理现代化与数字政府建设实践和创新体系构建问题。第三，江苏数字政府治理效能评估体系的构建。第四，大数据时代政府治理转型的路径选择问题。

本书基于对以上问题的分析研究，得出以下主要研究结论。

第一，在数字化时代，数字化治理工具的运用与国家治理体系与治理能力现代化的总体战略目标相一致，成熟的数字技术和政府与社会治理体系的深入融合，形成了数字化推进国家与政府治理现代化的独特路径。这主要表现在：一是在政府治理现代化实践中，数字技术能够增强政府决策的能力，让政府在"全样本信息"的基础上作出更为科学、准确、及时的决策。二是数字技术可以推动政府组织结构变革，使得组织变革与制度改革相辅相成，政府在这一过程中对数字工具的依赖程度也大大提高，数字技术的广泛应用有助于打破长期存在的科层壁垒。三是数字技术的应用，可以为社会治理的智能化转型提供现实支撑，有力地推动社会治理创新，提升社会治理效能。四是数字化时代的政务服务模式使得多种政务服务汇集在集约化的数字平台，极大地提高了公共服务的效能与便捷性，数字赋能公共服务也逐渐成为政府进一步优化公共服务供给的一种有效途径。因此，在大数据时代，政府的数字化转型是政府运用数字技术对政府组织结构、职能定位、体制机制、业务流程等进行全面重构以实现政府治理创新的一个系统、整体、持久的动态过程，其内在机理涉及技术嵌入、技术传导和技术赋能等多个方面。

基于以上分析，本书认为数字政府治理现代化是在数字化环境下，政府运用数字化技术对政府治理模式与方式进行创新与变革，推进政府治理从传统向数字化的转型升级，实现政府治理能力建设与治理模式优化的同步推进，从而促进政府治理与经济社会发展协调并进。在当前的政府治理实践中，数字政府治理现代化具有治理主体多元化、治理方式智能化、治理客体数据化等多种特征。具体而言，数字政府治理现代化的体系构成涵盖治理理念的现代化、治理结构的现代化、治理机制的现代化以及治理工具的现代化等方面。数字政府治理现代化的能力要素则包括科学化的政府决策能力、数字化的政务服务能力、精细化的社会治理能力以及高效化的公共服务能力。最后，本书提出数字政府治理现代化的实现路径应以人民为中心，推进治理理念现代化；以多元协同为支撑，推进治理结构现代化；以数据共享为基础，推进治理机制现代化；以数据应用为抓手，推进治理工具现代化。

第二，省域治理现代化是国家治理现代化建设的关键组成部分，是地方治理体系和能力创新的重要推动力，同时也是提高社会治理水平的引领力量。其中,省域治理现代化的核心要素包括治理结构、治理手段与治理效能;支撑能力则包括经济发展能力、制度创新能力、数据治理能力、社会建设能力与生态建设能力。从历史发展阶段来看,江苏省数字政府建设主要经历了萌芽阶段、探索阶段和发展阶段。目前,江苏省在已有建设基础上不断加快推进政务服务"大系统"建设,着力进行数据治理、数据资产化,有力推动了数字经济蓬勃发展,并切实开展了数字乡村、智慧社区等政府精细化、现代化治理工程。同时,江苏省通过优化部门内部信息系统清理整合,健全大数据共享交换体系等具体措施实现了政务服务能力的持续提升,并在数字经济发展、社会领域信息化应用等方面取得了显著的成效。总体来看,江苏省数字政府建设在不见面审批服务、城市治理数字化、内部数字机关建设等方面进行了创新探索,探索出了数字政府转型升级的"江苏方案"。江苏省的数字政府实现了高质量发展,加快数字化转型的步伐取得了显著成效,政府决策的科学化、社会治理的精细化、政务服务的便利化、公共服务的高效化等四个方面治理能力不断提高。然而,在实践中,仍然存在新型基础设施集约化程度不足,数字政府的体制机制有待理顺,业务部门数据壁垒依然存在等现实问题。

第三,本书通过对国家治理评估、政府治理效能评估、数字政府建设评估研究等相关文献的全面回顾与总结,构建了一套全面的江苏数字政府治理效能评价指标体系。该指标体系包括四个一级指标:治理能力、治理绩效、治理结构和治理技术。四个一级指标分别体现了社会治理导向、公共服务导向、组织变革导向和数字治理导向,涵盖了理念要素、价值要素、组织要素和工具要素四大要素。其中治理能力与政府的治理领域和治理目标密切相关,具体包括政府科学决策能力、数字政务服务能力、社会精细治理能力、公共服务供给能力。治理绩效是衡量治理效能产出的关键指标,包括政府监管绩效、政府服务绩效和政府创新绩效。治理结构主要考虑治理组织的参与结构和权力结构,包括组织结构再造、资源能力下沉、业务流程再造和治理制度健全等四个方面。治理技术则侧重于政府治理转型过程中技术工具的应用及其带来的变化,包括基础设施建设、平台应用支撑、数据资源赋能、信息安全运营等方面。最后，本书通过指标建构、数据收集以及指标计算，确定了最终的评估指标权重。在以上指标建构的基础上，本书采用理论性抽样的方法，选择了理论界和实务界的多位权威的专家学者进行深度访谈和问卷调查，并采用专家打分法和德尔菲法等方法获取了数字政府建设评估相关指标的多次打分结果，最终运用层次分析法得到相关具体指标的权重。

第四，针对大数据时代政府治理转型的路径选择问题，本书对上海、浙江等兄弟省市数字政府建设经验进行总结，并基于这些经验得出了以下经验启示：一是构建整体发展框架，系统建设数字政府，要求强化顶层设计，以政策为先导，进行全盘布局，进行集约建设。二是完善基础设施建设，促进数据交换共享，要求强化平台支撑，强化设备布局，推动数据共享，保障数字安全。三是以实践需求为导向，不断丰富应用场景，要求立足实践需要，满足群众需求，坚持与时俱进。四是强化制度规范支撑，创新协同运作机制，要求健全制度规范，建立标准体系，完善运作机制，凝聚建设合力。

第五，基于各省市数字政府建设经验的启示，本书提出以下优化数字政府建设的对策建议：一是高位推动系统顶层设计，理清数字政府运行框架，具体要求完善宏观顶层设计，统筹数字政府建设，加强法律法规支撑，强化政策制度保障等。二是深化管理体制机制改革，加强数字人才队伍储备，要求加快理顺管理体制，创新数据治理机制，健全配套人事制度，优化运行管理体系。三是坚持以群众需求为导向，搭建智能集约运行平台，要求感知公众办事需求，提升用户的体验感，强化数字平台支撑，业务协同高效发展。四是推动共享系统平台互通，加强政务数据共建共享，要求创新数据治理机制，推动系统互通互认，完善确权授权机制，打破信息数据孤岛。

第二节　主要创新点

本书在"大数据时代政府治理转型"的主题上与已有研究相比，主要创新之处表现在以下两个方面。

一是在研究内容方面，本书的研究核心之一是大数据时代的政府治理效能，以江苏省政府治理体系为实践应用出发点，探索其在大数据时代的现代化特色之路。党的十九届五中全会明确提出，加强数字政府建设对于提升公共服务和社会智能化水平、提高政府效能具有重要意义。虽然现有研究中已经涵盖诸多关于政府治理效能提升的内容，但对于大数据时代政府治理效能问题的系统性研究仍然较为匮乏。因此，本书旨在以大数据时代为背景，以江苏省政府治理体系转型为例，探讨政府数字化转型的路径，以加快政府数字化改革的步伐，为推动省域治理体系和治理能力现代化提供坚实基础。本书重点关注了大数据时代下政府治理效能的问题，深入剖析了江苏省的治理体系转型实践，为省级治理体系和治理能力的现代化发展提供有益启示。总体而言，本书的研究成果不仅丰富了关于大数据时代政府治理效能的研究内容，也为推动政府数字化改革提供了重要的参考和借鉴。

二是在研究方法方面，本书综合运用定性与定量方法，创新构建了"大数据时代政府治理效能评价指标体系"。数字政府建设作为建设数据强省和数字江苏的重要标志性工程，引领了政府治理体系和治理能力现代化的全方位、系统性、协同式的深刻变革。本书所构建的具有针对性的评价指标体系，深化了政府治理效能的理论内涵，并推动了大数据在政府治理实践中的应用。本书运用文献分析法、德尔菲法等多种研究方法，识别、发展、比较和归纳相关指标，创新构建了"大数据时代政府治理效能评价指标体系"，为各地方政府治理效能测评提供了具有参考价值的指标体系。

第三节 理论贡献

本书系统地探讨了大数据时代政府治理现代化的理论与实践，提出了政府治理数字化转型的基本路径，构建了数字政府治理体系和治理能力现代化的理论框架，并运用定性与定量相结合的方法，设计了江苏数字政府治理效能的评价指标体系和权重分配。本书的理论创新和实践价值在于，深入分析了数字化转型背景下江苏政府治理的现状、问题和挑战，提出了大数据时代政府治理变革的路径与方法的学理思考，并为地方政府的数字化转型实践提供了可参考的案例和建议。同时，本书构建的大数据时代数字政府效能评价指标体系，也为江苏政府的大数据管理工作提供了科学的评估工具和决策依据，有助于优化地方政府治理体系转型、推进政府治理变革、加快数字政府建设的进程。

第十二章

数字政府建设的历史实践与未来展望

数字政府的建设进程经历了长期的发展和演变,主要分为政府信息化阶段、电子政务信息化阶段和现代数字政府建设阶段三个阶段,每个阶段具有不同的特征。当前数字政府建设进程的阶段性特征包括:一是从政府主体治理转向多元主体治理转变,二是以"数据"为驱动力,将"数据"视为重要的要素资源,三是新兴技术不断地融入政府数字化治理实践中。在过去的历史实践基础上,为了进一步解决数字政府建设中存在的问题,需要对未来数字政府建设的发展进行长期的展望和规划。

第一节 数字政府建设的历史实践

纵观全书的研究,数字政府建设是一个长期、系统性的工程,是数字技术与行政体系的长期不断互动的过程。在此过程中,政府的治理效能伴随着数字技术的发展和治理制度的改革呈现出螺旋式上升的趋势。回顾历史,数字政府的建设已经经历了较长的发展历程。在数字化转型的大背景下,数字政府的建设经历了三个阶段。

第一个阶段是政府信息化阶段,这一阶段是紧随互联网技术发展而产生的一种政府信息化趋势,早期的政务信息化主要集中在政府基本办公资料的电子化层面,逐步发展为政府管理信息系统,但这个阶段的政府信息化进程仍停留在技术辅助少数办公流程自动化的阶段。此阶段特征是被动变革、社会参与程度低以及政府主导。

第二个阶段是电子政务信息化阶段,这一阶段是信息技术正式进入行政系统的阶段,由此我国开始了较为系统化的电子政务信息化阶段，这个阶段又可以分为电子政府，即网络化政府建设阶段，以及移动政府，即基于移动互联网技术与移动智能终端的信息化政府建设。在这一阶段，政府治理初步呈现出多元主体参与和数字化升级的特征，政府层面已经准备开始迎接较为系统的数字化进程。

第三个阶段是数字政府建设阶段，这也是当前大多数地区政府治理现代化转型所处的阶段，在这个阶段政府面临的是"数字化社会"的总体背景特征，在内外部数字化驱动力的作用下，政府不断提高政府数字技术的嵌入程度。这个阶段的数字政府建设在理想模式建构上已经趋于成熟，各地特别是社会经济较为发达地区已经探索出一套较为成熟的数字政府建设与政府数字化转型模式，在部分数字治理发达地区甚至已经出现了数字政府边际效益递减的趋势，即数字政府建设的投入增速增长，但实际收益增速却在不断降低。在部分欠发达地区，虽然数字政府的建设仍在不断成熟和发展，但已经具备了较为成熟和合理的可供参考的数字技术与制度模板，整体发展脉络已经较为清晰，未来的进一步的发展重点和基本方向也较为明确。

总体来看，当前数字政府建设进程的阶段性特征：一是政府主体治理转为多元主体治理，强化网上政务服务平台。二是以"数据"为驱动力，提高"数据"的利用水平，推动集约化平台型政府建设。三是新兴技术融入数字政务服务数量迅速增长，数字政府技术水平提高。但当前政府治理现代化与地方政府建设存在普遍性问题，如新型基础设施集约化程度不高、体制机制不顺畅、业务部门数据壁垒、网络安全保障体系存在短板、数字人才不足等。此类问题受制于技术发展程度、组织结构设计、政策与制度供给能力等客观因素，从宏观层面看，未来的数字政府建设会面临的本质性问题包括：数字技术的伦理冲突问题、新型数字技术嵌入数字政府建设进程效能发挥困难问题、政府"数据"要素的价值释放空间狭小等。

第二节　数字政府建设的未来展望

党的二十大报告明确提出，未来五年我国的主要目标任务之一是国家治理体系与治理能力现代化的深入推进。2023年初，中共中央、国务院发布了《数字中国建设整体布局规划》，进一步明确了我国的数字治理体系在 2025 年的建设目标，包括建立更加公平规范的数字治理生态。数字政府建设作为提升数字治理能力的关键环节，意味着在未来一段时间，数字政府建设仍然具有广阔的发展空间与实践应用空间。针对数字政府建设存在的普遍性与本质性问题，本书中所提出的相关对策建议仅是对此类问题的一个初步探索，受限于措施本身的可操作性与内在局限性，只能在现有的政府治理能力的基础上初步解决当前实践中存在的问题。然而，数字政府的进一步发展与政府治理能力的进一步提升需要从根本上解决这些问题，本书试图提出应对这些问题的尝试性方向与未来展望。

首先，重视组织结构的变革，扁平的组织结构更加适应数字政府的运行，当前组织结构问题是数字政府建设实践面临的短期内难以得到解决的问题，而数字技术的嵌入又必然要求组织结构对数字化环境的适应，因此，解决组织结构的问题的解决是未来数字政府建设完善的重要方向。

其次，重视新技术的开发应用，当前数字政府建设对新技术的包容程度与嵌入能力较低，导致高效能的新技术难以快速地在政府治理活动中发挥作用，因此，数字政府建设应持有更为开放的态度对待新兴技术，积极向企业学习新技术的应用模式，将企业技术模式有机地转化为社会治理技术模式，推动数字政府技术水平的不断提高。

再次，重视数字人才问题，当前政府部门与数字技术直接接触的公务人员总体的数字技术能力还不高，技术风险应对能力较低。因此，不能简单地停留在长期以来简单引入数字技术相关人才的阶段，而需要积极引进和培养数字政府建设的专家型人才，以专业科学家的科学能力作为数字政府建设的重要能力支撑。

最后，政府治理能力与政府职能本身的数字化，即在数字化时代，数字政府建设不能仅仅停留在传统职能的数字化，而需要从数字技术出发探索数字职能的发展完善。

第十三章

本书研究的局限性与展望

本书虽然在研究内容与研究方法方面具有创新性，但在针对数字政府建设具体应用场景的研究、对数字政府建设社会评估的研究，以及对国外数字政府建设经验的总结研究等方面仍存在明显的不足。因此，在未来的研究中，应该针对已有研究的不足之处，进一步从技术运行视角出发，深入探讨数字政府建设及其与社会之间的关系。

第一节 本书研究的局限性

本研究以"大数据时代政府治理转型"为研究主题，重点关注"数字政府建设的江苏实践"。通过对大数据时代数字化与政府治理现代化的内在关系等四个重要议题进行深入分析与研究，得出了具体的研究结论。然而，在研究过程中也存在一定的不足之处。具体表现如下：第一，在研究数字政府建设具体应用场景存在不足，本书的研究主要停留在制度与理论分析层面，对数字技术运行逻辑与本质、数字技术嵌入的生产场景、数字技术实际的应用场景等方面关注不够。第二，对数字政府建设的社会评估研究不足，在本研究中，对社会层面其他治理主体对数字政府建设的实际意愿与态度关注较少，对数字政府建设过程的社会影响关注也不足。第三，对国外数字政府建设经验的总结不够，对国外最新数字政府建设进展的研究也存在不足，没有充分关注到国外一些数字政府发展较早地区以及大型互联网企业提供的数字政府建设方案。第四，对数字政府建设过程中数字技术的哲学价值特征关注不够，对于数字技术所蕴含的技术哲学特征的研究不足，忽视了数字技术本身所具有的技术哲学性质。第五，尽管本书运用了定性与定量相结合的方法来构建数字政府治理效能评价指标，但这些指标尚未经过实际评估过程的检验，还有待进一步的完善。

第二节 对未来研究的展望

从当前各地数字政府建设与发展实践情况来看，数字技术、政府部门及社会环境都正处于快速发展阶段，这种快速发展变化的客观背景使得本书研究在一定程度上难以对数字政府建设进行较为全面的分析。同时，在未来一段时间内，随着人工智能技术（例如 ChatGPT 等自然语言处理工具）、虚拟现实技术（例如百度希壤等元宇宙产品）等数字技术的快速发展，政府治理数字化转型将会带来更多的政府治理效能，这对于推动我国社会治理的进一步发展，打造共建共治共享的社会治理格局具有重要的促进作用，但其发展过程中也不可避免地面临诸多问题和风险。因此，有必要进一步深化在数字政府建设过程中对数字技术的认识，并在数字政府建设方略与评估指标等方面进行更加深入的研究。

总的来说，伴随着大数据、云计算、人工智能等数字技术的飞速发展和深度融合，数字政府建设的相关研究和实践也将面临新的挑战和机遇。在未来，数字政府建设的研究应将更加深入、全面，更加强调实用性。因此，为了应对以上局限性，未来的研究需要在以下五个方面进行深入研究：第一，需要加强从技术角度对数字政府建设的研究，更多地关注数字技术开发运行与维护的基本逻辑，从技术应用的底层视角出发研究如何进一步地推动系统化的数字政府建设。第二，未来的研究应更加注重数字政府建设过程中与社会互动关系的研究，从动态的视角研究数字政府建设与社会发展的关系，探讨如何使得数字政府建设更加适应于社会发展的方式方法。第三，要加强对国外数字政府特别是微软、IBM 等公司提供的数字政府建设成熟模式的研究与探讨，吸取其经验，以优化我国的数字政府建设模式与路径。第四，要加强数字政府建设公共价值与哲学价值层面的研究，重点关注公共价值与技术价值在数字政府建设过程中可能的冲突。第五，要加强数字政府建设量化研究，将数字政府建设效能评估指标应用到实践中，并不断优化相关指标研究。

在这五个方面中，蕴含以下三个研究主题。首先，深入探讨如何深度融合和应用各种数字技术，以提高政府的工作效率和服务质量。例如，借助大数据和人工智能技术，政府能够更高效地收集和分析社会经济数据，更科学地制定和实施政策；运用云计算和物联网技术，政府能够更高效地管理和使用各种公共资源，更便捷地提供各种公共服务。其次，探讨如何在数字政府建设的过程中，保护公众的数据隐私和网络安全。例如，通过建立健全数据保护政策和网络安全机制，能够有效防止数据泄露和网络攻击，保障公众的个人信息和网络安全。最后，探讨如何在数字政府建设的过程中，实现面向公众的信息公开和参与。例如，通过建立透明的信息公开系统和参与机制，公众能够更深入地了解政府的工作，更积极地参与社会公共事务。

在此基础上，生成式人工智能等前沿数字技术在数字政府领域中的应用同样值得关注。生成式人工智能是一种新型的人工智能技术，其核心特征在于通过学习和理解海量的数据，进而生成出新的、人类能够理解的信息。在数字政府建设中，生成式人工智能具有广阔的应用前景。例如，在政府决策支持系统中，生成式人工智能可以通过对大量的社会、经济、环境等数据的学习和理解，为政府做出更科学、合理的决策支持。在公共服务领域，生成式人工智能可以用于自动回答公众的咨询问题，提供个性化的服务建议，甚至可以预测和处理潜在的社会问题。同样，生成式人工智能也可以应用于政府的公关和宣传工作，通过生成新颖、有吸引力的内容，提升政府的形象和公信力。然而，生成式人工智能的应用也面临一些挑战，如数据隐私和安全问题、算法偏见和公平性问题等。因此，未来的研究需要更深入地探讨如何在保护公众的数据隐私和网络安全的前提下，有效地利用生成式人工智能等数字技术提高政府的工作效率和服务质量。

总体来看，本书的研究是对长期以来关于大数据、数字政府以及政府治理转型的相关理论研究与实践经验的系统性总结与经验性讨论，在此基础上，得出了研究的核心成果——"数字政府治理效能评价指标体系"。这一研究成果为未来政府数字化转型与治理效能评估提供了参考，具有重要的理论和实践价值。毫无疑问，政府治理现代化与数字政府建设是未来一段时间内政府变革的主要方向，是在国家治理层面长期受到关注与重视的问题，需要进一步加强和深化这一领域的研究，为提高政府治理效能和推进国家层面治理体系与治理能力的现代化贡献智慧和力量。

参考文献

一 著作类

陈志刚：《可信任的治理 以数字政府推进国家治理能力现代化》，北京联合出版公司 2023 年版。

吕承文、周国宝：《数字政府与现代化转型研究》，南京大学出版社 2022 年版。

马颜昕等：《数字政府 变革与法治》，中国人民大学出版社 2021 年版。

孟天广、张小劲：《中国数字政府发展研究报告 2021》，经济科学出版社 2021 年版。

王浦劬、臧雷振编译：《治理理论与实践 经典议题研究新解》，中央编译出版社 2017 年版。

王琦、张静：《数字政府》，北京邮电大学出版社 2020 年版。

王伟玲：《数字政府 开辟国家治理现代化新境界》，人民邮电出版社 2022 年版。

郁建兴、高翔、黄飚：《数字时代的政府变革》，商务印书馆 2023 年版。

翟云：《2022 塑造数字中国丛书 走进数字政府》，国家行政管理出版社 2022 年版。

张建锋、肖利华、许诗军：《数智化：数字政府、数字经济与数字社会大融合》，电子工业出版社 2022 年版。

中共浙江省委党校：《数字政府》，浙江人民出版社 2019 年版。

中国行政体制改革研究会：《数字政府建设》，人民出版社 2021

年版。

［美］韦斯特：《数字政府：技术与公共领域绩效》，郑钟扬译，科学出版社 2011 年版。

［韩］康太荣，闵祺瑛：《系统观念下的数字政府 政府业务与服务流程的再造》，赵昱译，人民东方出版传媒有限公司 2022 年版。

Jr. M. I., *Elmagarmid A. K., Advances in Digital Government.* Springer US, 2002.

Fountain J E., *Building the virtual state：Information technology and institutional chang*, Brookings Institution Press, 2004.

二 期刊类

曹海军：《区块链技术如何赋能政府数字化转型：一个新的理论分析框架》，《理论探讨》2021 年第 6 期。

戴长征等：《数字政府治理：基于社会形态演变进程的考察》，《中国行政管理》2017 年第 9 期。

戴小明等：《区域法治与新时代省域治理》，《行政管理改革》2021 年第 6 期。

丁波：《数字赋能还是数字负担：数字乡村治理的实践逻辑及治理反思》，《电子政务》2022 年第 8 期。

郭建锦等：《大数据背景下的国家治理能力建设研究》，《中国行政管理》2015 年第 6 期。

韩兆柱等：《网络化治理、整体性治理和数字治理理论的比较研究》，《学习论坛》2015 年第 7 期。

韩志明：《技术治理的四重幻象——城市治理中的信息技术及其反思》，《探索与争鸣》2019 年第 6 期。

何增科：《国家治理及其现代化探微》，《国家行政学院学报》2014 年第 4 期。

黄璜：《数字政府：政策、特征与概念》，《治理研究》2020 年第 36 期。

黄未等：《数字政府建设的内在机理，现实困境与推进策略》，《改革》2022 年第 11 期。

李建华等：《省域治理现代化：功能定位、情境描绘和体系建构》，《行政论坛》2021年第4期。

廖福崇：《政府治理数字化转型的类型学分析》，《中共天津市委党校学报》2021年第4期。

刘飞等：《政府数字化转型与地方治理绩效：治理环境作用下的异质性分析》，《中国行政管理》2021年第11期。

刘密霞：《数字化转型推进国家治理现代化研究——以数字中国建设为例》，《行政管理改革》2022年第9期。

刘淑春：《数字政府战略意蕴、技术构架与路径设计——基于浙江改革的实践与探索》，《中国行政管理》2018年第9期。

孟天广：《政府数字化转型的要素、机制与路径——兼论"技术赋能"与"技术赋权"的双向驱动》，《治理研究》2021年第1期。

倪星：《中国地方政府治理绩效评估研究的发展方向》，《政治学研究》2007年第4期。

王芳等：《基于大数据应用的政府治理效能评价指标体系构建研究》，《信息资源管理学报》2020年第10期。

王浦劬：《国家治理、政府治理和社会治理的含义及其相互关系》，《国家行政学院学报》2014年第3期。

王钦敏：《全面建设数字政府 统筹推进数字化发展》[J/OL]，《行政管理改革》2022年第1期。

魏崇辉：《当代中国公共治理理论有效适用：基本方向、工具选择与责任认知》，《湖北社会科学》2015年第10期。

吴建南等：《政府绩效评价：指标设计与模式构建》，《西安交通大学学报》（社会科学版）2007年第5期。

吴克昌等：《数字治理驱动与公共服务供给模式变革——基于广东省的实践》，《电子政务》2020年第1期。

徐晓林、刘勇：《数字治理对城市政府善治的影响研究》，《公共管理学报》2006年第1期。

燕继荣：《现代国家治理与制度建设》，《中国行政管理》2014年第5期。

杨发祥等：《全域治理：基层社会治理的范式转型》，《学习与实践》

2021 年第 8 期。

于君博等：《打开中国地方政府的数字治理能力"黑箱"——一个比较案例分析》，《中国行政管理》2021 年第 1 期。

俞可平：《中国治理评估框架》，《经济社会体制比较》2008 年第 6 期。

臧雷振等：《数字政府、治理能力与外资流入——来自全球 188 个国家（地区）的面板数据的经验证据》，《太平洋学报》2023 年第 31 期。

张成福等：《数字化时代的政府转型与数字政府》，《行政论坛》2020 年第 6 期。

赵晖：《我国地方政府绩效考核指标要素分析》，《南京师大学报》（社会科学版）2010 年第 6 期。

赵金旭等：《数字政府发展的理论框架与评估体系研究——基于 31 个省级行政单位和 101 个大中城市的实证分析》，《中国行政管理》2022 年第 6 期。

赵娟等：《数字政府的纵向治理逻辑：分层体系与协同治理》，《学海》2021 年第 2 期。

赵石强：《数字时代的整体性治理理论及其启示》，《重庆科技学院学报》（社会科学版）2011 年第 15 期。

郑磊：《数字治理的效度、温度和尺度》，《治理研究》2021 年第 2 期。

郑跃平等：《需求导向下的数字政府建设图景：认知、使用和评价》，《电子政务》2022 年第 6 期。

周文彰：《数字政府和国家治理现代化》，《行政管理改革》2020 年第 2 期。

竺乾威：《从新公共管理到整体性治理》，《中国行政管理》2008 年第 10 期。

Anke Valentin J. H. S, "A Guide to Community Sustainability Indicators", *Environmental Impact Assessment Review*, Vol. 3, No. 20, 2000.

Thomas L. Saaty, "The analytic hierarchy process—what it is and how it is used", *Mathematical Modelling*. Vol. 9, No. 3, 1987.

Gregory Vial. , "Understanding digit al transformation: A review and a research agenda", *The Journal of Strategic Information Systems*, Vol. 28, No. 2, 2017.

Walker, R. , "Internal and External Antecedents of Process Innovation: A Review and Extension", *Public Management Review*, Vol. 16, No. 1, 2014.

Oliveir T. , Martins M. , "Literature Review of Information Technology Adoption Models at Firm Level", *Electronic Jour*, Vol. 14, No. 2, 2011.

Gil - Garcia. , Dawes. , Pardo. , "Digital government and public management research: finding the crossroads", *Public Management Review*, Vol. 20, No. 5, 2018.

Gregory Vial. , "Understanding digital transformation: A review and a research agenda", *Journal of Strategic Information Systems*, Vol. 28, No. 2, 2019.

三 报纸类

习近平：《在庆祝中国共产党成立95周年大会上的讲话》，《人民日报》2016年7月2日第2版。

习近平：《高举中国特色社会主义伟大旗帜为全面建设社会主义现代化国家而团结奋斗》，《人民日报》，2022年10月26日第1版。

江苏省人民政府 政府办公室（厅）文件：《省政府办公厅关于印发江苏省"十四五"数字政府建设规划的通知》，http://www.jiangsu.gov.cn/art/2021/9/14/art_ 46144_ 10013232.html.

《省人民政府关于印发江苏省国民经济和社会发展第十四个五年规划和二〇三五年远景目标纲要的通知》，江苏省人民政府，http://www.jiangsu.gov.cn/art/2021/3/2/art_ 46143_ 9684719.html.

《推动"最多跑一次"改革不断前行》，《浙江日报》2018年4月20日第6版。

后 记

正如数码大师 Pearl Zhu 所言,"我们正在慢慢进入一个以大数据为起点而不是终点的时代",大数据作为新时代的动力工具,为政府治理体系转型提供强劲动力。而数字政府建设正是助推高质量发展、高效能治理、高品质生活的重要工具。关于大数据时代背景下政府治理体系转型的讨论恰逢其时、至为关键。

2022 年,江苏省大数据管理中心联合南京理工大学数字政府与基层治理研究中心(现江苏省数字政府与基层治理研究基地)成立大数据时代江苏政府治理体系转型研究课题组。为建立具有江苏特色,具备引领性、科学性和前瞻性的江苏数字政府治理评价体系,完成对策建议清晰、指导意义较强的数字政府建设思路,课题组针对江苏省数字政府建设过程中的相关问题进行数次讨论,力求为数字政府建设过程中的重大理论问题寻方法、聚合力。

秉轴持钧,动中肯綮。课题组积极响应中央和省委关于"大兴调查研究之风"的号召,推动调查研究入身入心、走深走实,立足课题研究主题,以求真务实的态度组建调研小组赴安徽省数据资源管理局、合肥市数据资源管理局等单位开展调查研究。坚持"走出去、学进来",力图为推动省域治理体系和治理能力的质量变革、效率变革、动力变革拓思路、解难题,力求把握调查研究中的重大理论和实践问题,助力数字政府建设的"路线图""任务书"细化为"施工图""进度表",为数字政府建设赋能中国式现代化江苏新实践贡献力量。

该研究团队成员由江苏政务服务管理办公室赵明副主任、南京理工大学范炜烽教授、江苏省大数据管理中心办公室郭红飞、孙霁、郭小丽、南京大学博士生吕丽芹、南京理工大学博士生刘水、罗鹏、胡锦文、南京理工大学硕士生黄亚榕、白云腾、代锐婷、吕琪、王春燕、张宇舰、上海社会科学院金晶等人组成。团队成员具体的研究分工如下。

赵明副主任与范炜烽教授共同负责项目研究的总体设计、规划部署、研究实施与协调沟通。范炜烽教授与郭红飞、吕丽芹等共同设计并撰写了总体研究报告；郭红飞参与项目研究的规划、设计、数据收集以及部分书稿审议工作；孙霁、郭小丽等负责相关数据的收集处理，并参与了总体报告的部分起草撰写工作。各章节的具体分工如下：第一章（郭红飞、孙霁、白云腾）、第二章（郭小丽、吕琪）、第三章（郭红飞、刘水）、第四章（孙霁、代锐婷）、第五章（金晶、王春燕）、第六章（郭红飞、刘水）、第七章（吕丽芹、郭小丽、黄亚榕）、第八章（吕丽芹、黄亚榕）、第九章（吕丽芹、黄亚榕）、第十章（张宇舰、胡锦文）、第十一章（孙霁、白云腾）、第十二章（郭小丽、罗鹏）、第五编（范炜烽、罗鹏）。范炜烽教授承担本书的最终统稿、修订和校对工作。

在本项目的研究过程中，有幸得到了南京大学张永桃教授、北京大学王浦劬教授、黄璜教授、清华大学孟天广教授、复旦大学郑磊教授、中国农业大学臧雷振教授、上海市委党校赵勇教授等高校理论专家，南京理工大学李千目教授、东南大学东方教授等江苏省数字政府标准化技术委员会专家，阿里云研究院战略总监刘建强、阿里云华东区创新中心总经理陈哲等技术专家的指导和帮助，才顺利完成本书指标构建的最关键部分，项目研究团队在此深表谢意。尤其要感谢的是中国社会科学出版社许琳编辑为本书的编辑工作倾注了大量心血，提出了诸多宝贵的修改建议。

本书的撰写过程中，得到了各地政府和有关部门的大力支持和帮助，听取了多位专家和学者的宝贵意见和建议，在此表示衷心的感谢。由于本书的研究范围广泛，涉及的内容复杂，难免存在不足和错误，敬请广大读者批评指正。